NATURE ET ESPRIT

DU MÊME AUTEUR

À LA MÊME LIBRAIRIE

Méditations cartésiennes. Introduction à la phénoménologie, traduction de E. Levinas et G. Peiffer, 1992

HUSSERL E. et K. TWARDOWSKI, *Sur les objets intentionnels (1893-1901)*, traduction de J. English, 1993

Leçons sur la théorie de la signification, traduction de J. English, 1995

Introduction à la logique et à la théorie de la connaissance cours (1906/1907), traduction de L. Joumier, 1998

Psychologie phénoménologique, traduction de Ph. Cabestan, N. Depraz et A. Mazzù, 2001

Sur le renouveau. Cinq articles, introduction, traduction et notes par L. Joumier, 2005

À l'école de Brentano. Husserl, Stumpf, Ehrenfels Meinong, Twardowski, Marty, traduction sous la direction de D. Fisette et G. Fréchette, 2007

Phénoménologie de l'attention, traduction, introduction et lexique par N. Depraz, 2009

Sur l'histoire de la philosophie, choix de textes, présentation et traduction de L. Perreau, 2014

BIBLIOTHÈQUE DES TEXTES PHILOSOPHIQUES

Fondateur Henri GOUHIER — Directeur Emmanuel CATTIN

Edmund HUSSERL

NATURE ET ESPRIT

LEÇONS DU SEMESTRE D'ÉTÉ 1927

Présenté et traduit

par

JULIEN FARGES

Ouvrage traduit avec le concours du Centre national du livre et publié avec le soutien du laboratoire d'excellence TransferS (programme Investissements d'avenir ANR-10-IDEX-0001-02 PSL et ANR-10-LABX-0099)*

PARIS

LIBRAIRIE PHILOSOPHIQUE J. VRIN

6 place de la Sorbonne, V[e]

2017

Titre original : *Natur und Geist* by Edmund Husserl und Michael Weiler

Imprimé en France

ISSN 0249-7972
ISBN 978-2-7116-2752-3

www.vrin.fr

PRÉSENTATION

Au moment où, le 26 avril 1927, Husserl débute ses leçons du semestre d'été intitulées « nature et esprit », éditées par Michael Weiler en 2001 au titre du volume XXXII des *Husserliana* et dont nous proposons ici la traduction, il a déjà derrière lui une vingtaine d'années de réflexion et de travaux sur ce thème, auquel il a fait droit non seulement dans certaines de ses publications, mais aussi dans plusieurs leçons académiques depuis l'année 1908 au moins, dans quelques-uns des séminaires qui les accompagnent et dans de nombreux manuscrits de recherche[1]. Si l'on tient compte du fait que cette thématique continuera à alimenter sa réflexion tout au long des années 30 et qu'elle forme l'un des enjeux des analyses de la *Krisis* relatives à la crise des sciences, à la critique du positivisme, à l'idéalisation de la nature dans les sciences physico-mathématiques et à la détermination de la signification historique de la phénoménologie elle-même, on voit qu'elle accompagne le développement entier de la phénoménologie husserlienne une fois devenue transcendantale. Il est donc parfaitement légitime de s'en servir en retour comme point d'appui pour identifier non seulement les inflexions qui ponctuent un tel

1. M. Weiler propose une reconstruction complète et une présentation détaillée de ces occurrences dans l'« Introduction de l'éditeur » du Hua XXXII, p. XII et p. XVIII-XXXIX. Nous nous contenterons ici d'y renvoyer le lecteur, en soulignant seulement que cette reconstruction fait apparaître assez nettement trois foyers de la réflexion husserlienne sur ce thème : les années 1908-1912 (dans la foulée du « tournant transcendantal », au moment où s'élabore et commence à se réaliser le programme philosophique qui sera exposé pour lui-même dans les *Ideen*), l'année 1919 (dans la foulée du « tournant génétique » et au moment où l'issue du premier conflit mondial donne une nouvelle prégnance aux thèmes éthiques et historiques chez Husserl), et la deuxième moitié des années 20 (qui annonce les futures analyses de la *Krisis* en ajoutant aux perspectives précédentes la mise en question de la capacité des sciences idéalisantes de la nature à produire une véritable compréhension du monde).

développement, les tensions qui le travaillent structurellement, mais aussi la continuité, malgré tout, de l'intention philosophique qui le commande[1].

Formule générique plutôt qu'intitulé rigoureux d'un problème philosophique précis, l'expression « nature et esprit » peut certes, dans son indétermination, renvoyer à des thèmes presque aussi anciens que la tradition philosophique elle-même[2]. C'est pourquoi, si l'on veut cerner précisément le champ d'investigations qu'elle désigne aux yeux de Husserl, il faut partir plutôt de la phénoménologie elle-même et montrer comment les exigences philosophiques qui sont les siennes l'ont conduite à rencontrer une telle thématique. Deux exigences doivent alors être retenues, la première étant celle d'une *fondation philosophique des sciences positives*. La réponse construite par Husserl à cette exigence qui accompagne sa pensée dans toutes les phases de son développement s'oriente quant à elle dans deux directions principales. Tout d'abord dans une direction *formelle*, par l'approfondissement de l'idée d'une logique pure en une « théorie pure des multiplicités », c'est-à-dire en une « science des conditions de possibilité d'une théorie en général »[3]. Mais parallèlement à cette première orientation, la phénoménologie husserlienne déploie également une voie *matérielle* pour la fondation des

1. Outre l'« introduction de l'éditeur » des présentes leçons, on peut se reporter aux mises en perspective suivantes : U. Melle, « Nature and Spirit », in *Issues in Husserl's* Ideas II, T. Nenon, L. Embree (Hrsg.), Dordrecht-Boston-London, Kluwer Academic Publishers, 1996, « Contributions to Phenomenology », vol. 24, p. 15-35 ; E. W. Orth, « "Natur und Geist" in der husserlschen Philosophie », *Phänomenologische Forschungen*, 2003, p. 23-37 ; L. Perreau, « Phénoménologie et "sciences de l'esprit" : la distinction *Natur-Geist* dans la phénoménologie husserlienne », *Alter. Revue de phénoménologie*, 11, 2003, p. 355-394.

2. C'est ce que reconnaît Wilhelm Windelband dans son discours de rectorat de 1894 : « Nature et Esprit, voilà une antithèse objective qui s'est affirmée vers la fin de la pensée antique et à l'aube de la pensée médiévale, et qui a été conservée, dans toute sa raideur, dans la métaphysique moderne, de Descartes et Spinoza jusqu'à Schelling et Hegel » (« Geschichte und Naturwissenschaft. Strassburger Rektoratsrede, 1894 », in *Präludien. Aufsätze und Reden zur Philosophie und ihre Geschichte*, Tübingen, J. C. B. Mohr, t. II, [5]1915, p. 136-160 ; trad. fr. par S. Mancini, « Histoire et science de la nature », *Les Etudes philosophiques*, 2000, 1, p. 5). *Cf.* également E. W. Orth, « "Natur und Geist" in der husserlschen Philosophie », art. cit., p. 23. Pour la constitution progressive de cette opposition topique à l'époque moderne, *cf.* A. Gehlen, « "Geist" und "Natur" in der Philosophie der Neuzeit », *in* E. Topitsch (Hrsg.), *Logik der Sozialwissenschaften*, Köln-Berlin, Kiepenheuer & Witsch, 1967, p. 53 *sq.*

3. E. Husserl, *Logische Untersuchungen. Erster Band : Prolegomena zur reinen Logik*, hrsg. von E. Holenstein, 1975 (désormais : *LU-I*), § 69, Hua XVIII, 248 ; trad. fr. par H. Élie, A. L. Kelkel et R. Schérer, *Recherches logiques I – Prolégomènes à la logique pure*, Paris, P.U.F., 1959, p. 272. Cf. également § 70 : « *L'idée la plus générale d'une théorie des multiplicités* est d'être une science qui donne une forme déterminée aux types essentiels de théories ou de domaines possibles, et qui étudie leurs relations mutuelles, régies par des lois » (*ibid.*, p. 251 ; trad. cit., p. 275).

sciences, par la délimitation des domaines d'objets qui sont les leurs et la mise en évidence consécutive des concepts fondamentaux en lesquels ils s'explicitent ainsi que des principes de leur articulation. En écho à la conception artistotélicienne selon laquelle les sciences positives procèdent dans leur diversité à un découpage de l'étant[1], ces domaines thématiques d'objets sont conçus par Husserl comme des régions ontologiques si bien que c'est en accueillant en elle la tâche d'une *ontologie régionale* que la phénoménologie se donne les moyens de fonder non pas seulement la scientificité de ces sciences, mais aussi et surtout les grands partages qui font la diversité de leurs orientations thématiques et méthodologiques, jusqu'à fonder éventuellement chacune de ces sciences en sa singularité. C'est évidemment dans ce cadre que la formule « nature et esprit » devient chez Husserl un problème philosophique déterminé : cette distinction correspond-elle ou non à une division ontologique fondamentale ? Et si oui, quelles spécificités thématiques et méthodologiques prescrit-elle pour les sciences de la nature et les sciences de l'esprit ?

En s'engageant ainsi dans une fondation différenciée de ces deux types de sciences, Husserl s'inscrit en réalité dans le débat, très vif à l'époque, concernant la fondation philosophique des sciences de l'esprit[2], débat dont le grand intérêt est notamment d'avoir opposé les unes aux autres et forcé à se déterminer les unes par rapport aux autres la phénoménologie, la philosophie néokantienne de l'école de Heidelberg (Windelband, Rickert) et, en la personne de Dilthey, la pensée herméneutique issue du vaste courant de la « philosophie de la vie ». Le développement remarquable des études historico-juridiques en Allemagne entre 1815 et 1850, sous l'impulsion principale de l'« école historique »[3], avait mis les philosophes devant l'obligation de rendre compte de la scientificité d'un ensemble de disciplines paraissant ou prétendant s'excepter du

1. Aristote, *Métaphysique*, Γ, 1, 1003 a 24-25 (trad. fr. par J. Tricot, Paris, Vrin, 1991, t. 1, p. 109 ; trad. fr. par M.-P. Duminil et A. Jaulin, Flammarion, 2014, p. 1781).

2. Les lignes qui suivent reprennent, en les condensant, certains développements de la première partie de notre étude « Le rôle du concept d'âme dans la fondation des sciences de l'esprit. Entre phénoménologie, néokantisme et philosophie de la vie », *Archives de philosophie*, 2014/4, p. 631-648.

3. Expression qu'il faut entendre au sens large selon lequel Dilthey l'entend lui-même, en particulier dans l'*Introduction aux sciences de l'esprit* de 1883 (trad. fr. par S. Mesure dans *Œuvres 1*, Paris, Cerf, 1992, p. 146). Il désigne alors ce vaste mouvement d'études historico-juridiques de la première moitié du XIXe siècle, marqué par un certain empirisme dans l'analyse des faits particuliers et cherchant à donner consistance à l'idée d'un esprit particulier propre à chaque peuple ; ses principaux représentants sont C. F. von Savigny, B. G. Niebuhr, K. F. Eichhorn, ou encore J. Grimm (*cf.* la mise au point de S. Mesure dans W. Dilthey, *Œuvres 3*, Paris, Cerf, 1988, p. 50, note 16).

domaine théorique des sciences de la nature physique. Or si ce caractère de sciences « non physiques » a rapidement conduit à l'hypothèse selon laquelle c'est du côté d'une théorie du psychique qu'une fondation devait être recherchée, il ne faut pas oublier qu'au même moment se développait en Allemagne, dans le sillage des pensées de Herbart puis de Wundt, une psychologie expérimentale prétendant faire l'économie du concept d'âme en soumettant le psychique à une investigation « conforme à la science de la nature », s'accomplissant donc sous la forme d'une « psychologie sans âme »[1]. Aux antipodes d'une telle orientation, la deuxième exigence à laquelle répond chez Husserl la distinction nature-esprit n'est autre que *l'exigence anti-naturaliste* : comme le montre en particulier la première moitié de l'article de 1911 pour la revue *Logos*[2], la phénoménologie se veut une critique de principe de toute pensée qui défend l'applicabilité aux sciences historico-sociales des normes et des exigences d'exactitude légale fondant les sciences de la nature et qui refuse, au nom de la cohérence de l'édifice de la science, de pratiquer une distinction entre des types de scientificité.

Il est vrai qu'une telle critique, qui implique plus fondamentalement une critique de la doctrine du parallélisme psycho-physique, anime chacun des courants philosophiques mentionnés plus haut, qui représentent donc trois voies ou trois déclinaisons possibles (phénoménologique, néokantienne et herméneutique) de l'anti-naturalisme. Cela dit, l'accord sur l'adversaire à critiquer n'implique pas l'accord sur la démarche à faire valoir contre lui et c'est un fait que la controverse ne fut pas moins vive entre ces trois représentants de l'anti-naturalisme eux-mêmes que ne le fut l'opposition de chacun d'eux à l'école naturaliste. Or dans cette controverse, la situation de la phénoménologie husserlienne est assez subtile. Rappelons en effet que le propre de la démarche proposée par Windelband et, à sa suite, Rickert consiste à se détourner d'une fondation différenciée des sciences de la nature et de l'esprit reposant

1. La première formule est de F. A. Lange (*Histoire du matérialisme et critique de son importance à notre époque*, trad. fr. par B. Pommerol, réimpr. aux Éditions Coda, 2004) et donne son titre au chapitre III de la troisième partie du tome second (p. 687 *sq.*). C'est dans ce chapitre que Lange présente le projet de psychologie scientifique de Herbart comme celui d'une « psychologie sans âme », devise qui renvoie à l'exigence formulée expressément par Herbart d'« éviter [*vermeiden*] le concept métaphysique d'âme (de la substance de l'esprit) » (J. F. Herbart, *Lehrbuch zur Psychologie*, Königsberg, [2]1834, p. 1). Pour la signification globale de ce projet, cf. C. Maigné, *J. F. Herbart*, « Voix allemandes », Belin, 2007, p. 103 *sq.*

2. E. Husserl, « Philosophie als strenge Wissenschaft » in *Aufsätze und Vorträge (1911-1921)*, hrsg. von T. Nenon und H. R. Sepp, Dordrecht-Boston-London, Kluwer Academic Publisher, 1986, Hua XXV, 8-41 ; trad. fr. par M. de Launay, *La philosophie comme science rigoureuse*, Paris, P.U.F., 1989, p. 19-59.

sur la différence de leurs objets. En d'autres termes, à l'encontre d'une division matérielle ou ontologique, ils proposent « une division purement méthodologique des sciences de l'expérience »[1], fondée sur le caractère formel des buts et des intérêts théoriques propres à chaque type de science. La distinction fondamentale doit ainsi être purement logique et passer entre les sciences qui visent une connaissance légale ou générale d'une part et celles qui visent la saisie d'une individualité comme telle d'autre part[2]. Aux yeux des néokantiens de Heidelberg, l'idée husserlienne d'une ontologie régionale et la thèse concomitante selon laquelle « la vraie méthode est commandée par la nature des objets de la recherche »[3] situent donc résolument la phénoménologie du côté d'une fondation matérielle des sciences, et sa promotion de la description et de l'intuition l'apparente à la tentative diltheyenne de placer au fondement des sciences de l'esprit une psychologie redéfinie par la descriptivité et l'analyticité[4]. Et pourtant, du point de vue de Dilthey, l'orientation à la fois intentionnelle et eidétique de la phénoménologie husserlienne ne peut que la pousser à créer « des entités abstraites [...] à partir desquelles elle veut reconstituer la vie »[5], ce qui l'apparente finalement à un pur et simple constructivisme ou à l'« apriorisme » rigide de la philosophie kantienne et de toute philosophie néokantienne – travers dont l'idée d'une subjectivité transcendantale est l'emblème, quelle que soit la façon dont on la détermine. On peut considérer que la levée de cette ambiguïté de la fondation phénoménologique des sciences de l'esprit est l'un des nombreux apports des leçons de 1927 ici traduites.

1. W. Windelband, « Histoire et science de la nature », trad. cit., p. 6.

2. Alors que Windelband oppose ainsi sciences nomothétiques et sciences idiographiques (cf. *ibid.*, p. 6-7), Rickert distingue pour sa part entre sciences généralisantes et sciences individualisantes (cf. par exemple *Science de la culture et science de la nature*, trad. fr. par A.-H. Nicolas, Paris, Gallimard, 1997, p. 60 *sq.* et p. 88). Nous reviendrons plus bas sur cette distinction de Rickert.

3. E. Husserl, « La philosophie comme science rigoureuse », Hua XXV, 26; trad. cit., p. 40.

4. *Cf.* W. Dilthey, *Idées concernant une psychologie descriptive et analytique*, trad. fr. par M. Rémy dans *Le Monde de l'esprit*, Paris, Aubier-Montaigne, 1947, tome 1, p. 145-245, en part. p. 158 : « Par psychologie descriptive, j'entends la description des éléments, simples ou complexes, qu'on rencontre uniformément dans toute vie psychique humaine ayant son développement normal, où ils forment un ensemble unique, qui n'est ni ajouté ni déduit par la pensée, mais connu par l'expérience même de la vie. Cette psychologie est donc la description et l'analyse d'un ensemble qui est toujours donné primitivement comme la vie même ».

5. *Cf.* W. Dilthey, « Die Kategorien des Lebens », manuscrit cité et traduit par J.-C. Gens, dans *La pensée herméneutique de Dilthey. Entre néokantisme et phénoménologie*, Villeneuve d'Ascq, Presses universitaires du Septentrion, 2002, p. 115.

Si ce cours de Husserl confirme de façon éclatante cette conjonction déterminante des exigences d'une fondation des sciences positives et d'un rejet de principe du naturalisme au cœur du traitement phénoménologique de la thématique « nature et esprit », son grand intérêt par comparaison avec les cours ou les exposés antérieurs vient, plus généralement, de ce qu'il le fait tout en développant *trois axes argumentatifs* dont la portée philosophique ne tient pas seulement à leur teneur individuelle ou à leur nouveauté mais aussi et surtout au fait qu'ils sont présentés dans ces pages comme *formant une unité démonstrative*. Ces trois axes sont : la *fondation* explicite de l'ontologie matérielle dans une analytique du monde prédonné de l'expérience, l'*articulation* précise des aspects formels et des aspects matériels du programme de la fondation des sciences, et la *clarification* définitive de la spécificité du transcendantalisme phénoménologique par opposition au néokantisme de l'école de Heidelberg. Les pages qui suivent se contenteront de ressaisir les grandes lignes de ce triple apport, tel qu'il corrige sinon l'unilatéralité, du moins l'incomplétude des précédentes contributions husserliennes à la thématique « nature et esprit ».

Sous le titre « Recherches phénoménologiques pour la constitution », ce sont les analyses du second tome des *Idées directrices* qui ont représenté pour plusieurs générations de lecteurs l'essentiel de la contribution husserlienne aux problèmes posés par les rapports de la nature et de l'esprit. Et pour cause : rédigées pour l'essentiel en 1912, mises en forme par Edith Stein à partir de l'automne 1916 puis par Ludwig Landgrebe dans le cours des années 20, régulièrement reprises par Husserl mais demeurées inédites jusqu'à leur publication en 1952 au titre du tome IV des *Husserliana*[1], ces analyses se déploient selon une stratification qui est celle-là même des couches ontologiques de la réalité dans leur fondation successive, de la nature matérielle au monde de l'esprit en passant par la couche intermédiaire de la nature animée. L'ambition de Husserl est de

1. E. Husserl, *Ideen zu einer reinen Phänomenologie und phänomenologischen Philosophie, Zweites Buch : Phänomenologische Untersuchungen zur Konstitution*, hrsg. von M. Biemel, 1952 ; trad. fr. par E. Escoubas, *Idées directrices* , tome II : *Recherches phénoménologiques pour la constitution*, Paris, P.U.F., 1982. Pour une présentation de la genèse du texte, *cf.* l'« introduction de l'éditeur », p. XIII-XX du volume allemand. Indiquons qu'une nouvelle édition de ces textes est en préparation aux Archives Husserl de Leuven, dont le principe est de les présenter indépendamment du découpage et du travail d'organisation réalisés par E. Stein, c'est-à-dire justement sous la forme du « dossier » de textes qu'elle reçut des mains de Husserl. L'idée est de donner à voir ces textes au plus près de leur état et de leur agencement d'origine tout en permettant de mesurer précisément l'ampleur et la teneur du travail éditorial réalisé par Stein.

rendre compte par là non seulement de la constitution interne de chacune de ces régions (en les renvoyant à la multiplicité des actes intentionnels et des synthèses d'actes au sein desquels s'atteste leur évidence et se constitue leur unité) mais aussi de leur articulation complexe (par le biais d'une doctrine des attitudes selon laquelle c'est au sein de l'attitude théorique que le jeu de présupposition réciproque de l'attitude naturaliste et de l'attitude personnaliste, finalement identique à l'attitude naturelle, devient visible). Or l'une des difficultés les plus embarrassantes posées par cet exposé – en dépit de son indiscutable richesse de détail – est probablement celle de la justification du découpage régional lui-même. Dans la mesure où Husserl n'en fournit aucune, il est difficile de ne pas se laisser gagner par l'impression selon laquelle les régions fondamentales qu'il examine sont tout simplement présupposées. Comme le note Laurent Perreau, « on ne voit pas véritablement au nom de quoi s'impose la distinction *Natur-Geist*, sinon par le fait qu'elle ait cours. [...] tout se passe comme si elles [*sc.* les catégories fondamentales d'*Ideen II*] étaient reçues comme telles, pour ce qu'elles sont, seulement en raison de leur caractère opératoire et en faisant l'économie d'un examen critique préalable. Il y a un déjà-là de la distinction qui n'est pas justifié, mais reçu »[1]. En d'autres termes, le problème est ici celui de l'origine de ces régions et de leur distinction, sans la clarification de laquelle les analyses de Husserl semblent inévitablement vouées au dogmatisme, puisqu'on ne voit pas comment elles pourraient ne pas « reconduire un contenu métaphysique non questionné », notamment à travers « les distinctions ontologiques traditionnelles d'une métaphysique séculaire (nature-animal-homme/esprit) »[2].

À la décharge de Husserl, ce défaut méthodologique lui a si peu échappé[3] que c'est au contraire la vive conscience de la nécessité d'y remédier qui commande la démarche qui deviendra à partir du semestre

1. L. Perreau, « Phénoménologie et “sciences de l'esprit”... », art. cit. p. 371 *sq.*

2. *Ibid.*, p. 372. Dans la même perspective, Rudolf Bernet parle pour sa part de « la division métaphysique entre nature et esprit », dans *La vie du sujet. Recherches sur l'interprétation de Husserl dans la phénoménologie*, Paris, P.U.F., 1994, p. 101.

3. En témoigne cette note de 1923, dans laquelle Husserl jette un regard critique sur la démarche d'ensemble des *Ideen* : « Puis-je savoir que tout étant en général s'insère dans une telle partition régionale et que les sciences doivent être fondées sur elle ? Les régions ne sont-elles pas les structures universelles du monde, alors que le concept de structure du monde ne fait pas l'objet d'une exposition (puisque le monde en tant qu'*universum* unitaire

d'été 1919[1] celle de toutes les leçons portant sur la thématique « nature et esprit » : au lieu de s'engager directement dans la description des régions et de leur étagement, il s'agira de justifier la régionalité même des régions ontologique en faisant précéder leur étude d'une analyse intentionnelle de *ce dont* elles sont précisément des régions – à savoir du monde lui-même tel qu'il se donne dans l'expérience et que la science cherche à le déterminer conformément à son exigence d'objectivité. Ce *dégagement préalable des structures de la donation du monde dans l'expérience* correspond à la mise en évidence du « style apriorique »[2] qui est celui du monde de l'expérience possible (et, à un niveau supérieur de généralité eidétique, de tout monde possible de l'expérience), style dont la partition régionale n'est en un sens que l'expression. En renvoyant ainsi le partage ontologique nature-esprit aux conditions de la donation d'un monde dans l'expérience, Husserl prétend à la fois justifier la validité et les limites de cette distinction traditionnelle, justifier dans leur distinction thématique et méthodologique les sciences qui font de ces régions leur domaine, mais aussi lever les éventuelles « indéterminations du concept de "région" »[3] lui-même, en même temps que la mise en évidence de l'identité entre les structures de la donation du monde dans l'expérience et les structures de sa détermination théorique dans la science lui fournit, comme nous allons le voir un peu plus loin, un argument décisif contre le néokantisme de Heidelberg.

En contrepoint de la présentation de cette démarche argumentative, il faut aussi souligner que c'est elle qui fournit le cadre commun dans lequel se déploient les deux voies non cartésiennes par lesquelles Husserl achemine son lecteur à la réduction et, avec elle, au point de vue propre à sa phénoménologie transcendantale. En effet, qu'il s'agisse (sur la « voie psychologique ») de contester la conception selon laquelle il y aurait analogie et simple rapport de complémentarité entre les abstractions respectives qui, sur le sol du monde, fournissent leur domaine thématique à la physique et à la psychologie, ou bien qu'il s'agisse (sur la « voie ontologique ») de mener une critique des sciences positives en reprenant

n'a pas été placé en tête) ? » (E. Husserl, *Ideen zu einer reinen Phänomenologie und phänomenologischen Philosophie, Erstes Buch : Allgemeine Einführung in die Phänomenologie. 2. Halbband : Ergänzende Texte (1912-1929)*, neu hrsg. von K. Schuhmann, Den Haag, Martinus Nijhoff, 1976, Hua III-2, Beilage 33, p. 584).

1. E. Husserl *Natur und Geist. Vorlesungen Sommersemester 1919*, hrsg. von M. Weiler, Dordrecht-Boston-London, Kluwer Academic Publishers, Husserliana Materialien IV, 2002.

2. E. Husserl, *infra*, § 18, p. 143.

3. L. Perreau, « Phénoménologie et "sciences de l'esprit"… », art. cit., p. 370.

leurs ontologies particulières dans la perspective d'une ontologie plus fondamentale, celle du monde pris purement comme monde de l'expérience, on voit que l'exigence méthodologique centrale est à chaque fois celle d'une investigation structurale et eidétique du monde tel qu'il est toujours déjà donné dans l'expérience, ce monde que Husserl nommera bientôt systématiquement le « monde de la vie »[1]. La portée de cette remarque se mesure au fait qu'elle autorise non seulement à considérer la voie psychologique comme une forme particulière de la voie ontologique[2], mais aussi, plus largement, à voir dans chacune des contributions husserliennes à la question des rapports entre nature et esprit autant de jalons dans la formation et le développement de la problématique du monde de la vie, y compris dans ses aspects méthodologiques[3]. L'originalité du cours du semestre d'été 1927 tient dès lors à la double dimension, systématique et polémique, qu'il confère à ces éléments thématiques et méthodologiques qui alimentent la réflexion husserlienne sur le sens de la distinction nature-esprit de façon toujours plus explicite depuis 1919 au moins.

Si l'on peut parler d'une *dimension systématique*, cela tient à l'importance qui est accordée dans ces leçons à l'idée d'une classification des sciences, qui s'y trouve de fait portée à un degré d'élaboration tout à fait inédit dans la production husserlienne. Même si cette exigence de satisfaire à la signification proprement philosophique d'une classification

1. *Cf.* par exemple E. Husserl, *Phänomenologische Psychologie. Vorlesungen Sommersemester 1925*, hrsg. von W. Biemel, Den Haag, Martinus Nijhoff, 1962, § 6-8 et § 10-11, Hua IX, 55 *sq.*, 87 *sq.*; trad. fr. par Ph. Cabestan, N. Depraz et A. Mazzù, *Psychologie phénoménologique (1925-1928)*, Paris, Vrin, 2001, p. 56 *sq.*, 85 *sq.*; *Die Krisis der europäischen Wissenschaften und die transzendentale Phänomenologie. Eine Einleitung in die phänomenologische Philosophie*, hrsg. von W. Biemel, Den Haag, Martinus Nijhoff, 1954 (désormais : *Krisis*), § 34-36 et § 66, Hua VI, 126 *sq.*, 229 *sq.*; trad. fr. par G. Granel, *La crise des sciences européennes et la phénoménologie transcendantale*, Paris, Gallimard, 1976, p. 140 *sq.*, 254 *sq.*

2. Nous rejoignons ainsi par un autre biais les conclusions de J. J. Drummond sur la « non autonomie » de la voie psychologique chez Husserl (« Husserl on the ways to the performance of the reduction », *Man and World*, 8/1, 1975, p. 47-69, en part. p. 64; trad. fr. par nos soins, « Husserl et les voies de l'accomplissement de la réduction », *Alter. Revue de phénoménologie*, 16, 2008, p. 263-288, en part. p. 286).

3. *Cf.* E. W. Orth, « "Natur und Geist" in der husserlschen Philosophie », art. cit., p. 25. Dans le présent cours de 1927, les occurrences du concept de « monde de la vie » (*Lebenswelt*) se trouvent exclusivement dans les appendices (cf. *infra*, p. 204, 208, 242 *sq.*, 275). Le cours tel qu'il a été lu par Husserl en reste pour sa part au concept de monde ambiant (*Umwelt*) ou, surtout, de « monde de l'expérience » (*Erfahrungswelt*).

des sciences[1] se manifeste chez Husserl dès la redéfinition des tâches de la théorie de la science élaborée dans les *Prolégomènes à la logique pure*[2], il faut reconnaître que c'est essentiellement sur le versant de la fondation matérielle et régionale des sciences qu'il s'en acquitte dans un premier temps, précisément dans le cadre de ses premières contributions relatives à la distinction nature-esprit. Recueillant les apports de ces dernières, il affirme ainsi en conclusion des analyses logiques qui ouvrent *Ideen I* : « Le problème d'une "classification" radicale des sciences est pour l'essentiel le problème du découpage des régions »[3]. Si elle confirme que la classification n'est pas une affaire de présentation élégante ou commode des sciences venant s'annexer à leur justification rationnelle mais coïncide exactement avec leur fondation même, cette déclaration contient néanmoins une nuance (« pour l'essentiel ») qui suggère que pris dans toute son extension, le sens philosophique d'une classification des sciences excède la tâche de la seule ontologie matérielle. D'une certaine façon, c'est le présent cours de 1927 qui fournit sa pleine intelligibilité à cette nuance dans la mesure où, prenant l'idée d'une classification des sciences comme fil conducteur, il la déploie dans toute son extension, c'est-à-dire telle qu'elle englobe en réalité la séparation des régions ontologiques matérielles comme l'un de ses moments.

1. Remarquons que cette exigence, qui accompagne à vrai dire l'histoire de la philosophie depuis l'Antiquité, prend un relief particulier au sein de l'« école de Brentano » comme aspect d'une problématique taxinomique vraisemblablement appelée par la revendication d'empirisme. Chez Brentano lui-même, c'est parce qu'elle s'acquitte de la « classification des phénomènes psychiques » (représentations, jugements, émotions) que la psychologie descriptive peut ordonner les autres disciplines philosophiques (esthétique, logique, éthique) et s'ordonner par rapport à elles comme une science fondamentale (*cf.* F. Brentano, *Psychologie du point de vue empirique*, trad. fr. par M. de Gandillac revue par J.-F. Courtine, Paris, Vrin, 2008, p. 191 *sq.* et p. 34). De même chez Stumpf, la distinction fondamentale entre phénomènes et fonctions psychiques ouvre sur un vaste travail taxinomique (cf. C. Stumpf, « De la classification des sciences », trad. fr. par D. Fisette dans *Renaissance de la philosophie. Quatre articles*, Paris, Vrin, 2006, p. 169-254). Sur l'accord parmi les étudiants de Brentano (et malgré leurs dissensions) quant à cette fonction architectonique de la psychologie descriptive, *cf.* D. Fisette, « Le Legs de Brentano », dans *À l'école de Brentano. De Würzbourg à Vienne*, Paris, Vrin, 2007, p. 76-78.

2. *Cf.* E. Husserl, *LU-I*, § 10, Hua XVIII, 39 *sq.* ; trad. cit., p. 26 *sq.*

3. E. Husserl, *Ideen zu einer reinen Phänomenologie und phänomenologischen Philosophie, Erstes Buch : Allgemeine Einführung in die Phänomenologie. 1. Halbband : Text der 1.-3. Auflage*, neu hrsg. von K. Schuhmann, 1976, § 17, Hua III-1, 38 ; trad. fr. par P. Ricœur, *Idées directrices pour une phénoménologie et une philosophie phénoménologique pures*, tome 1 : *Introduction générale à la phénoménologie pure*, Paris, Gallimard, 1950, p. 59.

Tandis que l'introduction de ces leçons, reprenant à son compte l'image cartésienne de l'arbre de la science[1], fait valoir l'idéal philosophique d'une unique science universelle du tout du monde, en laquelle seule l'unilatéralité des sciences singulières se trouve à la fois justifiée et corrigée, et après avoir établi, dans le premier chapitre, l'équivalence entre fondation des sciences positives, classification de ces mêmes sciences et clarification de leurs domaines et concepts fondamentaux, Husserl consacre en effet le chapitre deux à l'exposition de quatre critères pour une classification universelle des sciences dans une perspective tout d'abord purement formelle, étrangère à toute division régionale car découlant de la détermination elle-même formelle de la science comme comme unité thématique et théorique (§ 6). Les trois premières classifications reposent sur des critères logiques et correspondent aux façons dont se distinguent les jugements et les concepts qu'ils mettent en jeu (§ 7) : il s'agit de la classification en sciences apostérioriques et aprioriques, de la classification en sciences formelles vides et en sciences à teneur réale, et de la classification en sciences concrètes et abstraites. La quatrième et dernière classification formelle (§ 9) ne repose pas sur un critère logique mais sur une caractérisation de ce qui forme à chaque fois le domaine des sciences : il s'agit de la classification en sciences autonomes et en sciences non autonomes. Husserl prend soin de montrer, chemin faisant, que ces classifications peuvent s'entrecroiser, se recouper et se relativiser les unes les autres dans la mesure où les groupes de sciences qui sont à chaque fois identifiés conservent des relations les uns avec les autres d'une classification à l'autre. De sorte que le caractère formel de ces classifications n'implique aucune unilatéralité ni aucune abstraction dans la détermination des types de sciences qui y sont considérées. Même si ces considérations n'ont assurément qu'un rapport assez lointain avec les débats relatifs à la signification de la distinction nature-esprit, elles présentent néanmoins l'intérêt de compléter de façon inédite le programme d'une théorie phénoménologique de la science, en appliquant notamment aux sciences elles-mêmes des distinctions méréologiques que les *Recherches logiques* avaient réservées aux objets en général (concret/abstrait, autonome/non autonome). C'est seulement en rejouant à l'échelle des types de classifications eux-mêmes la distinction qui commande la deuxième classification formelle (la distinction entre la vacuité formelle

1. *Cf.* E. Husserl, *infra*, § 3, p. 45. L'image réapparaît également avec cette signification dans l'Appendice XIX, p. 243, et, appliquée cette fois à l'échelle de la seule science de la nature, dans l'Appendice III, p. 192.

et la teneur réale) que Husserl retrouve alors explicitement, à partir du chapitre trois, la problématique matérielle des régions ontologiques et que la thématique « nature et esprit » renoue avec la démarche argumentative évoquée plus haut.

Une fois engagé dans l'examen des classifications non formelles, le propos de Husserl gagne toutefois rapidement une *dimension polémique*, à la faveur d'une confrontation de principe avec le néokantisme de l'école de Heidelberg et plus précisément avec Heinrich Rickert, à qui Husserl avait succédé à la chaire de philosophie de l'université de Fribourg en 1917. Pour comprendre comment cette confrontation surgit dans l'économie des leçons, il faut bien comprendre que les classifications qui sont à présent étudiées ont une teneur réale, une *Sachhaltigkeit*, c'est-à-dire qu'elles envisagent les sciences non plus du seul point de vue de leur unité thématique et théorique mais dans leur positivité, c'est-à-dire dans leur rapport au monde de l'expérience (§ 13). Dès lors, deux classifications s'imposent à l'examen, dont il est aisé de voir qu'elles correspondent à l'alternative évoquée plus haut entre deux manières de rendre compte philosophiquement de la scientificité propre des sciences de l'esprit : à partir de la spécificité de leur domaine (§ 14) ou à partir de celle de leur méthode (§ 15). Cette dernière option étant celle de l'école néokantienne de Heidelberg, c'est à partir d'une discussion serrée de ses principes tels que Rickert les a systématisés que Husserl va faire valoir la nécessité et la signification d'une eidétique structurale du monde prédonné de l'expérience pour fonder de façon différenciée les sciences de la nature et les sciences de l'esprit. Indiquons d'emblée les deux aspects qui confèrent à cette confrontation un intérêt qui dépasse largement le contexte immédiat de la thématique « nature et esprit » : d'une part, cette critique de la théorie de la science rickertienne se mue rapidement en une discussion d'ensemble sur le sens et la méthode d'une authentique philosophie transcendantale; d'autre part, c'est en montrant que sa phénoménologie est plus fidèle à la philosophie kantienne elle-même que Husserl réfute ici le néokantisme de Rickert. Si ce dernier geste est somme toute assez fréquent dans l'histoire de la philosophie, il a toutefois quelque chose de frappant dans le cas présent, si l'on tient compte de l'hostilité à Kant que Husserl a initialement héritée de Brentano[1] et du fait que jusque dans la *Krisis*, le transcendantalisme de la phénoménologie qui reconnaît en Kant

1. *Cf.* la lettre de Husserl à Ernst Cassirer du 3 avril 1925, *in* E. Husserl, *Breifwechsel*, hrsg. von K. Schuhmann, Dordrecht-Boston-London, Kluwer Academic Publishers, 1994 (désormais : *BW*), Husserliana Dokumente III/5, p. 4.

l'un de ses prédécesseurs s'est toujours accompagné d'une critique de principe de la philosophie kantienne[1]. Aussi ce cours de 1927 mérite-t-il sans aucun doute une place à part dans le dossier complexe des relations de Husserl à Kant[2]. Reprenons rapidement les principes de la critique husserlienne du transcendantalisme de Rickert, telle qu'elle s'expose dans le § 16 de ces leçons et dans leur important appendice XIX[3].

Notons tout d'abord que le projet de Rickert est également celui d'une fondation systématique de la distinction entre sciences de la nature et sciences de la culture par son renvoi au matériau premier que constitue pour toute science l'effectivité empirique. Mais puisque selon lui, cette dernière se donne inévitablement avec le double caractère de continuité et d'hétérogénéité, elle est impropre comme telle à la connaissance si bien que toute la démarche de Rickert repose sur le raisonnement suivant :

> S'il doit y avoir en général, pour l'esprit humain fini, une connaissance de l'effectivité, celle-ci ne peut avoir lieu que de telle sorte que le caractère non maîtrisable de la diversité extensive et intensive du matériau intuitivement donné y soit supprimé ou surmonté d'une manière ou d'une autre[4].

Le résultat de cette démarche est bien connu : là où, mettant en œuvre une méthode généralisante, les sciences de la nature transforment et simplifient ce matériau en un continu homogène, les sciences de la culture en font, par une méthode individualisante, un discret hétérogène[5]. Reste que la critique de Husserl ne porte pas d'abord sur ce résultat : elle s'oriente plutôt sur la méthode de fondation mise en œuvre par Rickert. Dans un premier temps, Husserl reconduit cette méthode fondationnelle à la philosophie kantienne

1. *Cf.* E. Husserl, *Krisis*, § 28 et Appendice XV, Hua VI, 105 *sq.*, 451 *sq.* ; trad. cit., p. 117 *sq.*, 499 *sq.* Pour une reconstruction détaillée de la critique husserlienne du psychologisme et de l'anthropologisme kantiens tels qu'ils motivent un renversement phénoménologique du renversement copernicien, *cf.* D. Pradelle, *Par-delà la révolution copernicienne. Sujet transcendantal et facultés chez Kant et Husserl*. Paris, P.U.F., 2012.

2. C'est ce qu'avait bien vu I. Kern, qui lui consacre plusieurs paragraphes dans son étude *Husserl und Kant. Eine Untersuchung über Husserls Verhältnis zu Kant und zum Neukantianismus*, Den Haag, Martinus Nijhoff, 1964, Phaenomenologica n°16, § 7 et 15, p. 39 *sq.*, p. 150-153 et p. 175-179.

3. Pour une présentation détaillée des principes de cette critique et de ses enjeux, nous nous permettons de renvoyer à notre étude « Logique transcendantale et philosophie du monde de l'expérience. La critique husserlienne de Rickert en 1927 », in *Phänomenologische Forschungen*, Hamburg, Felix Meiner Verlag, 2010, p. 117-141. Nous en condensons les principaux résultats dans ce qui suit.

4. H. Rickert, *Die Grenzen der naturwissenschaftlichen Begriffsbildung. Eine logische Einleitung in die historischen Wissenschaften*, Tübingen-Leipzig, ²1913, p. 33.

5. Cf. *supra*, p. 11, n. 2.

en l'interprétant comme *une déduction transcendantale*, puisqu'il s'agit bien pour elle de déduire les concepts scientifiques comme autant de conditions d'un dépassement de l'infinie diversité du monde donné dans l'expérience. Une fois admise, cette caractérisation ouvre immédiatement sur une critique visant le point de départ de la déduction avant de s'étendre à la démarche dans son ensemble.

Pour Husserl, la détermination inaugurale du monde de l'expérience, du matériau de la formation de concepts, comme continu hétérogène, c'est-à-dire comme diversité infinie devant être surmontée dans et par la connaissance scientifique, n'est en fin de compte qu'une pure et simple présupposition réaliste qui pose un monde préconceptuel comme un en-soi auquel la connaissance doit se rapporter de l'extérieur et qui sépare par conséquent l'être du monde de sa connaissabilité de principe[1]. Contraire aux principes mêmes de l'idéalisme transcendantal, une telle présupposition a pour inévitable conséquence un naturalisme anthropologiste (renvoyant la science à des intérêts humains sans en comprendre la nécessité), qu'on peut également dénoncer au titre d'un « pragmatisme théorique »[2], dans la mesure où la connaissance ne s'y trouve déterminée que comme le moyen d'atteindre ce monde en soi comme but extérieur à elle. Par conséquent, c'est la démarche dans son ensemble qui est ainsi condamnée à l'absurdité de devoir absolument relier ce qui a été séparé dès le départ (à savoir le monde et les exigences théoriques de la connaissance) ; de sorte que l'accord entre les deux ne peut être qu'arbitraire et que la déduction de Rickert n'est finalement rien d'autre que la mise en forme d'un préjugé massif : le préjugé de la convenance mutuelle de l'être du monde en soi et des exigences théoriques qui sont celles de la connaissance[3]. Du coup, les exigences qui sont déduites à partir du monde demeurent paradoxalement indépendantes de lui : elles ne peuvent être que plaquées de l'extérieur sur lui sans que rien ne puisse en garantir la validité.

Les difficultés pointées par Husserl dérivent donc toutes, comme on le voit, de la présupposition inaugurale de l'être du monde, c'est-à-dire du fait que Rickert a cru pouvoir se dispenser d'une étude préalable de la constitution de ce monde de l'expérience (*Erfahrungswelt*) dans une expérience du monde (*Welterfahrung*), ou encore du fait qu'il a pris pour un donné ce qui est en réalité déjà du constitué. C'est donc parce

1. *Cf.* E. Husserl, *infra*, § 16, p. 117 ; Appendice XIX, p. 237.
2. *Ibid.*, p. 115.
3. *Ibid.*, p. 122.

que « l'expérience du monde demeure un mot vide »[1] chez Rickert que Husserl s'autorise à rassembler toutes ses objections sous l'unique reproche de *formalisme* (qu'il prend bien soin de distinguer de l'exigence de formalité telle qu'elle règne de façon parfaitement légitime sur une partie du discours philosophique)[2].

À partir de là, il est possible d'esquisser par contraste ce que doit être une véritable déduction transcendantale ainsi que la signification qui revient à la philosophie kantienne dans ce contexte. De façon générale, on peut dire de la déduction transcendantale phénoménologique qu'elle rétablit contre la déduction rickertienne *deux corrélations fondamentales*. La première est *celle qui relie la structure ontologique d'un monde possible de l'expérience aux formes possibles de sa connaissance théorique*[3]. C'est parce que les articulations nécessaires qui déterminent des différences de domaine et de contenu pour les sciences correspondantes sont puisées dans le matériau de la *Begriffsbildung* théorique, dans le monde de l'expérience lui-même, que la déduction transcendantale peut revendiquer une portée véritablement fondationnelle tout en échappant au risque de reconduire à même la déduction des préjugés épistémologiques. La seconde corrélation fondamentale a quant à elle déjà été mentionnée : c'est la corrélation intentionnelle elle-même, qui relie *le monde de l'expérience et l'expérience de monde* en tant que vie subjective où se constitue le sens d'expérience du monde. Or si une déduction non formaliste consiste à dévoiler, à même ce monde de l'expérience, les articulations structurelles qui préfigurent le contenu des diverses sciences de sorte que les concepts fondamentaux de ces dernières répondent effectivement aux exigences que ce monde porte en lui, alors elle rend caduque la nécessité tout extérieure de surmonter par la connaissance les infinies diversités du monde de l'expérience et réinstaure au contraire (et à l'encontre de la conception de Rickert) une essentielle continuité entre expérience et connaissance. Autrement dit, les deux corrélations que nous venons d'indiquer convergent dans la thèse selon laquelle *monde de l'expérience et monde de la science renvoient à la même instance constituante mais à deux niveaux distincts de son activité*[4]. La véritable

1. *Ibid.*, p. 124.
2. *Ibid.*, § 17, p. 131 ; Appendice XIX, p. 238.
3. Cf. *ibid.*, § 19, p. 146-147 : « Nous pouvons donc dire que la structure unitaire systématique d'un monde possible a son corrélat dans la typique unitaire systématique des sciences rapportées à cette structure ou aux structures partielles qui en dépendent systématiquement ».
4. E. Husserl, *infra*, § 16, p. 125-126.

tâche de la déduction transcendantale consiste donc à dévoiler, au sein d'une logique transcendantale qui coïncide dès lors avec l'idée d'une « logique du monde » (*Weltlogik*), *la continuité constitutive qui conduit de l'expérience à la science*, et ce en mettant au jour une structuration nécessaire du monde de l'expérience en tant qu'« anticipation légitime d'un monde vrai (en un sens logique et exact) »[1].

Guidée par l'exigence d'une déduction authentiquement transcendantale, la réappropriation polémique de la philosophie kantienne à laquelle se livre Husserl dans ces pages des leçons de 1927 s'ajuste dès lors sur ces deux corrélations et sur cette continuité : à ses yeux, Kant a tout d'abord le mérite d'avoir mis au cœur de sa réflexion l'être fondamentalement relatif et subjectif du monde par le dégagement de structures subjectives constituantes, ce qui lui a permis d'apercevoir ensuite plus directement la liaison de la normativité scientifique idéale et de la généralité typique de l'expérience[2]. En effet, dans la mesure où la déduction kantienne des catégories ne dissocie pas la question de l'objectivité [*Objektivität*] scientifique de celle de l'objectité [*Gegenständlichkeit*] empirique, on peut dire qu'elle repose sur l'idée d'une mise en forme rationnelle et progressive du monde, sans saut qualitatif, depuis l'expérience jusqu'à la science objective. C'est en *ce* sens qu'elle représente aux yeux de Husserl, malgré ses insuffisances et sa procédure régressive, une posture plus authentiquement transcendantale que la déduction formaliste de Rickert, néokantien infidèle à l'intention de la philosophie kantienne.

Il reste alors à cerner la portée de cette critique husserlienne. Nous insisterons ici sur deux aspects importants, qui concernent l'un et l'autre la définition de l'idéalisme transcendantal phénoménologique. Tout d'abord, la thèse d'une continuité constitutive entre l'effectivité empirique et la connaissance conceptuelle implique, comme on l'a vu, celle d'une continuité de rationalité entre les deux, et donc l'affirmation selon laquelle le monde de l'expérience porte en lui comme possibilité le monde vrai de la science, dont il est le soubassement. Dans ces conditions, la tâche d'une déduction transcendantale phénoménologique de la conceptualité scientifique n'est autre que celle d'*une genèse phénoménologique de l'idéalité prédicative à partir de l'évidence empirique*. Autrement dit, ces leçons retrouvent et justifient par la voie polémique le programme d'une *logique génétique* tel que Husserl le développe depuis le début des années 20, mais elles le rattachent en même temps à la thématique

1. *Ibid.*, p. 125.
2. *Ibid.*, p. 122.

de l'*idéalisation du monde* dans les sciences de la nature telle que la *Krisis* la reprendra avec l'ampleur que nous connaissons. Le lecteur découvrira peut-être avec étonnement que la description de ce processus de substruction d'idéalités-limites en lieu et place des généralités empiriques par le moyen d'une méthode d'approximation poussée à l'infini est déjà parfaitement maîtrisée par Husserl en 1927, et ce selon sa double signification : non seulement comme *enracinement archéologique* de la science dans l'expérience (moyennant la mise en évidence du caractère associatif et inductif de l'expérience (§ 23), appelant son propre dépassement dans une méthode inductive rendue indépendante de la donnée d'expérience), mais aussi comme *sédimentation téléologique* des idéalités scientifiques dans l'étoffe même du monde de l'expérience[1]. Si ce dernier est bien fondement préscientifique de l'activité scientifique, c'est en étant pourtant, et de manière non contradictoire, pénétré des sédimentations conceptuelles de cette activité.

À partir du moment où la phénoménologie transcendantale s'acquitte de cette exigence génétique en parcourant tous les degrés constitutifs qui conduisent des évidences relatives et situées du monde de l'expérience aux évidences irrelativement exactes de la science, elle mérite alors d'être définie par le caractère ascendant de cette déduction, c'est-à-dire en fin de compte comme *un idéalisme « par le bas »*. Autrement dit, ces leçons fournissent une justification supplémentaire de cette formule par laquelle Husserl n'a jamais cessé de présenter sa phénoménologie[2] et qui doit donc être prise au sérieux. Mais au-delà de cette simple confirmation, elles nous conduisent à introduire deux compléments. Le premier porte sur ce qui constitue à notre connaissance la première occurrence de cette formule sous la plume de Husserl, qui intervient dans le cadre de son « Compte-rendu des ouvrages allemands de logique de l'année 1894 » publié en 1897[3]. Il est particulièrement instructif de noter non seulement que cette occurrence précède de trois ans la « percée » de la phénoménologie dans les *Recherches logiques* et de près de vingt

1. Cf. *ibid.*, Appendice XVII, p. 231-232.

2. *Cf.* entre autres E. Husserl, « La philosophie comme science rigoureuse », Hua XXV, 41, trad. fr., p. 59 ; lettre à P. Natorp du 18 mars 1909 (in *BW*, Hua Dok III/5, 110) ; lettres à D. Mahnke du 26 décembre 1927 et du 4-5 mai 1933 (in *BW*, Hua Dok III/3, resp. 462 et 498 ; trad. fr. par D. Pradelle, *Philosophie*, 129, mars 2016, resp. p. 28 et p. 47) ; Ms F I 20 (1902), 22 a (cours d'éthique du semestre d'été 1902, cité et traduit par J.-F. Lavigne, *Husserl et la naissance de la phénoménologie (1900-1913). Des* Recherches logiques *aux* Ideen : *la genèse de l'idéalisme transcendantal phénoménologique*, Paris, P.U.F., 2005, p. 284).

3. Trad. fr. par J. English dans E. Husserl, *Articles sur la logique (1890-1913)*, Paris, P.U.F., 1995, p. 194-196.

ans l'adoption par Husserl de la thèse de l'idéalisme transcendantal, mais surtout qu'elle apparaît dès cette époque à l'occasion ... d'une critique de Rickert ! Dès les premières expositions par Rickert de sa théorie de la science (en l'occurrence, dans son article « Sur la théorie de la formation des concepts dans les sciences de la nature »), Husserl lui reproche ainsi d'être une « théorie "d'en haut" » et suggère au contraire qu'« une théorie féconde de la formation des concepts dans les sciences de la nature ne peut être [...] qu'une théorie "d'en bas", résultant d'un travail qui porte sur les sciences de la nature elles-mêmes »[1]. *L'idée d'une démarche qui procède depuis le bas est donc plus ancienne chez Husserl que la « percée » de la phénoménologie* : il s'agit selon toute probabilité d'une exigence héritée de l'empirisme brentanien, exigence qui, une fois mise en œuvre sous la forme du « retour aux choses mêmes », a survécu dans un premier temps au « tournant idéaliste » de la phénoménologie en vertu de la conception stratifiée et ascendante de la constitution transcendantale, avant de redéployer dans un second temps toute sa fécondité au sein d'une phénoménologie reprenant expressément à son compte en contexte transcendantal la dimension génétique.

Il faut toutefois ajouter, en guise de deuxième complément, que les leçons de 1927 n'identifient pas purement et simplement la déduction transcendantale phénoménologique et la démarche qui s'élève du monde tel qu'il est prédonné dans l'expérience jusqu'à sa détermination par la science selon l'idéal d'objectivité. Plus précisément, cette démarche ne représente que l'une des « deux voies » de la véritable déduction transcendantale, telle qu'elle conduit à la logique transcendantale elle-même[2] et correspond à la tâche unique de déduire « les exigences aprioriques que le monde donné de façon concordante dans l'expérience doit satisfaire pour être connaissable théoriquement »[3]. À côté de la voie ascendante,

1. Trad. fr. par J. English dans E. Husserl, *Articles sur la logique (1890-1913)*, *op. cit.*, p. 196. Il est tout à fait frappant de constater que le principe général de la critique à laquelle Husserl soumet l'article de Rickert en 1897 est identique à celui qui guide, en contexte transcendantal, l'argumentation des présentes leçons données un peu plus de trente ans plus tard. C'est en effet la double présupposition d'un but propre à la connaissance et d'un monde en attente d'une connaissance qui en domine l'infinie diversité qui lui semble d'ores et déjà compromettre toute validité pour la déduction proposée par Rickert : « si pour elle [*sc.* la connaissance] ce but n'existe pas ou si elle a d'autres buts possibles qui ne sont pas affectés par le caractère inépuisable du particulier, alors le raisonnement s'écroule. Et il s'écroule effectivement, parce que ce but de la connaissance du monde ne peut d'aucune façon être retenu [...] ; *le problème de la connaissance conceptuelle ne peut pas avoir de relation essentielle à l'"inépuisabilité extensive et intensive" du monde* » (*ibid.*, p. 195, nous soulignons).

2. E. Husserl, *infra*, § 17, p. 137.

3. *Ibid.*, p. 129.

matérielle, qui part du monde de l'expérience pour s'élever jusqu'à la structure apriorique d'une totalité réale connaissable comme telle (§ 18), Husserl ménage en effet de la place à une voie descendante, formelle, qui procède à l'inverse depuis l'idée d'une multiplicité pensable sans contradiction et la détermine progressivement jusqu'à rejoindre les structures aprioriques d'un monde donné dans l'expérience (§ 17). Cette dualité nous semble appeler trois remarques.

Remarquons, en premier lieu, qu'il s'agit selon toute vraisemblance de la part de Husserl d'une référence implicite – et non dépourvue d'ironie – à l'important article de Rickert de 1909 intitulé précisément « Les deux voies de la théorie de la connaissance » et qu'il connaissait bien, pour l'avoir lu et annoté à plusieurs reprises[1]. Contre la distinction rickertienne entre une voie subjective (psychologie transcendantale) et une voie objective (logique transcendantale), Husserl fait valoir deux cheminements possibles d'une unique logique transcendantale qui, en tant que phénoménologique, coïncide elle-même avec l'idée d'une psychologie transcendantale, faisant ainsi sauter la distinction rigide entre théorie de la science et théorie de la connaissance. En second lieu, il faut noter que les deux voies husserliennes ne sont pas l'inverse l'une de l'autre mais qu'elles convergent vers un même résultat (« le véritable *a priori* matériel ou synthétique »[2]), obtenu à partir de deux points de départ diamétralement opposés. De sorte que même si Husserl donne explicitement un privilège à la voie ascendante (§ 19), le grand intérêt de cette dualité est de relativiser l'opposition rigide entre l'analytique et le synthétique, le formel et le matériel, et de rétablir là aussi quelque chose comme une continuité en montrant le « lien profond entre les questions transcendantales d'un monde possible et les questions fondamentales de la mathématique »[3]. En dernier lieu, et de façon plus hypothétique, nous voudrions suggérer que *Logique formelle et logique transcendantale*, rédigé par Husserl en quelques semaines au cours de l'hiver 1928-1929, pourrait bien trouver dans cette exposition des deux voies de la logique transcendantale, sans équivalent à notre connaissance dans le corpus

1. H. Rickert, « Zwei Wege der Erkenntnistheorie. Transscendentalpsychologie und Transscendentallogik », in *Kantstudien*, XIV, (1909), p. 169 *sq.* ; trad. fr. par A. Dewalque dans *Les deux voies de la théorie de la connaissance*, Paris, Vrin, 2006, p. 111-162. Dans son commentaire introductif intitulé « Analyse noétique et analyse noématique » (p. 7-107), le traducteur donne, notamment à partir des *Recherches logiques*, de nombreux éléments sur les tenants et les aboutissants de la controverse entre Husserl et Rickert, qu'il s'agisse de l'idée de la logique pure ou de la théorie de l'évidence.

2. E. Husserl, § 17, *infra*, p. 136.

3. *Ibid.*, Appendice XIX, p. 240. *Cf.* aussi § 7, p. 72.

husserlien, l'une de ses origines[1]. Certes « le chemin qui va de la logique traditionnelle à la logique transcendantale », telle qu'il est emprunté dans l'ouvrage, ne se superpose pas à la voie descendante de la logique transcendantale elle-même depuis l'analytique vers le synthétique, telle qu'elle est exposée dans le cours de 1927 ; mais Husserl reconnaît pourtant dans la conclusion de l'ouvrage que la façon dont la logique analytique y a été traitée donne en même temps les moyens de comprendre les « logiques » que sont les doctrines matérielles de la science, et en particulier cette « logique du monde » dont il esquisse ensuite les étapes de façon ascendante (esthétique, analytique)[2] – va et vient qui n'est assurément pas sans parenté avec l'exposé des deux voies de la déduction transcendantale dans les présentes leçons de 1927.

En définitive, l'intérêt de ces leçons vient du fait qu'elles représentent une sorte de carrefour de la pensée husserlienne. Autour de la thématique « nature et esprit » qui met Husserl aux prises avec le néokantisme comme avec la pensée de Dilthey, s'y rencontrent des arguments anti-naturalistes élaborés dès les années qui suivent immédiatement la conversion transcendantale de la phénoménologie, des développements faisant jouer ensemble l'ontologie formelle et les ontologies matérielles dans la perspective du programme de fondation phénoménologique des sciences formulé par les *Ideen*, des analyses issues de la logique génétique et des leçons sur les synthèses passives concernant le rôle de l'induction et de l'association dans le flux de la conscience constituante comme dans le caractère nécessairement présomptif de l'expérience – le tout en anticipant un bon nombre d'aspects traditionnellement associés à la « dernière » phénoménologie de Husserl, celle des années 30. Il est frappant de découvrir en effet dans ces pages que sur des questions techniques (structures du monde prédonné de la vie, idéalisation géométrico-physique de l'expérience, historicité de la vie constituante,

1. Sur la genèse « extérieure » de l'ouvrage, conçu au départ comme « préface » à une publication constituée à partir des manuscrits de logique génétique transcrits et classés par L. Landgrebe, on se reportera à la mise au point de ce dernier (*in* E. Husserl, *Erfahrung und Urteil. Untersuchungen zur Genealogie der Logik*, hrsg. von L. Landgrebe, Hambourg, Claassen und Goverts, 1948, p. VIII ; trad. fr. par D. Souche-Dagues, *Expérience et jugement. Recherches en vue d'une généalogie de la logique*, Paris, P.U.F., 1970, p. 7).

2. E. Husserl, *Formale und transzendentale Logik. Versuch einer Kritik der logischen Vernunft*, hrsg. von P. Janssen, 1974, Hua XVII, 296 *sq.* ; trad. fr. par S. Bachelard, *Logique formelle et logique transcendantale. Essai d'une critique de la raison logique*, Paris, P.U.F., 1957, p. 385 *sq.*

paradoxe de la subjectivité) aussi bien que sur des thèmes philosophiques plus généraux (articulation de la raison et de la vie, crise des sciences), Husserl est en possession dès 1927 de l'essentiel des arguments qui s'épanouiront dans le cadre de la *Krisis*. Ainsi ces leçons contribuent-elles, peut-être plus clairement que d'autres, à donner une idée de ce « système » auquel il est arrivé à Husserl d'avouer qu'il aspirait.

Julien FARGES
printemps 2016

Note du traducteur

Nous proposons ici la traduction du texte principal des leçons données par Husserl durant le semestre d'été 1927 sous le titre « Nature et esprit », assorti de quinze appendices choisis parmi les vingt-cinq qui ont été retenus par l'éditeur et de deux extraits des notes de cours prises par des auditeurs (Eugen Fink et Johannes Pfeiffer).

La pagination du volume XXXII des *Husserliana* est reproduite en marge.

Les notes de bas de page appelées par un astérisque (*), sont de Husserl. Les notes de l'éditeur et du traducteur sont signalées respectivement par les abréviations NdE et NdT.

Tout ce qui figure entre crochets obliques est ajout de l'éditeur ; les ajouts du traducteur figurent pour leur part entre crochets droits.

EDMUND HUSSERL

NATURE ET ESPRIT

Leçons du semestre d'été 1927

| <INTRODUCTION HUA XXXII 3

GÉNÉRALITÉS SUR LA PHILOSOPHIE ET SUR L'INSUFFISANCE DES SCIENCES NATURELLEMENT POSITIVES POUR UNE CONNAISSANCE VRAIE DU MONDE. L'IDÉAL DE L'UNIQUE SCIENCE AUTHENTIQUE>

<§ 1. *Nature et esprit comme thèmes d'une philosophie rigoureusement scientifique. La relation entre philosophie et sciences singulières*>

Comme il a été annoncé, ces leçons doivent traiter de la nature et de l'esprit. La nature désigne-t-elle le thème général des sciences de la nature et l'esprit le thème des sciences de l'esprit ? Ces deux sciences ont-elles pour vocation propre de rechercher toute la vérité relative à la nature, respectivement à la sphère de l'esprit – quand bien même elles le feraient, comme les sciences le font en général, dans un progrès indéfini de l'élargissement de la connaissance ? Et pourtant, vous le savez tous bien, on ne parle pas seulement d'une science de la nature mais aussi – et comme <de> quelque chose qui ne coïncide pas avec elle – d'une philosophie de la nature, et de même, par opposition à la science de l'esprit, d'une philosophie de l'esprit. Cette distinction a certainement son droit et c'est pourquoi ces leçons philosophiques doivent effectivement traiter de philosophie de la nature et de philosophie de l'esprit.

Il me faut pourtant préciser d'emblée que je n'entends pas cette distinction de la façon la plus courante qui soit, comme si philosophie et science étaient opposées et sachant que lorsqu'on parle d'un contraste entre les deux, le concept de science est restreint à celui des sciences positives. Nombreux sont ceux qui séparent tout simplement des sciences

ces philosophies qui se sont opposées aux sciences positives ainsi que la philosophie en général, dans son unité d'ensemble. Ils croient que par philosophie, il faut entendre une vision générale du monde, le but
4 élevé d'une aspiration | culturelle personnelle, laquelle n'aurait pas à être réalisée – ou du moins pour l'essentiel – sous la forme d'une production de l'esprit scientifique.

La philosophie millénaire, cependant, représentée par tous les philosophes qui furent véritablement grands et créateurs, a voulu être une science, et même une science au sens le plus rigoureux et le plus élevé du terme. Quoi qu'il en soit du droit d'une vision du monde comme point culminant de la culture personnelle, il est certain que le but de la philosophie, au sens ancien de la science rigoureuse, a son droit impérissable. Si la philosophie pose des questions, des questions rationnelles soumises à l'opposition du vrai et du faux, il doit nécessairement être possible de les élever graduellement à la clarté et à la déterminité conceptuelles, de telle sorte qu'elles deviennent des questions scientifiques, susceptibles d'être conduites selon une méthode scientifique sur la voie de leur résolution. La seule différence justifiée entre la philosophie et les sciences positives quant à leur type de scientificité est la suivante : ces dernières se meuvent, sans le remarquer, dans des dimensions épistémologiques inférieures, tandis que la philosophie, tenant compte de toutes les dimensions nécessairement entrelacées les unes avec les autres, parvient à une scientificité supérieure, à cette scientificité qui seule est complète. Ces leçons souhaitent donc contribuer à une philosophie scientifique en traitant de la nature et de l'esprit d'une façon philosophique et néanmoins scientifique, voire dans la méditation la plus radicalement scientifique qui, pour des raisons profondes, est la propriété spécifique de la philosophie.

Les problèmes philosophiques relatifs à la nature et à l'esprit ne sont pas juxtaposés aux problèmes relevant des sciences de la nature et des sciences de l'esprit, comme s'ils étaient séparés d'eux. C'est ce que montrent déjà extérieurement les polémiques modernes quant au sens justifié et à la différence caractéristique des sphères et des méthodes de connaissance des unes et des autres. Le fait est, d'une part, que les scientifiques eux-mêmes ont pris part à ces polémiques, les spécialistes de la nature et surtout les spécialistes de l'esprit. D'un point de vue conceptuel, des questions fondamentales comme celles qui portent sur la juste détermination du but et de la méthode des sciences en question eurent une signification décisive pour tous les aspects de leur édification – pour leur maintien dans la forme qui a été la leur jusqu'à présent et

qui est historiquement devenue la leur, ou pour leur reconfiguration
| méthodique. D'autre part, il y eut des philosophes qui, pour la première 5
fois, ont ouvert les yeux des chercheurs spécialisés d'un côté ou de l'autre sur les questions fondamentales demeurées jusqu'alors non clarifiées, sur la naïveté dans laquelle, d'un côté comme de l'autre, les sciences avaient été mises en œuvre, sans qu'il ait été rendu compte du sens fondamental de leur thématique ni de leur méthode. Mais comment se fait-il que la philosophie en vienne à prendre la parole justement à propos de telles questions et les mette au compte des tâches qui sont proprement les siennes ? Notre réponse est que sa sphère propre d'intérêts ou de connaissance se situe pour la philosophie dans l'universel, par opposition aux sciences singulières pour qui elle se situe dans ce qui est spécial [*im Spezialen*].

Chaque science singulière a son domaine, une sphère ontologique close en soi qui constitue son thème, le champ de tous ses intérêts et travaux théoriques. Il englobe la totalité de ce dont elle considère l'étude scientifique comme sa tâche propre. Si l'on oppose la philosophie aux sciences singulières, aux sciences spéciales, cela signifie qu'il y a, par <delà> tous les domaines spéciaux, un domaine universel qui les englobe tous, que par delà les intérêts théoriques, les questionnements et les théories qui se restreignent à des domaines spéciaux, il y a encore des intérêts, encore des questionnements et des théories d'un type universel et qui les concerne tous. En d'autres termes : il y a d'un côté des questions qui doivent être posées de façon semblable dans toutes les sciences, comme les questions logiques générales ; d'un autre côté, il y en a aussi qui concernent toutes les sciences mais d'une toute autre manière, à savoir les questions de totalité. Cela correspond au double sens de la généralité, qui se présente partout où une multiplicité est unifiée comme un tout au sens le plus large. On peut s'enquérir de ce qui revient à chaque individualité de façon identique et l'on peut s'enquérir de ce qui fait qu'elles forment à elles toutes un *totum*, c'est-à-dire de tout ce qui leur revient au-delà de ce qui les caractérise comme des individualités, qu'elles soient prises séparément ou selon une similitude plus générale.

Si chaque science particulière a sa sphère thématique particulière, il apparaît pourtant simultanément que toutes les sphères thématiques de toutes les sciences sont inséparablement unies ; elles forment une sphère totale, un *universum* au sens particulier de l'unicité d'une totalité, et c'est
là ce à quoi se rapporte la philosophie. Il peut bien être | possible et même 6
utile, dans certaines limites, que les sciences spéciales accomplissent

leurs recherches comme si le domaine spécial qui leur revient à chaque fois était pour ainsi dire le monde entier, sans se soucier d'autres domaines ontologiques, ou bien qu'elles ne se soucient les unes des autres que là où, d'emblée et de façon évidente, les domaines s'interpénètrent et se recoupent. Mais toute science en vient finalement elle-même, et précisément parce que son domaine n'est pas tout et que le tout du monde est un *totum*, à des questions qui l'élèvent jusque dans l'universel et donc, comme on le dit aussi, à des questions philosophiques. Si ce qui vient d'être avancé est correct, il est clair dès le départ, et avant même de disposer d'une plus grande clarté quant au rapport entre philosophie et science spéciale, que la philosophie n'est pas une science qui se range à côté des autres mais qu'elle est une science universelle qui s'étend sur toutes les sciences, qui les pénètre toutes, ne pouvant pas plus être séparée d'aucune d'entre elles qu'aucune ne peut l'être d'elle.

Il me faut cependant remarquer ici, pour davantage de précision, que pour une première clarification de l'idée de la philosophie comme science de la totalité du connaissable, la convocation du concept d'un tout de parties liées n'est pas sans appeler des réserves, malgré sa grande utilité au départ. Car le concept physique habituel du tout pourrait fort aisément passer au premier plan et restreindre de façon trompeuse le sens de mon exposé. Au vrai, les diverses sciences ne forment pas une juxtaposition de parties liées mais, malgré leur différenciation relative, elles sont rapportées les unes aux autres dans un entrecroisement intime et multiple, tantôt à la manière dont la généralité se rapporte à la particularité, tantôt à la manière d'une corrélation inséparable. Il ne s'agit donc pas de la façon dont, par exemple, la géographie de l'Europe est liée par juxtaposition à la géographie de l'Afrique ni dont, par la suite, à côté des questions particulières, se trouvent les questions supérieures de leur liaison et de leur rapport réciproque. La logique, par exemple, n'est pas juxtaposée à la physique et à toutes les autres sciences selon une liaison seulement extérieure mais elle se rapporte en même temps à elles toutes dans les généralités légales formelles qui sont les leurs. Chaque science a bien ses concepts, ses jugements, ses inférences, ses vérités et ses faussetés, ses possibilités et ses impossibilités, etc. Mais la logique traite du concept, du jugement, de l'inférence, de la vérité, de la fausseté, etc. dans une généralité formelle et pure.

7 | Mais il se trouve en outre – et il reviendra précisément à nos considérations philosophiques de le mettre progressivement en évidence – que toutes les sciences historiquement prédonnées (et même une partie

de celles qui sont habituellement mises au compte de la philosophie comme la logique formelle, la psychologie, l'éthique) conduisent leurs recherches dans une naïveté naturelle quoique nécessaire d'une certaine manière. Toutes leurs questions se rapportent en effet au monde qui, avant toute science, est déjà *prédonné* pour nous dans la vie comme une évidence, sans remarquer que cette prédonation recèle une véritable infinité de problèmes énigmatiques, qui ne peuvent absolument pas être vus dans l'orientation naturelle du regard. Ce sont là les *problèmes transcendantaux*, dont la découverte n'a été rendue possible que par une philosophie authentiquement scientifique. Cependant, ces problèmes ne s'adjoignent pas extérieurement aux problèmes naturels des sciences positives : ils sont attachés à ces derniers eux-mêmes en chaque point, dans le détail comme dans l'ensemble. Pour peu qu'on en tienne compte, toutes les connaissances portant sur la positivité naturelle (donc la connaissance de toutes nos sciences habituelles) reçoivent le caractère d'une simple relativité mettant partout en question leur sens. L'ensemble du monde naturel et l'ensemble des sciences qui doivent être rapportées à lui – des sciences qui sont pour ainsi dire dans l'attitude de l'enfant du monde – entrent d'un coup dans le *milieu problématique du transcendantal*, milieu unitaire et qui les englobe toutes ; c'est en lui seulement qu'elles reçoivent leur sens pleinement concret ou leur pleine scientificité, c'est-à-dire celle-là même à laquelle la philosophie aspire.

Vous comprenez donc que sous le titre d'un intérêt pour la totalité, l'intérêt philosophique est enclin à dépasser le concept naturel de monde et sa totalité, de sorte que le concept de totalité doit être compris d'une manière bien plus profonde. Il reste cependant que tout chemin menant à la philosophie passe d'abord par les questions du monde naturel et de sa totalité ; tout débutant, et avec lui aussi toute philosophie débutante, se tient sur le sol naturel, sur celui du monde prédonné de l'expérience et, à notre époque, sur celui des sciences positives qui s'y rapportent. Il s'agit donc, en premier lieu, de regarder par-delà les bornes de la problématique
positive des sciences singulières, de prendre en vue le monde | comme un 8
tout ainsi que la totalité des sciences positives et de prendre conscience [*innezuwerden*] des questions relatives à ce tout comme de questions philosophiques de degré inférieur. À partir de là, mais seulement si l'on garde toujours en vue le tout, se développent des motifs conduisant jusque dans le transcendantal.

<§ 2. *L'impossibilité d'une connaissance vraie du monde par le moyen des sciences spéciales, dont les théories reposent sur des concepts fondamentaux non clarifiés*>[1]

Dans la conclusion de la dernière leçon, j'ai cherché à vous donner au moins un pressentiment de ce en quoi consiste le caractère propre de la philosophie par opposition aux sciences positives connues de vous. Je souhaite aujourd'hui y adjoindre quelques compléments et illustrations nécessaires à la compréhension.

La sphère théorique d'intérêts et de travail qui est celle de la philosophie est l'*universum* intégral et total de l'étant, la totalité ontologique ; les sciences positives, sciences particulières en vertu de toutes sortes de délimitations, sont orientées de façon spéciale dans leur travail, c'est-à-dire vers des domaines particuliers de l'être. Les sciences, les sciences pures par opposition aux disciplines qui doivent être comprises comme technico-pratiques dans le sens le plus large, sont des formations d'un intérêt purement théorique. C'est la raison pour laquelle le premier nom de ce que nous nommons « science » fut φιλοσοφία, amour du savoir (du savoir authentique, celui de la raison qui fonde de façon contraignante), purement pour le savoir lui-même. Valoriser l'intérêt pratique, souligner la valeur des résultats d'une science pure pour la vie, pour la configuration rationnelle du monde ambiant humain, pour la configuration rationnelle de ses buts mêmes, c'est donc quelque chose de postérieur, de secondaire ; la technique n'est plus la science pure, quel que soit le degré auquel, en tant que technique scientifique, elle repose sur la science.

D'un point de vue historique, la philosophie ou la science, cette création du génie grec, fut tout d'abord science universelle. C'est l'*universum* dans
9 sa totalité – et bien entendu tout d'abord | l'*universum* réal de l'expérience naturelle – qui fut le thème de l'amour de la vérité, bien qu'on n'eût encore aucune idée, lors de ces commencements qu'il faudrait presque appeler enfantins, de l'immensité de la tâche théorique qui était posée par là. Vient donc ensuite le développement des sciences spéciales – comprises comme sciences pures moyennant l'exclusion de tous les autres intérêts vitaux, les intérêts religieux ou, comme dans la géométrie, les intérêts pratiques de la mesure des grandeurs etc. –, qui finit par conduire à leur autonomisation malsaine par opposition à la philosophie universelle et en fin de compte à cette mise en contraste de la philosophie et de la science

1. Cf. Appendice III : « L'insuffisance des sciences positives et la nécessité de la "clarification" des concepts (ainsi que le sens de cette clarification) » (p. 183) – NdE.

dont nous sommes partis la fois dernière. Mais nous voyons également que c'est justement une étape supérieure du développement des sciences particulières qui a contraint à des mouvements de réaction, mouvements dans lesquels notre époque se débat et qui se sont développés à partir d'une critique devenue nécessaire des fondations principielles ainsi que des concepts fondamentaux principiels des sciences. Ces derniers sont des concepts qui traversent une science du commencement jusqu'à la fin, à savoir des concepts par lesquels la teneur de sens du domaine prédonné par l'expérience se trouve saisie dans sa généralité et menée à la pensée théorisante. Ils ont donc le caractère du matériau théorique dont s'occupe toute théorie, tout travail relevant véritablement de la science spéciale. Les concepts élémentaires généraux de la méthode (comme les concepts logiques) en relèvent également.

Pour nous rendre tout cela plus familier, revenons-en à notre thème et en particulier au conflit portant sur le sens fondamental de la nature et de l'esprit, les domaines thématiques des sciences de la nature et des sciences de l'esprit. Certes le conflit ne concerne directement que la saisie conceptuelle originairement authentique de ces concepts de domaines eux-mêmes. Mais si – malgré le caractère florissant des sciences de chacun des deux côtés – ces concepts y manquent principiellement de clarté, cette obscurité ne peut naturellement manquer de s'étendre alors à tous les concepts dans lesquels se déploient précisément les concepts de domaines, c'est-à-dire à tous ceux qu'on doit nommer proprement les concepts fondamentaux des sciences. De quel type de concepts s'agit-il et quelle dignité ont-ils pour les sciences elles-mêmes et l'ensemble de leur travail théorique ?

| Considérons la *science de la nature* et la *nature*. Quiconque s'est **10**
employé pratiquement à étudier les sciences de la nature sait, sans aucune philosophie, ce que signifie la nature au sens de la science de la nature – sans aucune définition, dont il n'a d'ailleurs pas du tout besoin. Et pour lui, ce qui, partout, relève de la nature va de soi : l'espace et le temps, le corps matériel, la forme, la position, le mouvement et sa direction, le changement, mais aussi l'effet, la force etc. Il est manifeste que dans ces concepts, c'est seulement le sens général de la nature qui se déploie ; il va donc de soi qu'ils forment le matériau conceptuel qui appartient au thème avant même le travail spécifiquement théorique et qui <traverse> par conséquent, en tant que matériau travaillé, toute théorie imaginable relevant de la science de la nature. Il va donc de soi que les difficultés qui concernent le sens du thème « nature » concernent à l'évidence tous

ces concepts, et inversement. C'est à eux tous, de fait, que se rapportent tous les efforts récents en vue d'une fondation radicalement claire et assurée de la science de la nature, en vue de la levée des bornes qui, comme on l'a prétendu, ont été imposées jusqu'à présent à la théorisation scientifique dans la physique « classique » par tout ce qu'elle regardait comme appartenant de façon évidente à l'idée de nature mais qui n'était aucunement évident, comme par exemple un espace absolu et, en outre, euclidien, etc. Il est bien connu que nous nous trouvons à cet égard dans une période révolutionnaire du développement de la physique – et qu'il est impossible, toutefois, que la physique qui s'est développée jusqu'à présent ait été dépourvue de valeur : chacun parle des grandes découvertes d'autrefois et connaît les bouleversements qu'elles ont rendu possibles dans la maîtrise technique de la nature.

Quelle situation paradoxale ! Une science, d'innombrables découvertes et des théories qui, d'une certaine manière, sont irréprochables – tout cela édifié à partir de ces concepts dans lesquels se formule le sens de la nature qu'on étudie, tandis que ces concepts, précisément, sont marqués par une certaine incompréhensibilité. Cela signifie que personne, malgré toutes ces découvertes, ne sait réellement ce qu'est la nature en vérité théorique, en quoi consiste au juste le sens de ces découvertes, ce sens qu'elles établissent comme vérité complète à propos de la nature.

J'ai privilégié la physique, chimie comprise, comme science
11 universelle pour la nature. Mais il existe aussi une autre | science universelle, la biologie, puisque la nature universelle se montre bien partout comme nature vivante, organique. Cette biologie universelle, avec toutes ses disciplines (la zoologie, la botanique) a aussi ses propres concepts fondamentaux. Et dans son cas, le manque de clarté est encore plus grand – malgré les succès qui, même avec des concepts imparfaits, ont été remportés. En quoi le concept général de l'individu organique, du vivant concret, se détermine-t-il radicalement, dans son caractère propre, par opposition au concept de corps matériel de la physique ? Conservation de soi dans le changement matériel, croissance, reproduction, évolution avec état embryonnaire et but évolutif, édification à partir d'« organes », concepts de normalité et d'anormalité, du monde ambiant biologique, de la causalité biologique etc. – tels sont les concepts qui traversent tout travail scientifique d'une façon qui en détermine le sens. S'ils abritent des incompréhensibilités énigmatiques, comment la biologie peut-elle être sérieusement une science qui nous dise le vrai à propos de la nature vivante ?

Il n'en va pas autrement du côté des *sciences de l'esprit*, dans lesquelles la vie a une signification spirituelle – mais une signification qui n'est en aucun cas délimitée de façon compréhensible par opposition à la vie du monde vital [*Lebewelt*] biophysique. Ce n'est pas seulement ce qu'il y a de plus général qui est en question, à savoir ce qui est saisi sous le titre d'« esprit » au sens de ces sciences, mais ce sont de nouveau tous les concepts qui sont constitutifs pour le travail des sciences de l'esprit : personne, communauté personnelle, spiritualité personnelle, individualité personnelle singulière et communautaire. En outre, la culture en tant qu'effectuation spirituelle universelle dans ses formes fondamentales que sont l'État, le droit, les mœurs et l'histoire, le développement, les idées du développement etc.

Tous ces concepts regorgent de problèmes, quelle que soit la faiblesse avec laquelle ces derniers se font sentir dans le travail courant de la description concrète. Ce sont des problèmes d'un sens plus profond, dont la clarté est celle des origines. Telle est donc la situation dans toutes les sciences, et les mathématiques elles-mêmes n'y font pas exception ; elles le font même si peu que nulle part ailleurs que dans les mathématiques, précisément, les chercheurs les plus significatifs consacrent plus d'énergie à de tels problèmes. Depuis des millénaires déjà, les mathématiques affrontent des paradoxes, et non pas les paradoxes antiques d'une primitivité prétendument scientifique, dont on pourrait sourire, mais des paradoxes toujours nouveaux, qui concernent toujours les concepts | fondamentaux et donc le sens fondamental et universel de la sphère 12
de recherche mathématique en général. Ces concepts sont en particulier le concept du continu et tous les concepts qui se rattachent à lui : infinité, quantité, nombre, multiplicité, axiome, définition d'un système axiomatique etc.

Résumée dans ses grands traits, la situation est la suivante. Du point de vue de sa prétention telle qu'elle a été originairement pensée dans la science et ébauchée sous de nombreuses formes, la science doit tout simplement nous dire ce qui est en vérité, et le dire dans une fondation absolument évidente. Des sciences toujours plus nombreuses ne cessèrent d'apparaître, et les sciences limitées à des domaines particuliers de connaissance ne cessèrent d'occuper la place de la science universelle, laquelle finit par sombrer au rang d'une cendrillon ; de fait, il est arrivé quelquefois que la philosophie perde confiance en soi, et ce au point d'abandonner aux sciences spéciales la prééminence d'une vérité authentique et de tenter de traiter sur la base fournie par les sciences spéciales les questions universelles inentamées par ces dernières, questions auxquelles ne s'intéressaient que quelques individus puisque les succès techniques aveuglants faisaient ici tout simplement défaut. Les chercheurs spécialisés, de leur côté, étaient convaincus pour la plupart qu'en ne cessant de progresser de domaine en domaine et d'avancer dans chacun de ces domaines, ils finiraient par étendre au cosmos la connaissance et ce qu'ils prétendaient être sa méthode authentiquement scientifique. L'intérêt humain le plus haut était bien en fin de compte d'obtenir par la science la connaissance du monde et les scientifiques eux-mêmes ne vivaient pas véritablement séparés de cet intérêt.

Sur ce chemin, l'humanité devait aussi <s'> élever pratiquement au niveau de l'humanité rationnelle. Dans son ascension vers la maturité, l'homme ne peut plus supporter de vivre à l'intérieur d'un monde incompris, dans un monde d'accidents, de destins incompréhensibles, de mort, le monde d'une histoire incompréhensible, marquée par les essors nationaux et les effondrements nationaux de cultures magnifiquement florissantes et qui, pourtant, se dessèchent de nouveau. Il veut devenir maître de soi-même et de son monde ambiant ; par le moyen de la connaissance du monde et de soi-même comme sujet qui vit et a ses aspirations dans ce monde, il recherche une vie susceptible de le satisfaire durablement.
13 Ainsi, l'intérêt universel purement théorique reçoit simultanément | une fonction qui le met au service d'un intérêt universel orienté vers une conservation de soi non pas seulement physique mais spirituelle.

Quel que soit, donc, le degré auquel la science se spécialise, la prétention à une connaissance vraie du monde demeure pourtant vivace dans l'ensemble toujours plus large des sciences. De fait, ne sentant pas les limites du sens de leurs succès sans aucun doute prodigieux par ailleurs, on fut bientôt d'avis que toutes ces sciences étaient des sciences au sens plein et pur de la philosophie antique, et que leur unique défaut – mais un défaut nécessaire – n'était qu'un défaut d'extension et, tout au plus, de simple approximation, impliquant que la science doit nécessairement se développer dans le perfectionnement progressif de ses connaissances et non pas simplement dans son propre élargissement progressif.

Cependant, eu égard à la situation qui est devenue manifeste et qui l'est devenue aujourd'hui pour chacun, nous devons dire que toutes ces sciences positives sont certes dignes de la plus haute admiration comme prestations d'une *praxis* théorique géniale (car théoriser est aussi quelque chose de pratique, un agir, un former, un produire), mais que toutes leurs vérités sont voilées : elles ne sont pas des vérités pures et claires, mais elles sont enveloppés dans des énigmes, elles ne nous disent pas tout simplement ce qui est ni, en tout et pour tout, ce qu'est le monde.

La situation n'est pas telle que nous pourrions dire avec ces sciences, au moins dans les limites dans lesquelles elles présentent des résultats relativement achevés : tel est le monde, c'est ainsi qu'il est dans une clarté et une vérité incontestables. Ce sont précisément les concepts fondamentaux, partout opératoires, qui voilent les résultats scientifiques, et ce à tous les degrés, dans toutes les propositions et toutes les théories.

Nous pouvons ici user d'une comparaison susceptible de convenir approximativement. Les sciences sont des édifices issus d'une merveilleuse technique de construction, mais d'une construction dans laquelle on négligerait constamment d'étudier les fondations ainsi que la nature des matériaux de construction. Il s'avère tout à coup, et après que la construction est parvenue à une hauteur et une beauté prodigieuses, que ces fondements et ces matériaux inconnus dans leur essence ne sont pas tels qu'ils ont été jugés à l'origine, qu'ils ne sont pas si résistants. On voit, avec une désillusion qui n'est pas mince, qu'avant toute chose une méthode de recherche aurait été (et est) nécessaire pour des présuppositions comme celles qui rendent une théorie possible. Puisqu'elles présupposent déjà les méthodes de la théorisation, il s'agit d'une | méthode d'un tout 14
autre type, d'une méthode dans laquelle les scientifiques ne sont pas les maîtres car ils ne sont précisément les maîtres que pour bâtir avec de telles prédonnées, donc de simples maîtres d'œuvre. – Ces derniers propos nous mènent pourtant un peu plus loin.

<§ 3. *Recherche authentique des fondations et méthode radicale de la science. L'idéal d'une science authentique*>

La méthode des présuppositions fondamentales, la méthode qui produit les concepts fondamentaux scientifiquement authentiques en tant que matériau rendant les sciences possibles, cette méthode est autre, par essence, que <celle> des constructions théoriques. Nous sommes ainsi au seuil d'un point essentiellement nouveau par rapport à ce qui a été exposé jusqu'à présent. Car il a seulement été montré jusqu'ici que les vérités des sciences positives ne sont que des vérités voilées ou, pour le dire d'une façon peut-être plus satisfaisante, des vérités tout imprégnées d'obscurités principielles. Et c'est pourquoi elles ne sont pas, prises individuellement ou toutes ensemble, la philosophie, laquelle nous dit ce qu'est le monde en rendant des comptes d'une façon qui doit être poussée jusqu'au bout. Mais il faut montrer en outre que c'est le propre de la recherche des fondations que de conduire partout dans l'universel, dans l'élément spécifiquement philosophique, et qu'elle ne peut donc pas être menée dans l'attitude de la spécialité. En ce qui concerne les concepts fondamentaux spéciaux, cela signifie immédiatement qu'ils ne sont pas isolés et ne peuvent être étudiés isolément, mais que tous les concepts fondamentaux de toutes les sciences effectives et possibles forment une unité indissoluble et, thématiquement, une unité pour une recherche universelle indissoluble.

Voici comment comprendre ce point en toute généralité : toutes les sciences positives, comme je l'ai dit précédemment, se rapportent au monde constamment prédonné en tant que monde accepté dans sa prédonation comme un *universum* d'être. Ce monde est prédonné dans l'expérience universelle qui traverse toute notre vie. Pour celui qui vit dans la culture scientifique moderne, et à plus forte raison pour l'homme qui ne connaît pas encore une telle culture, « le » monde est là avant toute science, et même avant toute activité de parole, de nomination, de
15 jugement propre à la vie quotidienne. Même nous, hommes de | culture, nous ne parlons pas toujours – même notre pensée intérieure silencieuse n'est pas toujours articulée dans le langage – et encore moins tenons-nous toujours des propos scientifiques, avons-nous des pensées théoriques, que nous soyons autodidactes ou ayons été formés. Mais l'expérience se poursuit, du mondain et le monde lui-même sont toujours à expérimenter. Un monde de l'expérience est toujours là. En soi, l'expérience est pour ainsi dire muette ; en elle, nous avons un monde vu, entendu, ou encore expérimenté d'une autre manière, mais rien d'autre. La façon courante de parler revêt les données pures de l'expérience de significations lexicales, la plupart du temps de façon générale ; ces significations générales ne sont naturellement pas des concepts au sens scientifique mais plutôt une expression linguistique des généralités empiriques aperçues à proximité et qui se formulent après coup dans des mots tels que « arbre », « herbe », « maison », « homme », « animal » etc. Quoi qu'il en soit, le point manifeste à cet égard est pourtant que dans l'unité de l'expérience elle-même, un monde de part en part unitaire, unifié et cohérent en soi est expérimenté avant tout discours, toute pensée, toute fondation et toute théorisation. Quand bien même l'expérience attentive ne porte à chaque fois que sur des éléments individuels, elle n'a pourtant le caractère que d'une saisie extractive, d'une extraction auditive, visuelle hors d'un horizon ontologique cohérent. Le monde ne se laisse pas découper en morceaux ; tout ce que nous voyons comme une chose pour soi est une chose au sein d'un tout sans fin, d'un *universum* qui est une totalité. Tout élément singulier n'est qu'un membre. Un membre n'est pas un monde pour soi, et inversement le monde n'est pas une simple somme de choses.

Il est clair à présent que tous les concepts produits par notre activité générale de représentation et de pensée dans la vie préscientifique, ou avec lesquels elle opère dans la mesure où ils sont prêts et achevés, se rapportent à du mondain c'est-à-dire à quelque chose qui, même dans le cas de la généralisation, conserve le sens d'un moment qui appartient au tout indéfini et universel mais qui est effectivement non-autonome. De même que les choses sont ce qu'elles sont dans un contexte ontologique [*Seinszusammenhang*] cohérent, de même les concepts des choses sont-ils nécessairement en rapport les uns avec les autres [*zusammenhängende*] dans leur sens général, c'est-à-dire essentiellement liés par des rapports de sens. Je peux considérer une figure pour elle-même, une couleur pour elle-même, etc. Mais une figure est une figure dans l'espace – dans l'espace qui est une forme de l'universalité ne demeurant indéterminée que si je restreins mon intérêt à cette simple figure. De même, une couleur est couleur à même une chose colorée même si je ne suis présentement | intéressé que par ce type de moment déterminant. Mais cela se poursuit **16**
et ne connaît jamais de fin.

Nous apprendrons à comprendre de façon plus approfondie qu'alors même que chacun d'entre eux désigne un concept universel, une infinité englobant le monde, nature et esprit ont aussi, dans leur rapport mutuel, un sens non-autonome : la nature n'est pas pensable sans esprit ni l'esprit sans nature. Il s'avère que tout ce qui, ici ou là, est saisi dans des concepts universels possède, outre son sens constitutif, un horizon extérieur de sens indéterminé mais non pas quelconque. La nature a aussi des déterminations spirituelles et l'esprit une détermination naturelle. Ce qui signifie que toute saisie conceptuelle qui, du point de vue scientifique, isole, est déjà abstractive.

Voici à présent quelle est la tâche de la recherche des fondations : il s'agit de parcourir le chemin qui, de l'expérience muette, a-conceptuelle et ses entrelacements universels, conduit tout d'abord à la généralité première, typique et vague, suffisante pour le quotidien, puis de là jusqu'aux concepts authentiques et vrais, tels que la science authentique doit nécessairement les présupposer. Quelle que soit la façon dont il faut décrire le sens et la méthode de cette effectuation de l'esprit qui s'appelle alors « véritable formation de concept » et « véritable concept » – il n'en est pas moins clair qu'une telle effectuation radicale d'authentique création conceptuelle ne peut être définitivement accomplie que sur un sol universel et dans l'attitude de l'universalité. La moindre négligence des horizons de sens qui incluent toute individualité et toute espèce d'individualité dans l'universalité d'un tout et de ses espèces produit des incompréhensibilités, des énigmes, absolutise comme quelque chose pour soi et veut concevoir ainsi ce qui ne peut être conçu que dans l'universel. Ce que le scientifique abstrait thématiquement, il doit l'extraire abstractivement selon un choix conscient, et ce qu'il congédie hors de son thème, *ce dont* il fait abstraction, il doit pourtant l'avoir consciemment en vue comme quelque chose qui lui co-appartient et qui n'est extra-thématique et variable que pour lui. Une science authentique ne tolère aucune naïveté.

Si donc les *concepts de domaine* les plus élevés et les plus généraux de toutes les sciences sont *rapportés par essence les uns aux autres au sein du concept universel du monde*, nous sommes alors renvoyés, eu égard à la méthode de leur clarification, précisément à ce concept universel, et
17 par là nécessairement, au sein d'un procédé radical, à une | description du monde pris purement comme monde de l'expérience. Avant toutes les sciences, vient une considération universelle du monde du point de vue de l'expérience ainsi que l'étude de la structuration en domaines qui est par essence la sienne.

Telle serait la *méthode radicale* pour l'étude des concepts fondamentaux de toutes les sciences possibles. Elle consisterait en l'étude de tous les domaines, à séparer abstractivement et qui appartiennent par essence à l'universalité en tant que telle. Leur saisie purement conceptuelle produit ensuite les concepts fondamentaux de toutes les sciences possibles. Mais il est clair, dès lors, que cette recherche ne peut qu'être étrangère au scientifique spécialisé, qui n'a justement le génie et la technique que de ce qui est spécial.

Si tout ce qui précède est correct, il est également manifeste que le type global de la science contemporaine ne se maintiendra pas pour l'éternité et que le travail à réaliser dans l'avenir devra bien plutôt être orienté précisément vers sa réforme *radicale*. Au lieu de conserver d'anciennes sciences positives de type systématisant et des « philosophies » qui, en tant que recherches des fondations, les suivent individuellement, nous devrons abandonner cette distinction dans son ensemble, de même que cette grave séparation entre philosophie et science singulière.

Bien entendu, rien ne sera perdu de l'authentique prestation des sciences modernes et anciennes. Il y a de la vérité même dans les voilements et dans ce qui est imprégné d'éléments troubles et non scientifiques. Une fois qu'on disposera de la méthode scientifique radicale, la purification correspondante ne sera pas difficile. D'un autre côté cependant, on ne pourra plus continuer à édifier des sciences à la manière ancienne et naïve, à l'aide de matériaux fondamentaux qui, en dernier ressort, sont non scientifiques car n'ayant pas été intégralement clarifiés dès le départ dans le cadre de la pleine universalité, à partir des sources universelle d'une philosophie. Cela reviendrait à continuer, après avoir pris connaissance de la situation véritable, à bâtir de façon insensée et à se contenter de rapiécer et d'aménager après-coup les fondements et les matériaux.

L'idéal, le voici : *il n'y a qu'une unique science authentique* au sens le plus élevé du terme, qu'on l'appelle philosophie ou *science universelle*. Des sciences particulières, il y en aura naturellement toujours, avec leurs domaines particuliers, leurs méthodes | particulières, leur technique 18
théorique particulière, présupposant une disposition personnelle particulière. La distribution des sciences particulières ne sera pas arbitraire ni une affaire pratique fortuite s'il devait du moins être mis en évidence, comme cela a été indiqué par avance, que le monde de l'expérience possède ses structures universelles essentielles comme autant de divisions en domaines, tels peut-être la nature et l'esprit. Mais *toutes les sciences particulières ne seront que des organes, quoique unitaires par essence, des rameaux vivants à même l'arbre unique de la science universelle.* Cet arbre unitaire, cependant, croît à partir d'un fondement universel, en lequel toutes les sciences s'enracinent. Ce qui signifie qu'*avant* la science universelle, *avant* la philosophie qui se ramifie en des sciences spéciales, il y a *une « philosophie première »* qui forme *sa couche fondamentale*, une recherche universelle et fondamentale qui traite de tout ce qui peut être étudié *avant* les sciences positives, avant toutes les théories positives. Par suite, cette philosophie première est naturellement le sol originaire de la clarification radicale de toutes les présuppositions et les fondations des sciences positives. Elle doit accomplir tout le travail qui rend possible *a priori* cette science comme science au sens plein de la clarté et de l'auto-responsabilité radicales. *Alors les sciences positives deviendront philosophiques dès le départ* et ne connaîtront pas les embarras des paradoxes qui touchent les fondations.

Tout cela se comprend d'abord d'une façon générale qui, dans nos prochaines leçons, se concrétisera et s'enrichira au contact des sphères de problèmes que sont la nature et l'esprit. Vous reconnaîtrez alors également qu'il ne s'agit pas ici d'un programme vide mais que dans le chaos de notre présente époque philosophique, ou plutôt non-philosophique, il existe des commencements effectifs d'un travail entrepris dans la direction indiquée et que les fondements sont déjà posés d'une philosophie première comme science fondamentale susceptible de satisfaire toutes les exigences d'une science rigoureuse.

Au reste, je dois aussi dire expressément qu'il ne s'agit ici que d'une exposition préliminaire des relations entre philosophie et sciences singulières, qui épouse le point de vue du débutant. Je me suis limité aux
19 sciences qui, quant à leur sens, se | rapportent au monde sans prendre en considération des sciences telles que l'arithmétique, qui n'incluent pas nécessairement en elles une telle relation de sens. Nous serions conduits trop loin s'il fallait expliquer que ce que j'ai montré pour les sciences mondaines vaut aussi, quoique d'une autre façon, pour de telles sciences. Ce n'est pas ici, dans des considérations préliminaires, que je puis véritablement montrer de façon justifiée que toute recherche portant sur les concepts fondamentaux conduit ultimement dans le « transcendantal » ni ce que signifie ce transcendantal. Mais tout cela se trouvera complété de lui-même et recevra sa pleine compréhension dans le traitement de notre thème propre ; et ce à quoi nous nous sommes consacrés jusqu'à présent, quoique dans une première et nécessaire limitation, sera utile pour donner par avance sa direction à notre pensée.

| <PREMIÈRE PARTIE 20

LE PROBLÈME PHILOSOPHIQUE D'UNE CLASSIFICATION DES SCIENCES>

<Chapitre premier

LE CONFLIT ENTRE SCIENCES DE LA NATURE ET SCIENCES DE L'ESPRIT ET LA CLASSIFICATION DES SCIENCES COMME RECHERCHE PHILOSOPHIQUE DES FONDEMENTS>[1]

<§ 4. *Le conflit portant sur la relation entre les sciences comme question méthodologique*>

Venons-en maintenant à notre thème et attachons-nous, comme nous l'avons annoncé, à ce conflit qui se prolonge depuis des décennies entre sciences de la nature et sciences de l'esprit quant au sens de la nature et de l'esprit, tel qu'il détermine ultimement leur séparation.

S'agit-il ici d'une différence complètement fortuite, d'une simple différence dans la division du travail, d'une différence entre des disciplines qui, du point de vue de leur thématique intrinsèque, quant à la recherche et à la théorie, vont inséparablement de pair, comme par exemple, au sein de la physique, l'optique et la théorie électrique, ou, dans le cas de la géométrie, la géométrie de l'espace et la géométrie plane, ou encore, au sein de la linguistique, la germanistique et la romanistique, etc. ? Chacun voit, dans ces cas, la parenté intime, essentielle, qui relie toutes les disciplines géométriques, ou, d'un autre côté, toutes les disciplines physiques, les disciplines linguistiques etc. Or cela implique bien que les *domaines individuels* en question sont en *connexion* les uns avec les autres au sein d'une spécialité plus élevée, close en soi, et que nous sommes renvoyés à un *domaine d'ensemble essentiellement clos* en soi

1. Pour ce premier chapitre, *cf.* l'Appendice IV : « Vue d'ensemble des divisions des sciences » (p. 196) – NdE.

comme l'est par exemple l'espace universel pour toutes les disciplines géométriques.

21 | À partir de ces exemples, nous nous trouvons donc contraints de distinguer entre une *science au sens prégnant*, avec son domaine d'ensemble *par essence* unitaire et *clôturé* pour des raisons d'essence, et une *simple discipline scientifique* qui, à côté d'autres disciplines, n'est qu'un rameau non-autonome d'une science. La question litigieuse que nous considérons recevrait dès lors la formulation suivante : *toutes les sciences de la nature sont-elles les simples disciplines d'une science au sens prégnant, et de même, de leur côté, toutes les sciences de l'esprit – ou encore : les unes et les autres ne constituent-elles fondamentalement qu'une seule science ?*

Il est vrai qu'une telle distinction a ses difficultés, quelle que soit la force avec laquelle elle s'impose inévitablement. En quoi consiste, demandera-t-on, ce grâce à quoi l'unité essentielle d'une science ou de son domaine se constitue exactement, dans des concepts fermement déterminants, et grâce à quoi elle se clôt dans une déterminité ferme ? Nous sommes alors de nouveau poussés vers des questions tout à fait principielles. Et comment cela se comprend-il alors si on le confronte avec ce que nous venons d'exposer, à savoir qu'aucune science, et en particulier aucune science mondaine, ne peut être dépourvue de connexion intime avec les autres dans la mesure où le monde auquel elles se rapportent toutes constitue une unité en vérité indissoluble, c'est-à-dire aussi une unité universelle par essence – à savoir, donc, que *tous les domaines scientifiques* doivent de leur côté se ranger au sein du *domaine universel* « monde » ? Et donc aussi, comme nous le disions, que *toutes les sciences particulières* le doivent au sein d'*une science universelle ?*

Quoi qu'il en soit, sur des exemples comme celui de la science géométrique prise dans son ensemble ou celui de la physique, on aperçoit bien d'emblée et avant toute question de détermination logique, qu'il doit pouvoir y avoir un sens correct et nécessaire à parler de la parenté essentielle de disciplines au sein d'*une* science, d'une science close en soi, sans qu'on vise par là la philosophie universelle. On comprend par suite qu'à propos de groupes de sciences qui sont de fait à notre disposition et qui se présentent bien comme intimement apparentés, et donc comme parents, ou bien, d'un autre côté, comme essentiellement distincts l'un de l'autre, il y a un sens correct à poser la question de savoir ce qui, dans
22 une détermination explicitement conceptuelle, fait | l'essentiel de leur spécificité ou de leur différence, ou bien dans quelle mesure ce qui était vu au départ comme une séparation ne se révèle pas, à une analyse plus

fine et plus approfondie, une séparation inessentielle. C'est ainsi qu'il en va précisément pour la science de la nature et la science de l'esprit, et par là se trouve simultanément caractérisé le sens logique plus profond de la question litigieuse, à partir duquel rayonneront les problèmes d'une philosophie de la nature et d'une philosophie de l'esprit, qui sont encore incomparablement plus profonds.

Ainsi que je l'ai déjà indiqué, si la question litigieuse anime les esprits scientifiques de chacun des deux côtés, c'est au premier chef parce qu'elle conduit au-delà d'elle, comme on le comprend aisément, jusqu'à une question litigieuse concernant la méthode correcte[1]. Un regard préliminaire suffira pour affirmer que *des disciplines qui sont intimement parentes sont également unies du point de vue de la méthode*. D'où le fait, par exemple, que toute élaboration méthodique au sein d'*une* science linguistique a une portée formatrice pour toute autre science du langage ; de même au sein d'une science biologique pour toute autre science biologique et de même partout, quand bien même toute science particulière conservera ses spécificités méthodiques.

On conçoit dès lors qu'un règlement d'une telle question litigieuse allant dans le sens de la levée des bornes qui sont par principe celles des domaines signifie également une levée des bornes méthodiques – tout du moins des plus générales d'entre elles – et puisse éventuellement conduire jusqu'à prendre comme modèle la méthode de l'un des côtés, qu'on prétend plus opératoire, pour la transposer de l'autre côté. Et de fait, c'est ainsi qu'il en va dans le cas qui nous occupe. On a cru pouvoir et devoir nécessairement transposer aux sciences de l'esprit l'intention de la physique (en tant que science naturelle directrice), intention dirigée vers des lois exactes et vers une explication légale, et ce sur le fondement de la conviction que les sciences de l'esprit elles-mêmes pouvaient être considérées en un sens correct et ultime comme des sciences de la nature, tandis que de l'autre côté, précisément, on y voyait un non sens principiel eu égard à la différence fondamentale et essentielle de la sphère spirituelle par rapport à la sphère naturelle, requérant une méthode fondamentalement et essentiellement différente.

| Il est évident qu'on ne peut se contenter d'une distinction entre 23
des groupes de sciences qui ne serait aperçue que de façon tout à fait générale. La distinction typique peut bien sauter aux yeux, pour ainsi dire, et demeurer par conséquent incontestée de part et d'autre, rien

1. *Cf.* Appendice V : « Le monde subjectif-relatif de la description et le monde objectif des sciences idéalisantes » (p. 198) – NdE.

n'empêche pourtant de faire une tentative sérieuse pour l'éliminer en interprétant la différence essentielle qui existe effectivement par des réflexions peut-être très incertaines mais subjectivement convaincantes. Nous en trouverons immédiatement une illustration dans une manière très prisée qu'ont les sciences de la nature de dénier aux sciences de l'esprit un droit qui leur revient en propre et par principe. Elle prend son essor à partir d'une façon également très courante de lever toute différence de principe entre, d'un côté, les sciences biologiques, et, de l'autre, la physique et la chimie. Ici aussi, la différence qui sépare chacun des deux types de sciences ou de disciplines dans leur ensemble est déjà claire et évidente. Qu'importe, dit-on, ce sont toutes des sciences de la nature et leur différence est inessentielle quoiqu'elle soit signifiante en tant que différence de niveau logique et de méthode. Physique et chimie sont des sciences de lois produisant des explications théoriques. Des sciences comme la zoologie ou la botanique sont descriptives et concrètes – et ne sont que cela, tant qu'on n'a pas trouvé un moyen d'y appliquer la physique. Elles relèvent de la sphère des concrétions les plus complexes et la tâche première consiste ici naturellement à faire connaissance de façon analytique-descriptive et classificatoire avec la typique factuelle qui y règne. Mais toutes ces déterminations descriptives ne sont qu'autant de soubassements pour les buts plus élevés qui sont ceux d'une explication légale, s'effectuant par un retour à l'élémentaire non pas tel qu'il doit être saisi par une expérience sensible directe mais à l'élémentaire véritable tel qu'il doit être saisi théoriquement par la méthode physico-chimique, c'est-à-dire aux atomes, aux ions etc. ainsi qu'aux lois exactes qui seules leur appartiennent. Il faut bien du temps pour venir, par des méthodes exactes, à bout des phénomènes concrets en leur prodigieuse complexité. Mais par ces méthodes, la biologie dans son ensemble et toute science descriptive et concrète de la nature en général doivent finalement se résoudre en de la physique et de la chimie appliquées. Les disciplines descriptives ne représentent quelque chose de tout à fait spécifique que tant que ce n'est pas le cas, tandis qu'elles ne forment en vérité que les degrés méthodiques inférieurs d'une unique science de la nature.

24 | Or c'est d'une façon tout à fait semblable à celle des disciplines biologiques mentionnées qu'il en va de ce faisceau de sciences qu'on nomme les sciences de l'esprit, c'est-à-dire de toutes les disciplines historiques, les sciences des peuples et des États, de la langue, du droit, des mœurs, de l'économie, de l'art, de la science, des configurations culturelles typiques quelles qu'elles soient et, corrélativement, des personnalités créatrices de culture. Toutes ces sciences se tiennent encore au degré

inférieur de la science descriptive et il va de soi qu'elles renvoient à des sciences « nomologiques », à des sciences qui expliquent par des lois. Mais il s'agit ici des sciences légales de la nature matérielle et psychique. À vrai dire, les lois de la psychologie entrent aussi en ligne de compte en tant que lois explicatives pour les disciplines biologiques si nous considérons ces dernières de façon pleinement bilatérale c'est-à-dire, par exemple, si nous ne laissons pas la zoologie étudier les organismes animés exclusivement d'après le côté physique, mais également d'après le côté de la vie psychique. Les sciences de l'esprit se tiennent donc sur la même ligne que la zoologie : elles ne sont elles-mêmes au fond que des disciplines biologiques de degré supérieur, rapportées à l'espèce animale particulièrement développée « homme ». Les personnes et les communautés personnelles, les œuvres culturelles quelles qu'elles soient sont des réalités bilatérales : chacune a son côté physique, et la physique et la chimie entrent alors en ligne de compte en tant que sciences nomologiquement explicatives ; mais eu égard au spirituel, il s'agit d'une science légale du psychique qui, il est vrai, n'a pas encore été menée assez loin – la psychologie. Personne ne songera à exclure la zoologie des sciences de la nature. Si, jusqu'à présent, pour une théorisation plus riche de perspectives, elle a privilégié presque exclusivement le côté physique, le côté psychique relève pourtant bien, lui aussi, de sa sphère de recherche. Par conséquent, nous devons manifestement dire à présent qu'il revient à une biologie saisie dans toute son étendue de prendre aussi en charge toutes les sciences de l'esprit, lesquelles n'ont de consistance pour soi que parce qu'elles sont traitées de façon simplement descriptive et parce qu'elles ont négligé une explication nomologique radicale par la physique-chimie et par la psychologie.

| <§ 5. *Les efforts philosophiques en vue d'une classification radicale des sciences et de leurs domaines. L'idée de région*> 25

À partir de cette conception répandue, vous voyez bien que d'une certaine manière, une différence est reconnue, et même présupposée, entre nature et esprit : la nature, en un sens étroit et très courant, est nature matérielle, distincte de l'esprit en tant qu'âme. (Rien n'est changé à cela par le fait que dans tous les cercles où une attitude naturaliste est adoptée, on évite volontiers ces deux derniers termes à cause de significations et de dangers prétendument métaphysiques qui ont dû demeurer exclus ici, et qu'on parle à leur place d'apparitions psychiques, de faits psychiques etc., termes dans lesquels l'âme se présente pourtant de nouveau sous les traits d'un mot étranger.) Mais selon la conception que nous venons d'évoquer, cette séparation entre la nature matérielle et ce qui relève de l'âme (*Seelischem*) doit intervenir à l'intérieur de l'idée plus large de « nature » ; elle doit donc contenir un élément qui soit commun à chacun des deux côtés et impliquant, comme on le croit *eo ipso*, la méthode partout identique de recherche et de fondation des lois ainsi que de l'ensemble du procédé qui est légitime dans les sciences de la nature totale ou encore du monde réal. Observation, expérimentation, formation de concepts, induction, formation d'hypothèses, vérification – tout cela doit jouer partout un rôle en un sens qui, pour l'essentiel, est le même et ne doit naturellement en venir à se différencier que selon la particularité des objets et des domaines spéciaux.

Statuer scientifiquement sur ces opinions qui paraissent tout à fait convenables au premier abord exige des réflexions plus profondes que ce que leurs représentants ont coutume de supposer.

Du côté de la philosophie, on s'est souvent efforcé de produire ici de la clarté en usant d'un procédé systématique et authentiquement philosophique, c'est-à-dire sous la forme d'une classification universelle des sciences, qui, en tant que classification fondée sur des principes, doit indiquer aux sciences de la nature et aux sciences de l'esprit leur juste place et éventuellement leurs différences de principe. C'est un bon instinct qui guide ici les philosophes. Car quel qu'ait été leur manque de clarté concernant l'effectuation véritablement nécessaire d'une telle classification en tant que classification principielle des sciences effectives et possibles, comme je viens de le dire, ils ont pourtant bien senti que s'attaquer sérieusement à de tels problèmes épistémologiques conduisait
26 | toujours aux problèmes d'une classification des sciences et que seule la réalisation de celle-ci pouvait les résoudre. Il se peut que cela paraisse tout d'abord surprenant à toute personne pénétrant ici de l'extérieur. Il est vrai que sous le titre d'une classification, on se représente un simple agencement en classes, bien utile pour la pratique de la connaissance, un premier regard de surplomb, utile et nécessaire, jeté sur les objets d'un domaine de connaissance quel qu'il soit, un regroupement extérieur en des classes exclusives ainsi qu'une division, à l'échelon inférieur, de ces classes elles-mêmes.

Pour nous, cependant, qui nous sommes consacrés à des considérations philosophiques préliminaires, l'affaire se présente déjà autrement. Nous l'avons en effet reliée à la connaissance (par pressentiment) d'une méthode radicale à laquelle tout problème de fondation reconduit – le retour à l'expérience universelle, encore conceptuellement muette, et à son monde de l'expérience, la recherche des structures qui le traversent, qui ne peuvent jamais faire défaut et sont peut-être des structures nécessairement connaissables –; c'est donc également à quelque chose comme une division que nous avons été reconduits, bien que d'une espèce particulière : non pas tout d'abord une division des sciences mais du monde de l'expérience lui-même d'après ses structures. Or ce qui en résulte, c'est une division des domaines possibles en tant que structures infinies, closes en soi, du monde de l'expérience comme tel. Et puisque chacun d'entre eux peut devenir – et, là où domine l'intérêt théorique dirigé vers le monde, doit nécessairement devenir – le domaine thématique d'une science à part entière, nous parvenons donc *eo ipso* à une « classification » des sciences fondée radicalement. Il est vrai que cela exigera encore de sérieux approfondissements et c'est alors seulement que la division atteindra sa radicalité véritable. Toujours est-il que l'idée de la classification – du moins pour les sciences qui sont rapportées à un monde de l'expérience – accompagne déjà notre considération préliminaire à titre d'exigence.

Faisons donc nôtre l'idée d'obtenir dans le cadre d'une classification des sciences le sens conceptuel, éventuellement clos d'une façon qui lui est essentiellement propre, de la nature telle qu'elle confère précisément à toutes les disciplines relevant de la science de la nature une unité essentielle (dans la mesure où, quel que soit le thème particulier qui est le leur, elles n'ont justement toujours pour thème que la nature dans sa particularité), et de même pour le sens conceptuel de l'esprit tel qu'il est éventuellement
clos d'une façon qui lui est essentiellement | propre et pour la parenté 27
thématique qui relie à lui toutes les sciences de l'esprit. Chemin faisant, il pourrait éventuellement apparaître – nous ne préjugeons de rien – que nature et esprit ne sont pas, contrairement à la façon dont nous venons justement de l'admettre, des domaines clos pour soi, si bien qu'il s'agirait d'indiquer le domaine clos de rang supérieur qui produit l'unité d'une science au sens prégnant, dont relèvent comme autant de particularisations toutes les disciplines qui tombent d'un côté ou de l'autre.

Si nous empruntons ce chemin, nous nous mouvons alors manifestement sur la ligne directrice philosophique et générale que notre introduction a tracée, c'est-à-dire en direction d'une élaboration radicale des concepts fondamentaux des sciences. Car avec la séparation que nous avons introduite – certes de façon seulement programmatique et sans la fonder plus avant – entre science au sens prégnant, pourvue d'un domaine clos d'une façon qui lui est essentiellement propre, et simple discipline scientifique, nous avons aussi donné un sens prégnant à l'idée d'une classification des sciences. En tant que classification radicale, elle doit donc se mettre en quête d'une classification des domaines qui se caractérisent par leur clôture essentiellement propre, et ce moyennant un partage du domaine de rang supérieur le plus universel, qui empiète sur eux tous et qui unit en lui tout ce qui est connaissable en général en tant qu'étant. Quant à la division de chacun des domaines singuliers de cet *universum* (qui sont à chaque fois des domaines clos) telle qu'elle conduit ensuite aux simples disciplines, bien qu'il ne s'agisse pas non plus d'une tâche méprisable mais ayant elle aussi son fondement essentiel, elle demeure pourtant une tâche de moindre radicalité, dont nous pouvons nous dispenser dans un premier temps.

Il est à peine nécessaire que je dise maintenant à quel point la distribution des domaines scientifiques en leur clôture est liée à la tâche d'une recherche radicale des fondations qui seule rend possibles des sciences rigoureuses au sens qui est exigé du point de vue philosophique. Je veux dire que si un domaine est effectivement établi comme domaine clos d'une façon qui lui est essentiellement propre, alors il peut être circonscrit pour la pensée par le biais d'un concept ou d'un nom qui lui revient essentiellement en propre. Si nous décomposons ce concept selon les concepts déterminants qui lui appartiennent par essence, alors il est évident que ces derniers doivent nécessairement être les concepts fondamentaux de la science correspondante, celle qui se rapporte au domaine en question, avec toutes ses disciplines. Si, par exemple, nous supposons que le concept d'espace soit établi comme concept essentiel
28 d'un domaine | clos, alors la décomposition de ce concept conformément aux déterminations fragmentaires sans lesquelles un espace ne serait pas pensable dans l'unité qui lui est essentiellement propre, conduit manifestement à des concepts tels que corps, surface, ligne, point, distance, direction, distance orientée ou vecteur, droite, etc. À l'évidence, nous en venons donc à l'ensemble des concepts géométriques fondamentaux qui <traversent> toutes les disciplines qui se rapportent à l'espace, quel que soit le degré de spécialisation théorique de leur intérêt. Mais ce qui compte, c'est que ce qu'on veut ressaisir par le moyen d'un concept de domaine et dont on veut faire le thème d'une « science » ne soit pas simplement rassemblé à la hâte mais soit essentiellement apparenté et essentiellement clos par des limites fixes, et que cette parenté, que l'unité d'une essence spécifique, ne soit pas en quelque sorte une affaire de sentiment ou de goût, ni même d'une visibilité obtenue par un simple regard de surplomb, pour ainsi dire simplement sensible, mais établie apodictiquement selon une méthode spécifique. De même, à titre de

conséquence plus lointaine, il s'agit que l'explication qui se formule en des concepts d'essence déterminants – qui sont en quelque sorte les éléments de l'essence d'ensemble – parvienne à conférer à ces concepts le caractère d'une nécessité apodictique intuitivement compréhensible. Considéré au sens prégnant, le domaine d'une science n'est donc pas quelque chose qui serait prédonné sans plus, mais il désigne une tâche importante et un aspect fondamental de la double tâche d'une classification philosophique authentique et d'une recherche radicale des fondations.

Venons-en maintenant à la terminologie.

Jusqu'à présent, nous nous sommes contentés de l'expression lourde et terne de « science au sens prégnant » pour désigner le concept fondamental d'une science close en elle-même pour des raisons d'essence – concept qui a gagné dès le départ une certaine clarté par les exemples dont nous nous sommes servis mais qui requiert toutefois plus que jamais qu'en soit donné une fondation et une clarification définitives. Et de même pour le concept complémentaire de « domaine scientifique au sens prégnant ». Mais puisque ces expressions peuvent être comprises différemment dans différents contextes, il est nécessaire d'introduire un terme fixe, un terme technique auquel nous donnerons une fois pour toutes la signification que nous avons en vue. Un domaine unitaire et clos | « essentiellement », **29**
au sens qui est le nôtre, sera nommé une *région* (un *domaine régional*), laquelle se déploie immédiatement en des *concepts élémentaires régionaux*, en ce qu'on appelle les *concepts fondamentaux* et à propos desquels, pour certaines raisons historiques, on peut aussi parler de « *concepts axiomatiques* ». Un « concept fondamental » est donc quelque chose qui ne peut relever originairement que d'une unité régionale. En outre, l'expression « région » renvoie également en direction d'un tout au sein duquel elle est une région parmi d'autres. Il s'agit là naturellement de l'uni-totalité de l'étant qui se divise ou se stratifie en régions. Puisque cette uni-totalité est elle-même, comme nous le voyons d'avance, une unité close en elle-même pour des raisons d'essence, nous la nommons la *région totale*, celle qui présente manifestement le caractère de *région de toutes les régions*.

Considérée en soi comme une sphère d'être essentiellement close, *l'idée de région précède l'idée de la science correspondante*. Mais toute région est le champ possible d'un intérêt théorique essentiellement unitaire qui l'englobe, qui se répercute en une praxis théorisante et produit son résultat sous le titre d'une science essentiellement unitaire en tant que théorie. Nous pouvons dire également que la région devient un problème théorique d'ensemble, un thème général, et que saisie en tant que problème, elle désigne par suite pour une science le problème de tous les problèmes scientifiques, ou encore le problème général qui englobe de façon générale tous les problèmes particuliers de la science, de la science au sens prégnant. À la région totale correspond alors *idealiter* <…>

Nous avons conclu la leçon précédente en nous occupant de terminologie. Nous avons défini la région comme une sphère d'être essentiellement close en soi ; le domaine d'une science désigne l'idée d'une science régionale. Indépendamment de la clôture qui est à chaque fois la leur, de nombreuses régions peuvent se rassembler et former ainsi l'unité d'une région supérieure ; ainsi, par exemple, la géométrie et l'analyse pure, qui contiennent en elles plusieurs disciplines – des disciplines, pour autant qu'elles se tiennent à l'intérieur de l'unité supérieure d'une science d'ensemble totalement close alors même qu'elles peuvent pourtant posséder également, à titre individuel, une clôture régionale particulière. C'est ainsi, par exemple, que la géométrie plane n'est pas la géométrie tout
30 entière mais constitue pourtant | en elle-même un tout effectivement clos et déterminé pour soi. Nous nous trouvons finalement reconduits comme à un concept-limite à l'idée d'une région totale rassemblant en elle toutes les régions – et l'on pensera ici immédiatement à la totalité de l'étant, sous le titre de quoi on entendra la totalité du monde donné, ce qui semble limpide mais n'est pourtant pas sans appeler des compléments. C'est une question dans laquelle nous ne nous engageons pas encore. Car nous en sommes encore au point où nous ne disposons que d'un aperçu plutôt que d'un concept de région clarifié de façon véritablement convaincante ; nous ne disposons donc encore d'aucune norme à partir de laquelle poser la question de savoir, par exemple, dans quelle mesure la totalité de l'étant doit valoir comme une région.

Si nous ne faisons pas précéder la classification des sciences par la clarification, si nécessaire, du concept de région, c'est pour de bonnes raisons. Vous savez que cette classification ne représente pas elle-même un but à nos yeux mais ne constitue qu'un moyen de parvenir à quelque clarté à propos de la nature et de l'esprit, ou encore à propos de la question de la séparation de principe entre sciences de la nature et sciences de l'esprit. Or séparation de principe devrait signifier séparation régionale ; dans ces conditions, des considérations générales portant sur le sens du dessein poursuivi par toute classification des sciences et quelques pas dans cette classification elle-même peuvent également nous servir à progresser vers ce concept fondamental de région.

<Chapitre II

LES CLASSIFICATIONS DES SCIENCES DANS UNE GÉNÉRALITÉ FORMELLE>

<§ 6. *L'idée formelle-générale d'une science conçue comme unité thématique et théorique d'où proviennent les points de vue qui envisagent formellement la classification principielle de toutes les sciences*>

Nous connaissons de nombreuses sciences, qu'il s'agisse d'un legs historique ou qu'elles soient présentement à l'œuvre. Mais il n'y aurait pas grand intérêt ni quelque signification philosophique que ce soit à rester accroché à la factualité fortuite et à se contenter de regrouper ce qui est. Une classification philosophique doit être une classification des
| sciences effectives et pensables en général, ce qui implique qu'elle doit 31
suivre l'idée *pure* – faisant abstraction de toute factualité – de la science, c'est-à-dire le *sens* pur et inconditionnellement universel d'une science en général et en tant que telle, et se caractériser par une nécessité apodictique se fondant dans ce dernier. Tous les points de vue depuis lesquels envisager une classification principielle, qui ne devient classification des sciences *factuelles* que par son *application*, doivent nécessairement être logico-formels au sens où ils tirent leur origine de l'idée formelle-générale de « science en général ».

« *Science en général* » – c'est un titre pour un certain type de prestations spirituelles, et en premier lieu des prestations judicatives dont les sujets sont naturellement les sujets qui cherchent, qui pensent. Ce n'est pas vers ces derniers, toutefois, que nous tournons nos regards. Leur prestation spirituelle consiste à produire (ou a consisté à produire) certaines formations persistantes, au premier chef des jugements, des propositions, qui, d'après l'intention qui les commande, doivent être des vérités, des jugements vrais, et qui, dans le cas normal que nous voulons présupposer, le sont également. Tous ces jugements sont exprimés dans la langue ; ce sont des énoncés propositionnels qu'on appelle dès lors eux-mêmes des « énoncés vrais ». Tout énoncé propositionnel a son thème, son ce-à-propos-de-quoi [*sein Worüber*], il énonce quelque chose ou formule un jugement à propos d'une objectité quelle qu'elle soit. Un tel ce-à-propos-de-quoi appartient lui-même nécessairement au sens de l'énoncé. Dans le cas idéal de l'énoncé vrai, l'objectité thématique est déterminée selon son sens comme véritablement étante et comme étant véritablement telle ou telle – et ce par le biais des prédicats vrais.

Une vérité isolée n'est pas une science. Une science dispose d'une multiplicité, et même d'une infinité ouverte de vérités qui lui appartiennent ; elle est *elle-même* cette infinité de vérités – si nous entendons le concept de science en un sens très courant, comme ensemble d'énoncés propositionnels, et donc de résultats obtenus, impliquant que nous fassions complètement abstraction des sujets et de ce qu'ils font. Cependant, une science n'est pas un amas de propositions, ni même de vérités, sans liaison les unes avec les autres, mais de vérités unies *thématiquement* et *théoriquement*. Elles sont *thématiquement* parentes, ce qui implique qu'il y a entre elles une intrication intime et concrète, conforme aux objets jugés dans leur être et leur être-tel. Exprimé subjectivement : une unité de l'intérêt théorique visant la vérité, l'unité de la volonté de
32 connaissance, englobe la | multiplicité infinie des objets thématiques en un thème universel, afin de les déterminer tous, mais aussi selon leurs entrelacements, quant à l'être et l'être-tel. Voilà à quoi se rattache l'*unité théorique comprise comme unité systématique d'un rapport de fondation* [*Begründungszusammenhangs*]. Une infinité ne peut être donnée au sujet connaissant que comme un horizon indéfiniment ouvert autour du noyau formé par une donnée immédiate, et s'il doit y avoir une infinité connaissable, alors il doit s'agir d'un horizon d'éléments inconnus mais néanmoins accessibles à l'intérieur d'un ensemble omni-englobant. La pratique de la détermination, de la connaissance de la vérité, ne peut avancer que pas à pas, étape par étape, depuis le proche vers le lointain, à quoi correspond aussi, dans la fondation que tout jugement requiert relativement à sa vérité, une gradation systématique des fondations, des inférences, des preuves, qui, en tant que fondations, constituent théoriquement l'unité qui est précisément celle d'une théorie universelle.

Si c'est de façon rudimentaire que nous nous sommes ainsi consacrés à l'idée d'une science, il a bien pu se faire que nous ayons sous les yeux, à titre d'illustrations intuitives, des exemples fournis par les sciences de faits ; mais en ce qui nous concerne, nous nous sommes élevés à une généralité dans laquelle nous n'avons exploité que la forme, vide de tout contenu, de l'objectité en général, de la détermination en général, de l'être et de l'être-tel en général, du jugement et de la vérité en général, de la multiplicité objectuelle indéfinie en général, etc. Même lorsque nous avons parlé de parenté concrète, nous n'avons privilégié aucune teneur concrète [*Sachgehalte*] déterminée mais seulement la forme vide de la concrétude. Nous pouvons dire aussi bien que tous les objets quels qu'ils soient, effectifs ou possibles, possèdent d'emblée l'élément général d'après lequel ils sont précisément des objets, ils sont quelque chose. Et à ce « quelque chose en général » le plus général qu'on puisse penser appartiennent de multiples modes du quelque chose, comme « quelque chose en tant que substrat pour des propriétés quelles qu'elles soient », et, d'un autre côté, « quelque chose en tant que pourvu de propriétés ». Quant à la relation, à la liaison, à l'ensemble ou à la quantité, à la quantité finie et infinie etc., ce sont à leur tour des modes du quelque chose. Mais d'un autre côté, c'est également le cas, d'une certaine manière, des jugements, dans la mesure où le concept le plus général de jugement se rapporte à son tour à tout ce qui est « quelque chose en général », de même que c'est le cas de l'inférence, de la preuve, de la théorie ; et enfin
de la science également, en tant que type de formation issue | de modes 33
élémentaires du quelque chose lui-même, en tant qu'idée formelle. La sphère délimitée par ces simples indications est celle du formel pur mais qui, en dépit de sa vacuité, constitue un champ propice aux considérations et aux déterminations les plus principielles qui soient et, comme nous aurons à le voir par la suite, constitue lui-même un domaine régional pour une science en elle-même totalement close.

Si, guidés par cette généralité qui, malgré son caractère formel, embrasse toute science pensable, nous tentons à présent une division de toute science en général, de toute science pensable, cette division sera en tout état de cause la plus principielle qui soit. Mais au fond, puisqu'elle ne traite la science et les particularisations des sciences qu'*in forma*, elle sera en réalité une classification des points de vue formels d'après lesquels des sciences concrètement possibles et effectives doivent être classées principiellement. Tout cela gagnera encore en clarté par la suite.

<§ 7. *Les classifications des sciences selon les différences purement logiques dans les concepts et les jugements*>

1) <*La classification en sciences apostérioriques et aprioriques*>

Commençons par la classification des sciences en sciences *apostérioriques* et *aprioriques*. Dans la généralité formelle de notre perspective, nous pouvons séparer les jugements en général en jugements dont l'énoncé porte sur (ou concerne également) un étant factuel et en jugements pour lesquels ce n'est pas le cas, ou, plus exactement, par lesquels on ne dit absolument rien à propos des factualités [*Tatsächlichkeiten*], à propos de l'existence temporelle. Et cela ne peut se produire que si l'énoncé ne porte pas sur des effectivités relevant de l'existence factuelle mais, selon différents degrés de généralité, sur de pures et simples possibilités ou bien aussi sur des objectités idéales, autour desquelles s'étendent toutefois de nouveau des possibilités pures. À cette distinction entre les jugements correspond alors celle des vérités et des sciences dans leur ensemble. Ce point va s'éclaircir immédiatement par
34 des exemples (j'évite | ici à dessein la désignation courante « sciences réelles et sciences idéales », facilement trompeuse).

Exemples. Jugements géométriques, jugements arithmétiques (en tant que jugements portant sur ce qui est dénombré en général ou sur les nombres comme objets idéaux). – Jugements empiriques.

2) <*La classification en sciences formelles vides et en sciences à teneur réale [*sachhaltige*]*>

Examinons maintenant une deuxième distinction qui, comme la précédente, se transpose des jugements en général, et par suite aussi des vérités en général, aux sciences qui s'édifient sur leur base. Les concepts eux-mêmes, et par conséquent aussi les jugements complets, se séparent selon qu'ils n'ont pas nommé et ont laissé dans une complète indétermination la spécificité concrète des objets (par laquelle ces derniers deviennent déterminés) ou selon qu'ils l'ont admise dans leur teneur conceptuellement déterminante. En d'autres termes, les concepts se séparent en concepts *logico-formels* et en concepts à teneur réale. Si nous parlons d'hommes, de pierres, d'images etc., alors il s'agit de concepts qui déterminent et désignent selon la teneur réale ; mais si nous parlons d'objet, de propriété, d'état de choses, de relation, de tout, d'être similaire, différent, identique, etc., nous avons alors affaire à des concepts formels vides, qui, d'une certaine manière, ne disent rien du tout, au sens où ils ne déterminent rien concrètement. Tous les discours de la logique sur la forme et la matière renvoient à cette distinction. Tout jugement, et donc aussi toute vérité, a sa « forme », qu'on peut saisir dans un concept formel pur; par exemple, des jugements comme « tous les hommes sont mortels », « tous les corps sont étendus » et d'innombrables autres jugements construits de la sorte ont la même forme judicative, qu'on fait ressortir par le concept formel « tous les A sont b » dans lequel A et b sont des signes pour une teneur concrète demeurée vide mais qui, justement, est indiquée et librement variable.

Puisque tout concept et tout jugement se laissent formaliser de cette manière, nous obtenons idéellement un champ infini, celui des formes pures. C'est le champ de la logique, prise en son sens le plus large. Ces formes pures ne sont rien d'autre que les multiples | modalités du quelque- **35**
chose-en-général, du titre universel pour une forme vide*.

Des jugements qui n'utilisent que des concepts formels vides et ne contiennent aucun concept à teneur réale s'appellent des jugements logico-formels; et puisqu'il s'avère qu'il y a là un champ de connaissance et de vérité – et même un champ infini dont il faut remarquer l'extrême fécondité –, nous saisissons l'idée d'une science universelle formulant dans la généralité la plus universelle et la plus vide qui soit des jugements à propos d'objectités en général, et ce, enfin, par le moyen de concepts formels et vides tels que propriété, relation, etc. avec leurs termes corrélatifs (exemples : arithmétique, syllogistique). Cette science, qui contient elle-même de nombreuses disciplines, est une science apriorique : on voit aisément, en effet, que dans la sphère de la factualité, un jugement formel vide n'est utile que de façon occasionnelle et qu'il n'y a pas de place pensable pour une science de la factualité opérant exclusivement avec des concepts formels vides.

Il est de la plus grande importance qu'en vertu de cette séparation de principe d'une sphère apriorique universelle de formes vides, les sciences aprioriques se distinguent en deux classes : les disciplines purement logiques, s'unissant en une logique pure en général, *mathesis universalis* ; d'un autre côté, les sciences aprioriques à teneur réale (géométrie, doctrine pure du temps, mécanique apriorique etc.). (Sciences aprioriques analytiques – synthétiques).

* Relativité de la distinction : tout jugement « mathématique » se laisse à son tour formaliser. Distinction ultime.

3) <*La classification en sciences concrètes et abstraites*>[1]

La distinction entre sciences *concrètes* et *abstraites*. Il faut la rattacher à la distinction logico-formelle des concepts – et par suite des jugements déterminants – en concepts (ou jugements) concrets et abstraits.

36 | Au sens le plus large et par conséquent le plus vide de la logique formelle, un objet désigne tout ce qui doit être considéré et attesté comme étant, ou encore, si l'on peut dire, tout ce qui peut faire fonction de ce-à-propos-de-quoi [*als Worüber*] pour des jugements déterminants et des vérités. Les maisons, les arbres, les montagnes, les hommes, les animaux etc. sont des objets au sens logique, mais également, comme dans le cas des vérités géométriques, les points idéaux, les lignes idéales et les corps idéaux, et de même à leur tour, dans le cas de l'arithmétique et de l'analyse, les quantités, les nombres ordinaux, les multiplicités. Ce ne sont pas seulement les choses colorées de la réalité empirique qui sont des objets mais aussi les espèces pures des couleurs : c'est ainsi que, lorsqu'on porte un jugement sur les couleurs possibles ainsi que sur leur disposition et leur détermination en le faisant d'après des espèces pures, on parle de « corps chromatiques » [*Farbenkörper*] tout comme on parle des sons de l'échelle musicale, c'est-à-dire des espèces sonores pures et non pas des sons qui retentissent de fait ici où là.

Tout objet pensable est ce qu'il est dans ses multiples qualités constitutives internes ou externes; par exemple, la chose qui est devant moi est rouge ou sphérique, le nombre 7 est impair, supérieur à 6 etc. C'est en tant que moment non autonome que la qualité constitutive singulière se présente comme détermination, comme le montre dans la langue la tournure adjectivale. Mais toute propriété peut elle-même à son tour être transformée en objet, en substrat de détermination; malgré sa non autonomie, elle est tout de même quelque chose de déterminable, et déterminable en vérité par ses propriétés. C'est ainsi que « la sphère » est tirée de « sphérique » : dans la mesure où la sphère devient le principal, la chose à déterminer, sur le versant linguistique l'adjectif est nominalisé et devient alors le « mot principal » – ce qui, comme vous le voyez, n'est pas une affaire simplement grammaticale mais s'enracine dans le logique, pris en sa généralité.

D'après ce que nous venons d'exposer, tout objet a des déterminations. D'un autre côté, les déterminations sont elles-mêmes des objets,

1. Sur ce point, *cf.* Appendice VI : « Sciences intuitives inexactes et sciences idéelles exactes » (p. 201) et Appendice VII : « Les différentes façons de décrire le monde. Le rapport entre singularités et généralités » (p. 207) – NdE.

comportent elles-mêmes leurs déterminations, et ainsi *in infinitum*. Si donc, dans la connaissance, des objets se présentent à nous, il peut alors s'agir dès le départ de propriétés qui, comme telles, renvoient à des objets dont elles sont les propriétés. Mais cela ne peut pas valoir de tous les objets; il est manifestement nécessaire qu'il y ait au final des objets qui, certes, ont des propriétés mais ne sont plus eux-mêmes des déterminations. Les individus | sont de tels objets, qui ne peuvent donc pas fonctionner 37
comme des prédicats. C'est d'eux que relevaient nos premiers exemples, les hommes, les maisons, les arbres etc.

Or si c'est dans le cas des individus qu'on a parlé au sens éminent de concrétion et de concepts concrets, c'était en relation avec leur édification spécifique à partir de moments déterminants et des concepts déterminants qui s'ensuivent. Il faut prêter ici attention au fait que tout objet s'édifie à partir de moments non autonomes qui se détachent si nous sont donnés avec lui un ou plusieurs autres objets qui comportent des moments similaires, comme par exemple plusieurs choses rouges ou plusieurs choses sphériques etc. Nous voyons alors que toute chose rouge porte en elle son moment rouge comme étant en elle individuellement; mais dans le regard surplombant que nous jetons sur la pluralité des autres moments rouges similaires (et, respectivement, sur les choses que nous appelons similaires relativement à eux), ce n'est pas sans raison que nous disons trouver en eux tous la même chose, le même rouge. Un élément commun identique se détache et il est évident que l'identité se poursuit quelle que soit la quantité d'objets similaires (respectivement de moments objectaux rouges) à laquelle nous pensions. Cet élément identique-général extrait par la pensée et pensé comme cet identique qui devrait être saisi de toute façon comme l'identique dans tous les cas similaires quels qu'ils soient – c'est le concept « rouge », la signification générale du mot « rouge », signification identique quelle que soit la manière dont le mot est employé. De cet élément général (qui est lui-même un objet, non pas individuel et réal mais un objet idéal), nous disons qu'il se singularise au sein d'une multiplicité indéfiniment ouverte et quelconque de moments de rouge.

Si, moyennant cet exemple, nous avons clarifié *la généralité conceptuelle* et, par là, le sens d'un prédicat de généralité, il est alors également aisé d'apercevoir ensuite qu'il nous faut distinguer entre le concept *complet* et le concept *incomplet* d'un objet et, par suite, entre des concepts | *omnilatéraux* et *unilatéraux*. Un objet comporte toutes sortes de 38
moments singuliers dans lesquels il existe. Les moments singuliers comme rouge, rond, sont non autonomes : il ne peuvent pas être effectivement sans qu'existent également des moments, quels qu'ils soient, qui en relèvent. Un

rouge ne peut être effectivement sans une certaine extension, qu'il colore précisément en rouge ; inversement, une extension, une forme spatiale n'est pas pensable sans être qualifiée sensiblement d'une façon ou d'une autre, même si ce n'est pas immédiatement comme rouge. Les moments singuliers ne peuvent se présenter pour ainsi dire que fraternellement liés. Tout individu n'est donc qu'en tant que totalité de moments parents, et à cela correspond l'idée d'un *concept total*, rapporté en particulier à tous les moments de l'objet comme à ses particularisations individuelles et concevant donc l'objet selon tous ses moments. Nous obtenons par là *les premières notions d'un* concretum *et des concepts concrets*. Tout individu s'appelle lui-même un *concretum* pour autant qu'il abrite une multiplicité de moments s'étant « assemblés » inséparablement et pour autant qu'il a son être dans leur rassemblement (*concrescere*).

À l'objet lui-même en tant que *concretum* correspond alors le concept concret en un premier sens, c'est-à-dire qu'à la totalité des moments rassemblés en lui correspond la totalité des déterminations conceptuelles qui leur appartiennent, soit, de façon unifiée, le concept total qui saisit de façon prédicative, idéellement et d'un seul coup, tout ce que l'objet est.

Toutefois, l'expression de « concept total » ou de « concept concret » peut encore, et en un sens tout à fait recevable, être entendue autrement et renvoyer simultanément à ce qu'on entend ordinairement par là : un objet peut être déterminé par des concepts qui se rapportent *de façon unilatérale* à n'importe lequel des *moments singuliers* de son être concret, et ce dans une généralité plus ou moins grande comme le montrent par exemple, pour la couleur, des prédicats comme « bleu violacé », « tout simplement bleu ». D'un autre côté, un objet peut également être déterminé par des concepts qui sont des concepts totaux ou concrets dans le sens nouveau où ils prennent en considération *de façon omnilatérale*
39 l'*essence concrète tout entière*, que ce soit également à des | degrés de généralité différents, plus ou moins grands. Si, dans une généralité à peu près vide, nous désignons un objet individuel comme une chose, il est vrai que nous l'avons alors déterminé d'une façon pour le moins incomplète et éloignée de ce qui advient par un concept total complet au sens précédent, mais néanmoins de façon omnilatérale. Car il appartient au concept de la chose de posséder une durée, une extension, une forme, une situation, des qualités sensibles quelconques, des propriétés physiques etc. La décomposition du concept de chose conduit à tous ces concepts et manifestement sous la forme d'une série close, telle qu'il ne <puisse> pas y avoir de détermination particulière d'une chose qui n'en relève pas. Toutes celles qui appartiennent nécessairement ensemble à l'unité d'une

chose en général y figurent. Mais bien que le concept de chose soit en ce sens un concept total, prenant en considération toute la concrétion, il reste qu'il ne détermine pas la concrétion d'une chose déterminée selon ses particularités spécifiques, mais seulement dans la plus grande généralité. Si c'était le cas, la question serait immédiatement de savoir quelle est sa durée, comment se détermine plus précisément sa forme, sa situation etc. De même, il appartient à la teneur conceptuelle du discours portant sur un homme, quelle que soit par ailleurs l'extension du concept d'homme, que l'ensemble de l'essence concrète de l'objet individuel qui se trouve à chaque fois prédicativement conçu et désigné comme homme y soit thématique*.

Si nous laissons les concepts se former par comparaison, il faut dire alors qu'avec des concepts tels qu'« homme », « pierre », « montagne » etc., la démarche s'en tient aux objets entiers ainsi qu'à leur essence concrète close et non pas, comme avec des concepts comme « entendement », « vertu », « charme », « grandeur », « forme corporelle », « situation » etc., à des moments singuliers, à des aspects non autonomes de la concrétion. De même qu'une gradation de concepts génériques toujours plus généraux et, par suite, plus vides rayonne à partir de chaque moment singulier de la concrétion objectuelle, de même rayonne à partir de l'essence totale concrète une gradation de concepts totaux toujours plus généraux et moins déterminés, qui s'appellent des *concepts concrets* au sens présent et usuel ; et on les nomme ainsi par opposition à ceux qui, relativement à eux, sont des *concepts abstraits*, qui ne prennent en considération que des aspects singuliers de la teneur concrète de détermination des objets
singuliers | respectifs. De façon correspondante, nous trouvons dans la 40
grammaire la différence entre les noms concrets et les noms abstraits, et manifestement bien avec le sens qui a été établi ici logiquement.

Reste que le terme « abstrait » est équivoque. Car il est également utilisé chaque fois qu'on passe à un concept général (« abstraction ») ; à partir d'un terme déjà général, c'est alors un terme d'une plus grande généralité qui est mis en relief. On dit alors également que le genre supérieur est plus abstrait que l'espèce (ou que le genre inférieur) et ce qui tient alors lieu idéellement du terme le moins abstrait, c'est le terme général le moins élevé, qui est immédiatement tiré de la concrétion de la chose individuelle et de ses moments par le biais de ce qu'on appelle une abstraction. Le non-abstrait ou le concret n'est plus, dès lors, un concept

* À vrai dire, le concept de l'objet se trouve pourtant présupposé ici en tant que concept du substrat dernier.

concret mais un moment de l'objet ou l'objet tout entier. Cependant, nos concepts de la concrétion et de l'abstraction sont indispensables et leur intérêt n'est pas pour ainsi dire seulement grammatical. La généralisation qui constitue la généricité produit une gradation aussi bien dans le « concret » que dans ce qui, relativement à lui, est abstrait au sens que nous lui donnons à présent, si bien que nous disposons de concepts concrets de degrés de généralité fort différents.

Or ces distinctions logiques sont significatives dans la perspective d'une *différence concernant les sciences* et permettant leur classification *en sciences concrètes et abstraites*. C'est au moyen du concept de son domaine qu'on désigne l'intérêt et le thème universels d'une science. Si donc son intérêt est orienté vers un ensemble, délimité de façon générale, d'individus concrets pris dans leur concrétion, ou même vers un individu déterminé et pris à son tour dans sa pleine concrétion, alors la science est une science concrète tout comme l'est également le concept de son domaine. C'est ainsi que, déjà d'après leur nom, la zoologie, la botanique etc. sont des sciences concrètes ; de même la science de la nature en général en tant que science portant précisément sur la nature concrète tout entière. D'un autre côté, sont abstraites les disciplines relativement autonomes qui relèvent des sciences de la nature, telles la mécanique en tant que doctrine des corps considérés purement comme substrats de mouvements et de forces motrices. La physique universelle elle-même serait peut-être également abstraite, si l'on pouvait apercevoir que la simple nature matérielle n'est rien d'autre qu'une structure non autonome du monde pleinement concret.

41 | Au reste, il convient de remarquer que le contraste entre recherche concrète et recherche abstraite se relativise lui-même au moyen de ces concepts puisque, si nous nous installons à l'un des degrés de généralité et que nous traitons un élément général comme champ d'objets d'une science, nous disposons manifestement, en relation à cela, d'un élément abstrait par opposition à l'élément relativement concret du champ d'objets. Ainsi la géométrie est-elle à l'évidence une science abstraite. Espace et formes spatiales ne sont rien pour soi mais n'ont d'effectivité qu'à même des individus concrets. Cependant, c'est dans l'idéalité abstraite, laissant toute concrétion effective à son indéterminité et à sa variabilité, que nous étudions purement le spatial comme tel. Ce dernier est donc un élément relativement concret se rapportant à l'élément abstrait relativement à lui. C'est ainsi qu'il appartient à la pleine corporéité spatiale relativement concrète de posséder des surfaces, à la surface de contenir en elle des lignes et à la ligne des points – mais la surface pour soi est abstraite et la

ligne à son tour est abstraite en relation à la surface. Un plan est abstrait : il ne peut être qu'une limitation dans l'espace, etc. Mais nous savons que des disciplines se délimitent abstraitement à l'intérieur de la géométrie, par exemple comme géométrie sur un plan, géométrie dans une ligne, etc.

Parmi les sciences abstraites sont également comptées toutes les sciences dont nous avons déjà fait connaissance sous le titre de la *mathesis universalis*, la science du formel vide, de l'analytique au sens le plus vaste. Tout objet concret possède son essence complète concrète et, à titre de composante de la concrétion, ses parties et ses moments avec leurs généralités de divers degrés. En procédant à cette division, nous demeurons toujours dans la sphère de la teneur réale et à vrai dire, la distinction de l'abstrait et du concret s'accorde avec la teneur réale. Mais tout objet en général possède également en tant qu'objet, en tant qu'il est un quelque chose, sa forme vide : il est par exemple le tout de ses parties, et, par le moyen de ce qu'on nomme l'« abstraction » de toute teneur réale, c'est-à-dire formalisé, le tout donne la forme vide du tout avec toutes les formes relationnelles qui en relèvent (l'édification à partir de moments conceptuels de différents degrés de généralité est également quelque chose qui doit être envisagé de façon purement formelle). Si la forme logique vide doit ainsi être exhibée par formalisation pour toute objectité pensable, elle peut également être considérée comme un *abstractum*, par opposition à la concrétion qui constitue l'objectité déterminée, à teneur réale et pleinement | concrète; conformément à 42
cela, l'*analytique* universelle (*mathesis universalis*) se trouve également mise au compte des sciences abstraites tandis qu'à strictement parler, en tant que science de ce qu'il y a de formel dans toute objectité (et corrélativement dans toute proposition, toute vérité, toute science), elle surplombe toutes les sciences et ne saurait au juste être enserrée dans l'opposition de l'abstrait et du concret. Quoi qu'il en soit, et malgré son caractère impropre, de nombreux éléments plaident pourtant en faveur d'une telle inscription. L'attitude concrète se porte sur le concret dans toute sa plénitude, et l'on pourrait d'emblée mettre au compte de cette plénitude toutes les déterminations de la forme vide pouvant jamais être produites, comme par exemple les déterminations numériques, les déterminations de grandeur etc., qui sont données au moyen des concepts de la mathématique formelle vide. Par opposition, on nommerait alors abstraite toute manière de traiter des objets (qu'ils soient pensés comme déterminés ou non) qui ne porte justement pas, ni selon la teneur réale ni formellement, sur la pleine concrétion.

Les sciences aprioriques dont nous sommes familiers et qui pour nous sont valides sont toutes abstraites, si bien qu'il pourrait sembler tout d'abord que les sciences aprioriques soient abstraites en tant que telles. Et pourtant, c'est incorrect : même la recherche apriorique peut s'effectuer dans l'attitude de la concrétion. De même qu'on peut adopter, à la manière des sciences de faits, l'attitude dirigée sur le monde factuel concret selon tel ou tel de ses domaines, de même peut-on également étudier dans une possibilité idéale, et donc *a priori*, ce qui appartient à la possibilité pure d'une nature concrète en général, d'un monde concret de l'esprit en général etc. Ce type de recherche ne jouit certes d'aucun crédit de nos jours et l'on manque de sciences de ce genre qui soient mises en œuvre et reconnues. Mais cela tient à des préjugés provenant pour une part d'une mécompréhension des attaques dirigées par Kant contre l'ontologie de son époque, celle de l'école de Leibniz et de Wolff. « Ontologie » est le titre de l'intention d'une science apriorique de l'étant comme tel où ce qui était ultimement visé était l'*on*, l'étant en tant qu'étant mondain concret, mais pensé dans une possibilité idéale en tant qu'étant.

Puisque* notre thème rend ce point particulièrement intéressant pour nous, il convient d'expliquer plus en détail comment une recherche
43 apriorique orientée concrètement | est à l'évidence possible. Si une science apriorique doit être sérieusement une science, et donc engranger ses résultats non pas comme autant de prétentions vides mais dans une fondation intuitivement évidente, alors il lui faut tirer toutes ses généralités d'une intuition individuelle. Dans les sciences portant sur les faits, par exemple, c'est à partir de l'expérience que nous étudions comme factuelles les choses de ce monde factuel. Comment pouvons-nous parvenir à une connaissance des choses possibles en général dans une possibilité pure, et donc à une connaissance apriorique ? Nous partons de l'expérience qui nous met des choses sous les yeux comme autant d'exemples ; nous pouvons les considérer et les décrire sous tous leurs aspects. Mais nous excluons à présent toute prise de position existentielle, nous suspendons tout jugement portant sur le monde effectif et l'effectivité de cette chose, nous la considérons comme pur exemple d'une possibilité pure. Nous la pensons changée à volonté par une imagination libre, mais seulement de telle sorte que se maintienne cette identité qui réside dans le sens d'un changement (en d'autres termes, qui atteste constamment dans le changement l'identité d'un concept concret), de telle sorte qu'elle reste toujours une chose. Si nous pensons ce changement accompli de

* N'a pas été lu.

façon totalement libre et arbitraire, nous obtenons alors sous le titre « chose possible en général » un élément nécessairement général, un *a priori* d'abord tout à fait inexpliqué, et nous pouvons à présent poser la question de savoir ce qui appartient dans une nécessité inconditionnée à une chose concrète possible quelle qu'elle soit, si toutefois elle doit pouvoir être une chose ; ou encore : quelles sont les déterminations nécessaires qui appartiennent au concept le plus élevé et le plus général, et pourtant purement apriorique, de « chose en général » ? Nous parvenons alors à la spatialité, à la temporalité et à la causalité, pour ne nommer que quelques titres. Ou plus exactement : une chose, dans sa pure possibilité, n'est tout simplement pas pensable sans une durée, sans la possibilité de l'altération dans sa durée, mais de telle sorte qu'elle demeure pourtant identique dans toutes ses altérations, en tant que pourvue des propriétés identiques en vertu desquelles elle demeure toujours reconnaissable comme la même, quelle que soit l'ampleur de son altération. Une chose n'est pas pensable sans extension, et plus précisément une forme, ni sans que la forme soit forme au sein de l'espace indéfiniment ouvert et qu'elle ait en lui sa « situation » ; elle n'est pas pensable sans être susceptible d'altération eu égard à sa situation spatiale, c'est-à-dire sans être mobile etc. Tout être spatial en tant que spatial possède donc *a priori* certaines spécificités conformes à des lois etc. C'est en | progressant de la sorte, **44**
dans une attitude concrète, qu'on étudie l'*a priori* concret d'une chose en général, d'un monde spatial en général en tant que monde de choses. Mais sur cette base, l'intérêt peut se ramifier (et il se ramifiera) abstraitement, et c'est ainsi qu'il en résulte justement une géométrie spécifique en tant que rameau abstrait de l'ontologie concrète de la nature en général, ou encore une mécanique pure etc.

Une telle science apriorique concrète d'un monde possible en général, ou encore de domaines mondains concrets possibles en général, une telle science enveloppe une infinité de connaissances, comme cela ressort déjà des disciplines partielles abstraites qui s'ordonnent en elles. Mais il va de soi qu'elle ne laisse pas de côté les sciences de faits. Car un monde factuel, et en particulier celui qui nous est donné de fait dans notre expérience, ne contient pas seulement ce qui, d'une certaine façon, est le plus général, le plus vide, et sans quoi un monde en général ne serait pas pensable*; tous les mondes pensables, toutes les transformations

* Ce qui appartient à l'essence de la forme « monde ». Mais chaque monde est ce monde déterminé et possède ses choses déterminées, ses lois naturelles factuelles individuellement déterminées etc.

librement imaginables du monde factuel, ont en commun une* structure fixe, faite de concepts et de lois d'essence, qui laisse néanmoins ouvertes des infinités de particularisations factuelles, mais aussi de légalités qui ne peuvent être établies dans le cadre de la factualité que moyennant l'observation et l'expérimentation.

Tout monde possible possède donc un double *a priori*. Un *a priori* mathématico-formel dans la mesure où le monde (avec ses infinités) doit être considéré dans une généralité formelle vide (analytiquement, au sens que nous donnons à ce terme) comme une multiplicité mathématique abstraction faite de toute teneur réale déterminante. Mais il possède également son *a priori* universel à teneur réale qui, de concert avec l'*a priori* analytique, peut précéder toute étude de l'expérience et, s'il est saisi scientifiquement, lui servir d'instrument méthodologique. En ce sens, toute science de la nature repose sur une mathématique formelle et matérielle ; elle exploite bien entendu l'*a priori* – découvert préalablement à l'expérience, *a priori* – de la géométrie, celui de la mécanique pure etc., sciences que nous pouvons regarder comme autant de rameaux abstraits de l'unique science apriorique et concrète de la nature en général.

45 | Par conséquent, les deux classifications universelles de toutes les sciences – d'un côté en sciences aprioriques et apostérioriques (sciences d'essences et sciences de faits) et, de l'autre côté, en sciences concrètes et abstraites – se croisent.

<§ 8. *Les connexions intimes des groupes de sciences qui ont été exclusivement séparés dans les classifications considérées jusqu'à présent. Le passage du fait à l'essence par l'opération de rationalisation*>

Nous** sommes allés suffisamment loin, jusqu'à présent, dans la classification des sciences, pour que se dégagent les classifications universelles suivantes, englobant toutes les sciences pensables :

1) La classification en sciences apostérioriques (faits) et aprioriques (essences), ou, en d'autres termes, les sciences qui, comme toutes les sciences du monde factuel, se rapportent à des effectivités qui sont factuelles, par opposition aux sciences qui se rapportent à de pures possibilités ou <à> ce sans quoi aucune effectivité ne pourrait être pensée comme possible. Sciences d'essences – sciences de faits.

* N'a pas été lu.

** Récapitulation.

2) Si l'on tient compte du fait que les concepts déterminants par le moyen desquels les sciences opèrent ont une teneur réale ou n'en ont pas (sont logico-formels), il en résulte une deuxième division des sciences : les sciences qui sont déterminantes relativement à la teneur réale et celles <qui> emploient tout à fait exclusivement des concepts dépourvus d'une telle teneur et qui pensent par conséquent leurs objets exclusivement dans la forme du quelque chose en général. Dans un premier temps, j'ai introduit cette division comme s'il s'agissait d'une simple division des sciences aprioriques, et donc comme une sous-division de la première division en sciences de faits et sciences aprioriques. Mais bien que cela soit correct, il n'est pas moins possible de considérer la présente division comme une division universelle, et c'est alors seulement qu'on peut faire remarquer que pour une raison particulière, des sciences formelles et vides ne peuvent jamais être des sciences de faits, ainsi que je l'ai déjà fugitivement évoqué.

| Il convient à présent d'insister de nouveau là-dessus et de placer au 46
centre de notre considération le point suivant : si l'existence factuelle (par exemple l'effectivité naturelle, l'effectivité personnelle et culturelle) est prédonnée, une pensée purement formelle peut naturellement se rapporter aussi à elle ; nous pouvons exploiter de façon formelle les concepts relatifs aux ensembles, les nombres, les concepts d'ordre… comme des concepts déterminants. Mais si nous voulions nous en tenir exclusivement à cela, nous ne parviendrions à aucune science puisque le thème étant la sphère factuelle qui est à chaque fois prédonnée, c'est son existence factuelle qu'il faut déterminer scientifiquement et dont il faut faire état conformément à la connaissance. Si, par exemple, il s'agit de la nature, ce concept de domaine le plus général qui soit n'est déjà plus formel au sens du quelque chose vide de la *mathesis* formelle. Mais si nous évidons ce concept thématique (dans les termes qui sont les nôtres : si nous le formalisons), nous obtenons alors la simple amorce d'une multiplicité pensée d'objets-en-général [*Gegenständen-überhaupt*], qui, en tant que telle, est une possibilité formelle parmi d'autres et n'est déterminable comme telle que dans le cadre de la science générale des multiplicités formelles possibles dans leur totale vacuité – bref, nous sommes dans la *mathesis universalis* apriorique.

On comprend, pour cette raison, que la division en disciplines formelles vides et en disciplines à teneur réale soit à la fois une division de toutes les sciences et une sous-division des sciences aprioriques.

3) Nous avons en outre divisé les sciences en sciences concrètes et abstraites et nous avons vu à cette occasion que parmi les sciences abstraites, certaines se détachent relativement à celles qui relèvent comme telles d'un plus haut degré d'abstraction – ainsi la géométrie pure du plan relativement à la géométrie complète, la science abstraite de l'espace pur.

Cette division des sciences en sciences concrètes et abstraites était une division universelle pour peu que nous mettions au compte de la détermination totale et concrète d'une objectité toutes ses déterminations, c'est-à-dire aussi bien celles qui concernent sa teneur réale que ses déterminations formelles. Mais nous voyons qu'à proprement parler, il suffit de dire qu'un objet concret quel qu'il soit a son être propre dans les déterminations de sa teneur réale : son essence véritable est celle de sa teneur réale, qui fournit sa conceptualité par comparaison et recouvrement, comme par exemple sa forme, sa couleur, ses propriétés
47 physiques. D'un autre côté, cependant, | une pensée d'un degré plus élevé peut s'exercer sur toute teneur réale et nous montrer la façon dont toute objectité, quelles que soient les déterminations de sa teneur réale, possède ce qu'on peut nommer sa forme en pensée [*Denkform*] ; ce sont alors toutes sortes de déterminations formelles qui entrent dans la teneur déterminative de tout ce qui est objectuel, comme c'est déjà le cas dans la langue commune de l'homme cultivé avec toutes les déterminations numériques, cardinales et ordinales, tous les termes formels et généraux tels qu'« ensemble », « tout », « propriété », « état de chose » etc. Ainsi l'idée de la concrétion s'élargit-elle d'elle-même pour autant qu'on y inclue jusqu'aux déterminations formelles vides. Conformément à cela, la division des sciences en sciences concrètes et abstraites devient une division universelle ; les sciences de la *mathesis universalis* formelle sont mises au nombre des sciences abstraites, tandis qu'au sens prégnant du concret et de l'abstrait, la division doit être comprise comme une sous-division des sciences à teneur réale. Par opposition à ces dernières prises dans leur ensemble, on a alors la *mathesis universalis* comme science universelle des formes dans lesquelles se meuvent et doivent nécessairement se mouvoir toute teneur réale dans toutes les sphères d'objet et avec toutes les déterminations de leur teneur réale, ainsi que toute science à teneur réale.

Les divisions dont nous avons ainsi fait connaissance ont ceci de particulier – et c'est un point sur lequel il y aura encore des remarques à faire – que si elles se séparent de façon exclusive, et chaque fois en deux classes, il faut pourtant apercevoir qu'elle le font de telle sorte que ce qui y est séparé se tient dans une indissociable relation d'essence.

D'un côté, les sciences aprioriques ont leur consistance pleinement pour soi et, d'une certaine manière, les sciences de faits sont également pour soi par opposition à elles. Et pourtant, toute existence factuelle possède son essence apriorique, tout prédicat connaissable dans les faits porte en lui un prédicat idéal, apriorique, une teneur qu'il est possible d'élever jusqu'à la sphère apriorique de l'essence. Une étoile, la Terre, le Soleil, ce sont là des faits, et, de même que ces concepts, des concepts comme « lion », « sapin » etc. sont des concepts empiriques dans lesquels un existant factuel est présupposé et co-posé. Mais partout nous pouvons faire abstraction du *hic et nunc*, du fait en général. Cela signifie que nous pouvons mettre hors-jeu la position d'effectivité et passer à la possibilité pure. Même des concepts sensibles comme « coloration », « forme »,
« chaleur », nous pouvons les transformer | en concepts aprioriques, ce 48
que nous faisons avant tout et au premier chef pour des concepts comme « chose », « vivant », « art » etc. Dès lors, « chose » ne signifie pas une chose terrestre factuelle dans le monde factuel mais une chose possible en général dans un espace possible en général, un temps possible, pensée purement comme substrat de déterminations réales, etc.

À présent, imaginons que soit partout accomplie l'opération de pensée qui, par l'élévation du fait à la possibilité pure, fait passer toutes les déterminations de la factualité dans les déterminations d'essence correspondantes et appelons cette opération la *rationalisation*. On peut dire également qu'il s'agit du passage du fait et de la détermination empirique du fait à ce qui est principiel au sens prégnant (à l'essence, au sens antique du terme). Toute sphère factuelle et toute science des faits conduisent donc manifestement à une science apriorique qui leur correspond et dont la formation rétroagit nécessairement, de son côté, sur la science des faits. Développons ce point sur un exemple : si nous pensons la nature factuelle comme domaine d'un intérêt théorique universel, il va de soi que ce dernier se porte de façon déterminante sur le factuel, sur les formes spatiales factuelles, les mouvements et les altérations factuels, les causalités factuelles etc. Mais si, par rationalisation, on s'élève de la nature factuelle à une nature purement possible en général, si l'on abandonne le fait pour s'intéresser purement à l'essence, à l'*universum* des possibilités pures dans lesquelles la nature factuelle s'ordonne en tant que possibilité « accidentellement » réalisée, alors les concepts d'espace et de temps, de mouvement, d'altération, de causalité, de force, de réalité etc. reçoivent une forme principielle, purifiée de tout fait, et il en résulte une science apriorique d'une nature possible en général, incluant les disciplines de l'espace pur (apriorique), du temps pur, des principes d'un mouvement possible, d'une altération, d'une force possibles etc., c'est-à-dire une géométrie rationnelle, une mécanique rationnelle etc.

Puisque ce qui est principiel, ce qui est *a priori* nécessaire dans une indestructible validité, vaut pour tout fait pensable, alors chaque science apriorique de ce type est aussi un aspect fondamental de toute détermination méthodique de la science des faits qui tombe sous elle ; elle se trouve donc scientifiquement reliée à celle-ci de la façon la plus étroite.
49 La science des faits | reçoit une forme nouvelle, rationalisée. En elle, ce qui est valide *a priori*, à partir du principe, se sépare de ce qui est laissé ouvert par l'*a priori* et devient alors une tâche particulière de la science des faits. Par exemple, ce qui se tient sous le titre d'une science apriorique de l'espace en général d'une nature possible en général, c'est seulement ce qui devrait nécessairement valoir dans une généralité apriorique quelle que soit la nature dans les faits. La science de notre nature factuelle, quant à elle, concerne l'espace factuel qui est le sien. Ce dernier est l'unique possibilité factuellement réalisée, qui peut bien avoir ses particularités. De même, une science apriorique de la nature traite des formes légales d'une causalité naturelle universelle selon la consistance qui doit nécessairement être la sienne pour toute nature possible, si toutefois elle doit pouvoir être pensée comme une nature possible. Mais la nature factuelle possède sa légalité naturelle factuelle qui, dans sa déterminité factuelle, est une possibilité particulière ne recevant de l'*a priori* qu'une préfiguration générale sans être déjà déterminée individuellement. À partir du monde donné, en le transformant librement par la pensée, on peut se figurer des mondes infiniment nombreux. Chacun d'entre eux, dans son individualité, est une particularité individuelle laissée ouverte en vertu de l'*a priori* général que la science apriorique met en évidence. Si, en revanche, c'est la nature factuelle qui nous intéresse, notre tâche consiste alors à établir précisément ce qui est spécifiquement factuel, extra-essentiel. La science apriorique a accompli un travail préliminaire considérable pour la science des faits correspondante, à savoir justement celui de la mise en évidence de tout ce qui vaut *hic et nunc* parce qu'il vaut nécessairement *a priori*. Tout ce qu'il reste d'accidentel devient alors thème particulier et c'est ainsi qu'après la fondation d'une science apriorique, la science des faits correspondante se trouve méthodiquement réédifiée de fond en comble : en chacune de ses directions de recherche, elle est référée à la science apriorique.

Or, conformément à tout ce que nous avons appris, la rationalisation est *soit rationalisation relative à la teneur réale soit pure formalisation*. La *mathesis universalis* en ses différentes disciplines traite de l'*a*

priori formel auquel sont liées toutes les objectités, les multiplicités
d'objectités, tous les domaines, tous les concepts déterminants, toutes
les vérités, les | théories pensables, quoi qu'il en soit de leur teneur 50
concrète. Ainsi la *mathesis universalis* formelle décharge-t-elle toutes les
sciences, ensemble et d'un seul coup, d'un énorme travail dont même les
sciences aprioriques matérielles tirent profit. De leur côté, les disciplines
aprioriques matérielles, celles qui sont liées à la teneur réale, ne disposent
pas d'une universalité de la validité et de l'application se rapportant de la
même façon à toutes les sciences des faits, mais seulement à celles dont les
factualités à teneur réale sont des particularisations accidentelles de leur *a
priori* à teneur réale. C'est ainsi que la science apriorique de la nature est
rapportée précisément aux sciences factuelles de la nature donnée, si bien
que la géométrie, la mécanique et autres disciplines aprioriques ne servent
que pour cette dernière. Par opposition, de telles sciences ne peuvent
rendre aucun service aux sciences factuelles de l'esprit personnel et des
formations spirituelles. En tant que personne, considérée spirituellement,
une personne n'a pas de forme spatiale, n'a pas de propriété mécanique
ni de causalité mécanique. Sentir, vouloir ainsi que tous les autres
actes psychiques et les facultés psychiques comme les vertus, comme
l'entendement, la volonté – rien de tout cela n'est triangulaire ou cubique,
n'exerce de force gravitationnelle etc.

D'un autre côté, l'esprit aussi doit avoir son *a priori*, de sorte que grâce à l'édification inconditionnellement nécessaire de sciences aprioriques de l'esprit, les sciences de faits correspondantes se rationalisent elles aussi nécessairement et trouvent en ces dernières les moyens méthodiques universels d'une connaissance enracinée dans les principes.

Les autres divisions des sciences – en sciences concrètes et abstraites,
ayant et n'ayant pas de teneur réale – disjoignent également en deux ce
qui, pour des raisons essentielles, est intimement relié. Pour la seconde de
ces divisions, cela va de soi dans la mesure où, comme l'a mis en évidence
à l'instant notre exposé, toute science ayant une teneur réale possède sa
forme vide quant au domaine et à la teneur déterminative, forme qui
tombe sous l'*a priori* de la science pure de la forme. Mais pour ce qui est
de la classification des sciences en sciences abstraites et concrètes, le fait
est que toute abstraction renvoie à la concrétion. Si une science abstraite a
sa consistance pour soi, la rétro-référence à la concrétion correspondante
a néanmoins pour effet de nous renvoyer à une | science concrète dont 51
relève cette science abstraite, comme d'autres également, en tant que
rameau autonome. *Ainsi sommes-nous partout renvoyés à des connexions
intimes donnant en fin de compte leur unité à toutes les sciences.*

<§ 9. *La classification des sciences, considérées comme totalités, en sciences autonomes et non-autonomes*>

4) Les distinctions introduites jusqu'à présent entre les sciences en revenaient à des distinctions purement logiques, concernant déjà les concepts et les jugements singuliers. Prenons à présent les sciences comme des totalités et demandons-nous ce qui, considéré formellement, peut déterminer leur totalité, au-delà même de ce caractère le plus général qui nous a été utile pour une première compréhension du concept formellement le plus général qui soit de la science. Nous tombons alors sur la distinction remarquable entre *l'autonomie et la non-autonomie des sciences*, dans le cadre de laquelle, sur son premier versant (celui des sciences autonomes), nous voyons apparaître ce concept de région que nous cherchions.

Quant au domaine et à la théorie, toute science est d'une certaine manière un tout : elle possède un thème universel au sein d'une infinité objectuelle. *Un* objet peut abriter en lui une infinité ; par conséquent, *un* objet peut former le thème d'une science tout entière pour autant qu'il contient en lui une infinité de spécificités qui, relativement à lui tel qu'il est tout d'abord prédonné dans l'expérience, apparaissent à la conscience comme un horizon ouvert d'indéterminités déterminables – ce qu'est par exemple la Terre pour la géographie. Mais il peut également y avoir *une infinité d'objets* comme autant de substrats déterminables, chacun d'entre eux contenant en soi sa propre infinité (telle la nature universelle avec son infinité de choses), accessible d'abord par l'expérience puis dans la connaissance prédicative et abritant en soi son infinité de propriétés. N'importe quelle science apriorique, qu'elle ait une teneur réale ou
52 qu'elle soit formelle, en fournit un nouvel | exemple, comme la géométrie avec son infinité de formes spatiales, l'arithmétique avec son infinité de nombres.

Voici à présent comment rendre compréhensible la différence d'autonomie que nous avons ici en vue. Un objet comme la Terre peut certes former le thème d'une science pour autant qu'un intérêt théorique distinctif (d'où qu'il puisse tirer ses motifs) se tourne précisément vers ce lieu d'habitation qui est le nôtre. Mais cet intérêt prévalent ne peut pourtant pas être satisfait si c'est la Terre et rien d'autre que la Terre qui entre dans la détermination théorique. En d'autres termes, l'intérêt pour le terrestre conduit de lui-même et au nom de sa propre satisfaction à l'intérêt pour l'extra-terrestre. La Terre ne constitue pas en elle-même un monde à part entière ; elle est ce qu'elle est en tant que membre d'un monde qui

l'englobe infiniment et qui est en fin de compte un monde complet et à part entière. C'est ainsi que d'un point de vue tout d'abord astronomique, la Terre doit être considérée comme un membre du système solaire, comme une planète parmi d'autres. Le système fait nécessairement son entrée dans le périmètre de la recherche en tant qu'unité supérieure et ce sans aucun arbitraire théorique. Pour l'être et l'être-tel, pour tout ce qui parvient à l'effectivité sur Terre, cette dernière est dépendante du Soleil qui dispense la lumière, la chaleur et qui exerce la force gravitationnelle, mais également des autres planètes. Bref, le système dans son ensemble constitue une unité formée par entrelacement de liens réaux, au sein de laquelle les individualités sont réalement non-autonomes. Notre système solaire est toutefois lui-même un système parmi d'autres dont aucun n'est effectivement isolé, quelle que soit la limitation de ce qui se présente tout d'abord dans notre expérience sensible. Tous les astres, comme nous le savons, sont liés les uns aux autres selon l'être et l'être-tel. Ainsi en venons-nous finalement à la nature universelle en tant qu'uni-totalité de la réalité physique, mais c'est seulement si nous prenons pour thème théorique la nature en général, saisie dans ses ensembles, que nous parvenons à une science concrète, auto-suffisante. Quelle est la distinction qui fait ici son apparition ? Il nous faudra nommer « autonome » le domaine d'une science si le suivi de son développement théorique ne doit jamais conduire au-delà de ce domaine ; aussi loin que nous pénétrions dans ses horizons infinis, il s'agit d'un horizon clos en lui-même, ne pouvant jamais être transgressé. Dans le cas contraire, le domaine est « non-autonome », et l'intérêt théorique s'étendra alors aussi loin | qu'il le faut pour que la 53
totalité thématique soit atteinte. Mais cela signifie que pour la satisfaction complète de l'intérêt théorique, une science est requise qui se rapporte à cette totalité, à ce domaine ontologique en lui-même pleinement autonome, science dont celle qui était initialement projetée (dans notre exemple, la géographie) devient dépendante et au sein de laquelle elle se range par là même – à savoir la science complète de la nature, si toutefois la nature est bien un tel domaine total.

Illustrons notre propos à l'aide d'autres exemples. Quelles que soient ses propriétés remarquables, « π » ne constitue pas à lui seul un thème à part entière ; même l'infinité des nombres premiers ne forme pas une sphère ontologique autonome et ne donne lieu à aucune science autonome tandis que c'est le cas de l'infinité du domaine des nombres en général, en laquelle vient alors se ranger la doctrine des nombres premiers. Il en va de même pour la doctrine des triangles dans le plan relativement à la géométrie plane en général, mais ce n'est plus le cas pour cette dernière par rapport à la géométrie de l'espace. Car bien qu'elle soit une science relativement abstraite par rapport à cette dernière, on peut pourtant toujours poursuivre les recherches à l'intérieur du plan abstrait. On peut maintenir infiniment son intérêt concentré sur le plan abstrait sans rencontrer théoriquement aucune lacune. Mais il est vrai, d'un autre côté, qu'il s'agit d'une abstraction : l'intérêt peut se départir de ses bornes et passer à la troisième dimension, corrélative par essence, c'est-à-dire passer de ce qui est relativement autonome (mais autonome tout de même) à ce qui est concrètement complet[1].

Les mêmes remarques valent à l'intérieur de la *mathesis* formelle. En tout état de cause, elle est elle-même totalement séparée extérieurement de toutes les autres sciences et réunions de sciences. C'est ce que montre à lui seul le fait, loin d'être fortuit, que tant de chercheurs s'activent exclusivement dans l'« analyse » sans se soucier le moins du monde de la géométrie, laquelle appartient pourtant déjà aux sciences aprioriques matérielles. Celui qui s'occupe d'algèbre, de la théorie des fonctions etc. peut bien se voir contraint de faire entrer en ligne de compte des propositions arithmétiques ou relevant même de la théorie des ensembles, propositions qui relèvent bien de la mathématique formelle, mais il n'aura jamais besoin d'un axiome géométrique. L'espace et le temps ne le concernent tout simplement pas. D'un autre côté, on voit qu'il est possible de se restreindre purement à la théorie des ensembles ou purement à la
54 théorie | des nombre, ou des nombres ordinaux – elles sont des sciences pour soi, closes ou à clore sur elles-mêmes, comme l'est la géométrie plane à l'intérieur de la géométrie de l'espace.

Si la séparation que nous venons d'obtenir est claire tout d'abord dans ses grandes lignes, nos exemples conduisent simultanément à reconnaître que les sciences formelles aussi bien que les sciences matérielles, les sciences concrètes aussi bien que les sciences abstraites, les sciences aprioriques aussi bien que les sciences apostérioriques peuvent être pour elles-mêmes des sciences closes de façon autonome, mais également, d'un autre côté, des sciences non autonomes. Toute discipline descriptive relevant de l'histoire naturelle, par exemple, est non autonome : en effet, sa limitation à une description pure des types factuels de formations terrestres, de formations organiques ou inorganiques sur Terre, ne peut suffire théoriquement puisqu'elle laisse ouvertes d'immenses sphères de

1. Husserl joue ici sur la parenté étymologique des termes *das Selbständige* (ce qui est autonome) et *das Vollständige* (ce qui est complet, achevé, accompli) – NdT.

questions théoriques posées par ces formations elles-mêmes en tant que formations naturelles. Toute histoire particulière au sein de notre tradition est évidemment non autonome, histoire grecque ou romaine, histoire de la science scolastique, histoire moderne, histoire allemande, et *a fortiori* leurs parties. Chacune conduit d'elle-même à des questions qui excèdent sa propre sphère.

Jusqu'à présent, nous avons expliqué le concept de « science close, autonome » du côté subjectif – la recherche doit être telle qu'elle <ne> contraigne <pas> à sortir au-delà de la sphère thématique délimitée par le concept de domaine. Tant que, pour le domaine, il reste encore un *plus ultra*, l'intérêt théorique peut naturellement s'élargir. Si le thème universel est la nature physique, alors il y a manifestement un thème encore plus universel puisque la spiritualité est entrelacée à la nature et que nous pouvons faire entrer cette spiritualité en ligne de compte dans le thème. C'est seulement si nous prenions pour thème l'uni-totalité de l'étant en général qu'aucun *plus ultra* ne serait plus pensable. Mais d'après ce que nous voyons, ce domaine le plus englobant qui soit – pour autant qu'il doit être pensé en général comme celui d'une science – n'est pas le seul à se caractériser par la clôture interne. La nature physique, prise purement pour elle-même, peut devenir un thème, et un thème autonome, dans la mesure où la recherche peut effectivement progresser de façon conséquente de connaissance en connaissance sans avoir jamais à s'aventurer au-delà de ce domaine. Il en va de même pour certaines
sciences abstraites, ainsi | que nous l'avons montré précédemment <avec **55**
la> géométrie plane, la géométrie de l'espace etc. Mais il s'agit à présent pour nous, en demeurant toujours pour ainsi dire fidèles à la même ligne, de comprendre cette possibilité subjective sur le versant du caractère du domaine lui-même ainsi que de la possibilité de l'unité d'une science en tant qu'unité d'une vérité*.

* 34-40 [p. 82-94] : ce n'est qu'une esquisse préparatoire, mais qui a été omise dans le cours des leçons.

<§ 10. *Digression : le domaine d'une science*>[1]

Domaine d'une science[*] :

1) En tant que domaine à déterminer, il englobe dans son périmètre conceptuel des objets *singuliers*[**], déterminés et déterminables par des concepts singuliers, chaque objet étant objet d'une « expérience » possible et l'expérience valant comme fondation pour la détermination. Ce qui vaut ici en guise d'expérience, c'est, pour les nombres par exemple, l'acte de compter qui donne le nombre originairement et en personne. L'arithmétique possède un domaine d'objets singuliers, qui, dans son infinité, est un thème scientifique de telle sorte que toute légalité est rapportée à l'auto-donation possible des nombres « numériques » et que toutes les méthodes <sont> en définitive des méthodes pour déterminer, à partir de nombres « donnés », d'autres nombres et pour répondre systématiquement à toutes les questions portant sur les nombres.

56 | Analogie. La science de la nature se porte sur la nature universelle, et à travers toutes ses théories elle contribue à la connaissance des objets naturels comme objets d'une expérience possible, bien qu'en tant que science théorique de la nature, la physique ne s'occupe pas d'individus isolés ni de leur détermination individuelle dans les faits.

Il est vrai que l'arithmétique laisse les unités indéterminées, que ses nombres se rapportent <aux unités> dans une généralité athématique indéterminée (<par exemple> à l'aide d'un 2 en tant que tel etc.), et que <l'arithmétique se rapporte aux unités> dans leurs lois à l'aide de quantités numériques [*Anzahlen*] en tant que telles, c'est-à-dire de généralités de degré supérieur se rapportant en retour au champ fondamental des généralités qui valent en tant que singulières, les nombres numériques. Chacune des vérités établies est en soi vérité accessible pour chacun. C'est au sein d'un horizon de vérités « à atteindre » que tout chercheur travaille. Mais ici se pose le problème de savoir quelles sont les vérités rapportées au domaine qui sont accessibles *a priori*, ce qui signifie : quelles vérités

* Cela aurait dû intervenir plus tôt, avant la p. 36 [p. 84], à titre de point de départ nécessaire !

** À propos de la distinction entre les disciplines qui ont à leur fondement des déterminations singulières, un champ d'objectités déterminées de façon singulière, et celles qui n'ont rien de tel. Il s'agit ici en tout et pour tout d'une description scrupuleuse du *concept de la singularité*, et ce dans une sphère de *généralité purement conceptuelle*.

1. Pour les § 10-12, *cf.* Appendice XII : « Qu'est-ce qui appartient à la possibilité d'un domaine universel et à la possibilité d'une science régionale ? » (p. 212) – NdE.

Le caractère digressif de ce paragraphe s'atteste notamment par son style télégraphique et haché, qui marque une rupture dans le cours des leçons – NdT.

sont en soi ? ou encore : quelles questions sont des questions sensées, quelles propositions sont, en tant que significations, « décidées en soi » quant à la vérité et à la fausseté ?

2)* Si nous considérons la théorie des ensembles (ou, si l'on veut également, la *mathesis universalis* universelle [*sic*]), nous disposons ici, en guise de concept de domaine, d'un concept général qui, sous le titre d'« ensemble », pense certes des ensembles singuliers et les pense naturellement aussi en tant qu'« expérimentables ». Mais il manque ici la rétro-référence à un champ infini d'ensembles déterminés de façon singulière, d'ensembles selon une détermination pouvant être produite pour chacun et préfigurée conceptuellement. Nous pouvons dire également qu'en tant que « déterminés », les nombres sont des concepts pouvant être produits moyennant une méthode conceptuelle (principalement des formes et des idées nominalisées), et que ces concepts sont ici le singulier auquel se rapportent les concepts de degré supérieur et, par conséquent, les lois**. Les ensembles ne sont pas déterminés méthodiquement et conceptuellement comme singuliers, mais, de façon indéterminée et générale, un mode de donnée quelconque est présupposé, quel qu'il soit.

| L'unité systématique du domaine et de la théorie d'une science 57
telle que celle des ensembles ne sera donc pas du type d'une infinité constructive de *singularités* à laquelle toutes les questions et tous les théorèmes doivent se rapporter.

D'un autre côté, si une science doit venir au jour, il faut nécessairement qu'une certaine systématique soit préfigurée, même s'il ne s'agit pas clairement d'une édification selon un ordre propositionnel solide. Il n'y a rien à attendre d'une simple analyse de signification (jugements analytiques en un premier sens). Il doit y avoir dans les concepts un principe de construction, et il doit y avoir une axiomatique ainsi qu'un progrès dans une synthèse constructive *in infinitum* pour que devienne possible une infinité de formations conceptuelles. Mais ce qui est à proximité n'est pas facile à décrire. Il s'agit ici de ne pas fixer des buts excessifs, comme si d'emblée l'édification solide d'un système devait nécessairement être préfigurée.

* Toutes les considérations que j'ai développées portant sur des totalités se rapportent à des *totalités d'objets déterminés de façon singulière*.

** Les concepts d'ensemble de la théorie des ensembles ne se rapportent pas à un champ de singularités.

Mais c'est et cela demeure pourtant un problème particulier quoique significatif que celui de savoir à partir de quand un domaine est un « monde ».

<§ 11. *La totalité d'un concept de domaine en tant qu'unité de coexistence liée de façon ordonnée*>

La possibilité d'un intérêt cohérent et se satisfaisant de façon conséquente dans le progrès de la connaissance a manifestement son corrélat dans le domaine lui-même tel qu'il est préalablement délimité par le *concept de domaine*, par exemple le concept de nature, le concept d'esprit ou le concept d'espace, etc. La totalité objectuelle embrassée par ce concept ne peut pas être seulement la totalité d'une simple extension conceptuelle. Tout concept général, le concept de planète, de rouge etc., contient idéalement dans la généralité qui est la sienne tout ce qui peut être pensé comme son cas particulier : une planète quelle qu'elle soit, toute planète devant être présupposée, pensée, etc. Mais la totalité désignée par un concept de domaine signifie beaucoup plus. Elle doit être pensée (et par là également pensable) comme une unité liée de coexistence : les multiples objectités saisies sous le concept de domaine sont visées comme étant toutes *dans l'unité* et, par suite, comme étant liées les unes aux
58 autres dans cette coexistence | de telle sorte que soit préfiguré un progrès ordonné de la connaissance grâce auquel toutes les vérités concernant ces objets peuvent idéalement valoir par avance comme accessibles dans une progression systématique ; il y a donc totalité coexistante, puis unité ordonnée et liée de façon ordonnée dans la totalité objectuelle, et de nouveau unité ordonnée et liée de façon ordonnée de la théorie, bien qu'il s'agisse d'une unité progressant et s'élargissant à l'infini.

Considérons un concept quelconque, par exemple celui d'une chose rouge : nous pouvons le traiter comme un concept pur, apriorique ; il possède alors une extension idéelle infinie, qui correspond précisément à toutes les choses rouges pensables. Mais cela ne donne aucun domaine scientifique : il ne peut y avoir aucune science apriorique des choses rouges en général. Car bien qu'elles appartiennent toutes à l'extension du concept, toutes les possibilités singulières ne sont des possibilités que considérées dans leur singularité, et il n'est pas nécessaire que deux de ces possibilités puissent avoir ensemble leur consistance dans l'unité d'un être-ensemble. L'être-ensemble de choses possibles signifie l'être-ensemble factuel au sein d'un monde.

Mais si nous pensons à présent une unique chose rouge et sa coloration rouge modifiée à l'intérieur du genre « rouge », alors chacune de ces possibilités est contenue dans le concept « une chose rouge possible », et donc toutes les nombreuses possibilités qu'il y a pour la même chose d'être rouge sont ici également justifiées, bien qu'au regard de leur existence elles soient tout simplement incompatibles. La multiplicité qui est ainsi visée par avance dans son unité et conformément à sa signification par un concept de domaine doit remplir d'emblée des conditions de coexistence possible mais ne peut pas, y compris dans cette coexistence, se passer de liaison ni être tout à fait arbitraire.

Prenons pour base des sciences à teneur réale rapportées à un domaine infini. On voit d'emblée qu'une science à teneur réale, en tant qu'elle se rapporte ultimement à de l'être individuel, ne peut pas être rapportée à *un concretum* singulier isolé ou à une pluralité finie, ce dont nous avons déjà donné plus haut un exemple qui illustre en effet un *a priori*. Sans nous engager dans cette question, nous présupposons donc d'emblée un domaine infini comme la nature ou l'esprit ou, selon une teneur réale abstraite [*in abstrakte Sachhaltigkeit*], l'espace, le temps, etc. *Une infinité* – pensée en tant que | domaine, cela ne signifie **59**
évidemment pas une infinité actuellement donnée par l'expérience, déjà donnée avec tous ses détails singuliers et qu'il n'y aurait qu'à déterminer conceptuellement. Une infinité n'est pensable que comme s'étendant dans un cercle d'expérience à chaque fois fini, que comme infinité dont il n'y a pas expérience, infinité inconnue, présomptive : comme présomption d'un *plus ultra* s'étant développée sur le fondement de l'expérience et co-déterminant le sens d'expérience de tout objet effectivement donné, mais d'un *plus ultra* qui, si nous cherchions à nous le représenter, devrait nécessairement comporter à son tour un *plus ultra* de nouveaux objets inconnus etc.

Mais ce n'est pas là tout ce qui doit nécessairement être aperçu ici comme *a priori*. Une infinité ne peut valoir par avance comme étant pour nous qui connaissons (comme étant bien que devant encore être connue) que si elle est *accessible* dans l'expérience et la connaissance à partir de ce qui est à chaque fois directement donné et directement à donner, accessible pour tout sujet connaissant et de telle sorte que tout un chacun, quelles que soient les voies par lesquelles il parvient à elle, puisse la connaître à son tour comme la même et la distinguer de toute autre. Tout ce que nous désignons comme étant, comme substrat de vérités, nous le visons justement par là comme quelque chose *pour soi*, qui ne vaut pas seulement pour nous dans une croyance fortuite momentanée ni dans l'expérience momentanée, mais qui demeure aussi la même chose lorsque nous n'en faisons pas actuellement l'expérience ou ne le pensons plus actuellement. Mais cela implique toutefois que nous puissions aussi plus tard, dans une nouvelle expérience et dans le ressouvenir, re-connaître ce dont il s'agit et l'attester comme étant identiquement le même. De façon générale, nous somme conscients du fait qu'il y a pour nous (respectivement : qu'il y a eu en ce qui concerne le passé et qu'il continuera d'y avoir pour le futur), individuellement et de façon communautaire, des possibilités d'accès, et d'un accès répété moyennant la re-connaissance de l'identité. Idéalement, tout ce qui est, est du prêt-à-connaître pour nous tous.

Ainsi, relativement à la possibilité de la connaissance, on trouve contenue *a priori* dans l'idée du domaine ontologique l'accessibilité librement possible de la totalité infinie que le concept de domaine pose par avance comme étant et comme thème de connaissance. Tout en lui doit nécessairement être accessible.

Mais même l'infinité, comme totalité indéfiniment ouverte et pourtant
60 présomptivement certaine, doit avoir son type d'accessibilité ; | nous devons pouvoir obtenir une connaissance d'elle en tant que thème global, il doit bien nous être possible d'avoir tout d'abord la certitude qu'elle est *in infinitum*. Mais comment cela pourrait-il se faire sans que soit préfigurée, dans et par le sens de telles objectités, une forme d'agencement [*Ordnungsform*] en tant que forme d'une accessibilité systématique, et une forme telle qu'elle soit constructible par avance dans sa systématicité à partir du donné et de ses relations élémentaires d'agencement ? Nous parvenons à un système constructible de places [*Stellensystem*] où chaque place ne peut être déterminée en soi que si les voies d'accès qui accompagnent la relation d'agencement peuvent être déterminées et distinguées de façon univoque par cette relation.

<§ 12. *La domination gnoséologique d'une totalité infinie présuppose une structure formelle universelle en tant que système constructible de places*>

Restreignons-nous à un unique sujet (je me considère moi-même comme le sujet connaissant) et laissons donc de côté la question de savoir comment doit être possible pour nous tous une connaissance de l'identité d'un même objet et d'un même monde infini – possibilité de connaissance qui est pourtant présupposée si parler d'un monde a pour nous un sens

de façon intersubjective et si, pour ce monde présupposé comme étant, il doit nous être possible de faire de sa connaissance conceptuellement et scientifiquement vraie un but pratique rationnel. Posons donc que quelque chose comme une totalité infinie, disons un monde étant en soi, doive déjà pouvoir avoir pour moi seul, indépendamment de mes semblables, un sens rationnel, saisi de façon générale et formelle comme une infinité ouverte d'objets. S'il s'agit d'objets individuels, alors ils ne sont pas pensables autrement que comme des objets temporels et l'évidence d'un ordre temporel va déjà de soi. Or si nous admettons que moi, le sujet de l'expérience (sans l'expérience, le monde et toute objectivité individuelle quelle qu'elle soit seraient pour moi des mots dépourvus de sens), je fasse effectivement l'expérience de telle et telle chose, je n'ai alors nécessairement que la perception d'un présent chosique, lequel disparaît aussitôt de la perception au profit d'un nouveau présent. Mais je puis | fort 61
bien me souvenir; si je ne le pouvais pas, il ne serait naturellement pas question d'un être individuel ayant une durée et il s'agirait de nouveau pour moi de termes dépourvus de sens. C'est donc entendu : je puis me souvenir, et admettons même que je puisse en outre me souvenir à l'infini et que je trouve par là un cortège unitaire de choses d'expérience ayant été expérimentées les unes à la suite des autres, qui demeurent continuellement expérimentées de la sorte et avec telle durée, puis qui laissent leur place à d'autres etc.

Comment, toutefois, puis-je distinguer : 1) les choses qui étaient en soi, qui le sont peut-être encore et qui l'étaient même aux époques où je n'en faisais pas l'expérience 2) des choses qui ont commencé avec l'expérience et qui ont cessé avec le progrès de l'expérience et son achèvement? Dans les faits, voici comment il en va : nous voyons une chose et disons qu'elle entre à présent dans la perception; elle ne vient pas de naître pour autant. Puis nous nous éloignons, revenons, avons une nouvelle perception et disons que c'est la même chose, qu'elle est encore là bien que nous ne l'ayons pas perçue entretemps; il ne peut donc pas être question de souvenir.

Peut-être direz-vous ici – ce qui permettra d'avancer : les choses, considérées individuellement et au sein des groupes qui forment leur environnement, sont certes souvent changeantes : elles changent individuellement et changent également en fonction de leur environnement. Mais c'est pourtant d'abord l'absence de changement qui est un cas fondamental typique. Il y a, par exemple, un meuble dans une pièce. Si j'y reviens et si j'en ai une re-connaissance, c'est manifestement parce que de même que je suis parti, je peux reprendre en sens inverse le même chemin

et parcourir ainsi à volonté, l'un après l'autre, des chemins d'accès me reconduisant à la même place, là où je puis faire la même expérience, et ce aussi souvent qu'il me plaît. Et c'est pourquoi je dis que c'est la même chose, qui a duré pendant que je n'en faisais pas l'expérience ; il est vrai que j'aurais pu revenir plus tôt, et c'est un fait qu'il s'est régulièrement confirmé que je ne me fourvoyais pas en prenant la similitude de l'expérience pour l'identité de quelque chose qui dure. L'identité signifie la possibilité de se porter à volonté à la même place et, moyennant un acte de re-connaissance, de faire l'expérience de quelque chose de parfaitement similaire. Mais réfléchissons à ce que présupposent des considérations si primitives et qui requièrent en effet bien des améliorations : il s'agit de la libre possibilité d'un accès dans la répétabilité et, dans cette possibilité, du concept de place, mais d'une place au sein d'un système complet
62 de places. Il s'agit d'un système des places de toute | chose susceptible d'être expérimentée mais aussi un système des places conçues comme *mes* positions possibles. Chaque fois que *je* me tiens quelque part, je suis en une place où j'ai moi-même à chaque fois mon ici, et ce de telle sorte que je puis faire de toute place du système des places mon ici depuis lequel je fais l'expérience et depuis lequel je puis aller ici ou là faire toute autre expérience. Et indissociablement de cela, les choses doivent nécessairement avoir elles-mêmes leurs places et venir à l'expérience à leur place selon mes changements de position. Il est clair que dans notre monde spatial infini dans lequel toute chose occupe son lieu, le système des places doit nécessairement être un système demeurant identique dans le temps et un système toujours *lui-même* identifiable selon ses lieux dans une reconnaissance. Mais comment pourrait-il être reconnaissable sans être dénombrable ni mesurable ? Parler d'« aller et venir » renvoie à l'effectuation pratique des pas, et c'est en comptant les pas et moyennant l'estimation de leur amplitude que je puis tout d'abord déterminer par une mesure grossièrement approximative si, en suivant une direction, je suis parvenu d'un lieu déterminé à un autre, et *a fortiori* au même lieu. En me déplaçant je puis aussi me tourner, j'ai la liberté d'accomplir des changements de direction et d'effectuer ici aussi des mesures ; ainsi disposons-nous en nous-mêmes d'un système de coordonnées les plus primitives pour une détermination locale, relative puis quantifiante. Il ne s'agit pourtant pas d'une simple détermination d'une spatialité prédonnée, mais de la condition de possibilité du fait que la spatialité ait un sens pour nous, condition à partir de laquelle l'expérience elle-même peut naître en tant que telle. Ce que nous observons ici comme un *fait* comporte

manifestement un *a priori* : si, d'une manière ou d'une autre, un monde *individuel* étant en soi (une infinité de l'étant individuel pour le sujet de l'expérience et, par suite, de la connaissance) doit pouvoir avoir *un sens, il doit nécessairement y avoir un agencement spatio-temporel, mais aussi une mesure spatio-temporelle dans cet agencement.*

Dans ces analyses de ce qui doit nécessairement appartenir à une totalité qui, étant en soi, forme un domaine thématique possible pour une science, nous n'avons pas encore pris en considération la *variabilité* appartenant à l'essence d'un objet *individuel* en tant qu'objet temporel. En tant que forme de la coexistence, identique à travers le temps, et en relation à la capacité de se déplacer qui se rapporte à elle et qui confère à l'espace le | caractère 63
subjectif d'une forme d'accès, l'espace est une condition de possibilité de la reconnaissance sur le mode de l'expérience et de la vérification qui re-connaît un objet perdurant, mais d'abord seulement pour autant que ce dernier dure sans changer. Mais qu'en est-il de la *re-connaissance* là où existe la possibilité constante du changement, et de cette re-connaissance eu égard aux moments passés dans lesquels l'objet en question aurait peut-être pu être expérimenté dans un libre accès possible mais ne l'a précisément pas été constamment ou bien n'est tout simplement pas venu à l'expérience ? Et qu'en est-il, de même, relativement au futur ? Une forme d'accès est nécessaire mais non suffisante. Même la teneur qualitative des objets doit posséder sa structure constructible en tant que teneur changeante, variable dans le temps, et devant pourtant demeurer identifiable. Si l'on poursuit dans cette direction, on reconnaît alors qu'une totalité individuelle infinie, comme par exemple un monde, doit être soumise à une légalité causale unitaire rapportée à la spatio-temporalité. Cette légalité, quant à elle, doit elle-même être connaissable et permettre la construction de ce qui n'est pas donné dans l'expérience à partir de ce qui l'est actuellement et moyennant l'intervention du sujet connaissant par interversion des places et éventuellement par l'expérimentation ; elle doit permettre de le construire comme quelque chose qui aurait pu être donné dans l'expérience ou qui le sera éventuellement mais qui, même dans le cas où il n'en est rien, possède en tant qu'être en soi sa teneur d'expérience possible.

Afin de rendre l'explication plus aisée pour les débutants, nos considérations s'en sont tenu à des totalités pensées d'emblée comme totalités individuelles. S'il en résulte une structure formelle nécessaire, celle-ci peut également devenir pour elle-même *in abstracto* le domaine d'une science abstraite à part entière, et ce dans une généralité apriorique.

La domination gnoséologique d'une totalité individuelle présuppose (s'il s'agit pour elle de devenir un but pratique et donc le thème d'une science) que chacun de ses objets concrets soit connaissable dans son individualité, ce qui présuppose à son tour que la totalité en question possède une forme systématique universelle en tant que *système* ordonné et *constructible de places* où s'individue le *quale* des objets singuliers. Mais la constructibilité signifie quant à elle que ce système
64 doit, en tant que système de formes d'accès, | être parcouru pas à pas et que ces pas peuvent être répétés, additionnés, d'une façon toujours semblable sur le mode du « *toujours de nouveau* ». Autrement dit, le système doit pouvoir être produit de façon constructive à partir de toute place ; il doit être homogène : chaque élément constructif, chaque pas productif doit pouvoir être réitéré et la similitude de chacun de ces pas être toujours reconnue.

C'est ainsi que dans notre espace, à partir de chaque point, il y a un pas à faire en direction d'un autre point. Ainsi se détermine un certain intervalle orienté, et il est toujours possible de s'engager de nouveau dans la même direction (et de la reconnaître comme la même) à partir de n'importe quel autre point. Mais l'intervalle lui-même peut également être choisi et connu comme le même dans toutes les directions. À partir d'un point, nous pouvons ainsi parcourir une distance en tant qu'intervalle orienté, construire cette distance en pensée ou dans les faits, et ce, à l'évidence, toujours de nouveau. Nous pouvons diviser chaque distance, c'est-à-dire la penser comme formée par l'« itération » d'intervalles plus petits. Ainsi, à partir de chaque point s'étend un système infini de points sous le nom de « droite infinie » et quel que soit le point dont on part, cette dernière est un système constructif parfaitement similaire. De même, chaque droite peut donner lieu constructivement à un plan, que ce soit par rotation plane ou par translation parallèle plane ; et c'est finalement l'espace tout entier lui-même qui peut être produit par un procès ultérieur de production, à son tour itérable et conçu comme étant en lui-même homogène. Par conséquent, dans la systématique d'un tel système en tant qu'il est constructible sont déductivement contenus une quantité infinie de modes de construction, la production des multiples figures, lignes et corps, chacun d'entre eux pouvant être produit de façon semblable à partir de chaque point de l'espace – en gardant toujours à l'esprit que tout point de l'espace peut être atteint depuis toute place occupée par le sujet connaissant selon des voies déterminées.

L'ensemble de cette structure d'accès, qui a pour nom l'espace, doit donc devenir *in abstracto* (abstraction faite de toutes les questions portant

sur les objets qui, quoi qu'il en soit de leur détermination qualitative, sont ou peuvent être ici ou là) un *thème gnoséologique à part entière*. Par là, nous voyons que non seulement une totalité concrète individuelle mais aussi *toute totalité* constructive (qu'elle soit ou puisse également être produite de façon purement idéelle dans son détail) *remplit* | *les conditions* 65
de la connaissabilité possible, qu'elle possède *en tant que totalité* une sorte d'*être en soi* à propos duquel on peut formuler par conséquent des tâches gnoséologiques rationnelles.

Ce n'est pas seulement la forme ontologique abstraite d'un monde possible en général qu'on peut penser construite *a priori* et comme formant un champ de connaissance en tant qu'*universum* spécifique de formations constructibles et à déterminer conceptuellement. Il peut même s'agir aussi d'un universum *formel vide*, auquel cas nous trouvons des multiplicités constructibles dans le royaume du « quelque chose en général » vide, ou mieux : nous pouvons produire des multiplicités infinies par construction systématique et leur donner de cette façon le caractère de l'être en soi, précisément en tant que formations que nous pouvons – et que tout un chacun peut – produire toujours à nouveau de façon évidente dans la connaissance de leur identité dans la pensée. C'est ainsi qu'il en va pour la série des nombres, pour les nombres ordinaux, à une ou plusieurs dimensions. La série numérique est une totalité infinie produite à partir d'une construction des plus primitives. La position de quoi que ce soit en tant qu'unité [*Eins*], présupposée comme identifiable, est la position fondamentale et en même temps <celle> qui peut toujours de nouveau être accomplie sous la forme : « encore une, une autre unité identique à elle-même, et encore une autre, différente de celles qui ont déjà été posées », etc. C'est ainsi qu'il en résulte, de façon uniforme et évidemment similaire, la formation collective par adjonction d'une unité 1 ; 1 + 1, c'est-à-dire 2 ; (1 + 1) + 1, 2 + 1, c'est-à-dire 3, etc. Ici, dans la sphère de la formalité vide, les nombres sont pour ainsi dire les individus, ils sont les éléments derniers ; non pas des choses mais de purs produits de la pensée qui sont pourtant à tout moment identifiables en relation à ce qu'ils contiennent comme présuppositions pour leur formation.

Les analyses que nous venons de mener ne se veulent pas une théorie scientifique rigoureusement développée mais sont censées vous présenter un enchaînement général de pensées susceptible de rendre évident à vos yeux le fait que *dès la représentation la plus générale et formelle d'un domaine scientifique* en tant que totalité d'objets étant en soi et connaissables dans l'unité d'une science, *il y a des présuppositions de*

sens qui peuvent être dévoilées et à partir desquelles <on peut> découvrir des conditions formelles de très grande portée, auxquelles une telle
66 totalité doit nécessairement satisfaire *a priori*. De façon surprenante, | on parvient alors à une *forme « espace-temps » constructible* ainsi qu'à une *légalité causale universelle* : c'est ainsi la structure formelle universelle de notre monde factuel, quoique portée à une plus grande généralité, qui apparaît dans cette déduction comme *un* « a priori *transcendantal* ». Pour l'essentiel, au moins quant à leur type, ce sont là des pensées authentiquement *kantiennes*, celles qui sont à l'œuvre dans sa fameuse déduction transcendantale, quoique transposées pour ainsi dire à un niveau supérieur de généralité au sein d'*une théorie formelle de l'individualité*.

Je souhaiterais toutefois faire expressément remarquer que l'examen régressif de la possibilité d'une saisie, par identification ou par reconnaissance, d'objets étant en soi au sein d'une totalité infinie – en un mot : d'un « monde » – qu'un tel examen, donc, ne conduit pas à quelque chose comme l'exigence selon laquelle la moindre détermination d'un objet du monde doit nécessairement être constructible. S'il en était ainsi, cela reviendrait à dire qu'il appartient à l'essence d'un monde d'être calculable et qu'il lui appartient déjà, en vertu de la causalité universelle, de devoir être un monde déterminé dans tous ses aspects de façon absolument causale, au sens d'une légalité causale naturelle. L'essentiel est que le monde soit de part en part charpenté, par exemple par une structure fondamentale universelle « nature », tandis que, s'il comporte de la spiritualité, cette dernière ne doive en aucun cas être calculable ni déterminée mécaniquement en un sens correspondant. La seule chose qu'on pourrait en déduire est que ce monde doit nécessairement posséder une infrastructure naturelle sous la forme d'une corporéité naturelle. Mais je ne vais pas plus loin ici sur ce point.

<CHAPITRE III

LES CLASSIFICATIONS DES SCIENCES SELON LA TENEUR RÉALE>

<§ 13. *Les sciences dans leur rapport au monde effectif de l'expérience et les divisions traditionnelles des sciences dans l'attitude propre aux sciences de faits*>

Les considérations de la leçon précédente nous ont conduits à un tournant. Nous allons bientôt faire face à des problèmes immenses, qui
n'ont véritablement fait leur percée | qu'à notre époque. Ces problèmes 67
jouent un rôle méconnu dans le conflit portant aussi bien sur le sens final que sur la méthode des sciences de la nature et des sciences de l'esprit et, parce qu'ils n'ont pas été portés à une clarté de principe, ils ont aussi empêché que parviennent à des résultats sérieux les efforts philosophiques qui ont été déployés pour les résoudre.

Jusqu'à présent, nous avons progressé en présupposant certes une multiplicité de sciences prédonnées à partir de la tradition et de l'activité scientifique contemporaine, mais de telle manière, cependant, que sans vraiment statuer sur leur vérité ou leur fausseté, nous avons pris en vue leur style le plus général et, abstraction faite de leur teneur déterminée, porté notre attention sur la *simple forme* des buts qu'elles se fixent. Dans cette attitude purement formelle, nous avons pu nous garder de toute factualité et diviser *a priori* toutes les sciences effectives et possibles à partir des points de vue les plus généraux qui soient, les points de vue purement formels.

L'*existence individuelle factuelle* et la *teneur réale* elles-mêmes ont eu alors pour nous valeur de *concepts formels* dans la mesure où nous avons vu certes que le concept de l'« objet en général », comme substrat pour des prédications possibles, est bien le concept d'objet le plus formel et le plus général, qui n'est en effet traité que selon cette généralité au sein de l'attitude de la logique formelle (laquelle ne comporte encore rien qui ressortisse à la pensée d'un être individuel), mais aussi dans la mesure où il est aisé d'apercevoir *a priori* que toutes les objectités qui, comme les idées générales, ne sont pas elles-mêmes des individus doivent nécessairement se rapporter en fin de compte à <une> étendue délimitée d'individus demeurant indéterminés, si bien que même le concept d'individu et, pour des raisons semblables, le concept de détermination réale, saisis de manière générale, s'inscrivent dans la sphère élargie de ce qui est purement formel.

Or dans cet examen purement formel des sciences possibles, on peut aller beaucoup plus loin que nous ne l'avons déjà fait ; il est possible, en particulier, de faire du concept de *science autonome* tel que nous l'avons étudié en dernier lieu le point de départ de recherches formelles aussi importantes que difficiles, dont le but serait de déterminer formellement non seulement la forme générale d'une science en tant que tout composé de multiples vérités, mais aussi son domaine en tant que tout se clôturant de façon autonome. C'est la possibilité de la connaissance qui doit alors
68 servir de fil conducteur. S'il s'agit là | d'un problème plus profond, c'est parce qu'une science consiste en une infinité ouverte d'objectités thématiques et de vérités qui, pourtant, ne peuvent être données à chaque fois que partiellement et toujours dans la finitude des données d'expérience et des prédications. La question est alors de savoir comment une infinité peut être au juste un but rationnel pour la connaissance. Quelle structure de sens doit avoir cette infinité pour le sujet connaissant ? Quelle forme doit nécessairement recevoir une objectité pensée comme infinie si elle doit pouvoir être pensable comme un but pour la connaissance, c'est-à-dire comme un système clos de tâches gnoséologiques ? Quelle forme, par conséquent, doit aussi recevoir la théorie infinie, qu'il s'agit de réaliser dans un progrès sans fin ?

La problématique indiquée ici n'est autre que celle des fameuses déductions transcendantales de Kant dans la *Critique de la raison pure*, mais rapportée à l'attitude de principe dirigée vers ce qui est purement formel, c'est-à-dire généralisée. Mais c'est quelque chose de trop difficile pour nous, si bien que nous devons nous contenter de ces simples indications[1]. De même, du reste, nous interrompons ici nos questions relatives à la façon dont on pourrait obtenir de nouvelles classifications principielles

1. Cet aspect sera en réalité développé plus loin, dans les § 15 b et 16 (ainsi que dans l'Appendice XIX), dans le cadre de la confrontation systématique avec le néokantisme de Heidelberg et avec Rickert en particulier – NdT.

des sciences au moyen d'un procédé systématique au sein de l'attitude propre à un examen purement formel.

Au contraire, nous abandonnons à présent la généralité formelle pour prendre en vue *le monde effectif* dans toute la plénitude de sa détermination réale, tel qu'il est constamment prédonné pour nous dans l'expérience et tel qu'il devient ensuite dans cette teneur réale un thème pour des sciences – sciences qui, pour ce qui est de leur forme vide, tombent naturellement dans l'une ou l'autre branche de nos classifications.

Pour tout travail théorique effectif portant sur le monde, l'effectivité du monde (et précisément telle qu'elle vient à la donnée dans l'expérience) forme le point de départ bien évident, même lorsqu'il s'agit de s'élever jusqu'à un a priori *à teneur réale*. Car d'où serions-nous censés obtenir des représentations de mondes idéalement possibles – et des représentations d'une évidence effectivement intuitive – s'il ne s'agissait pas de variations imaginatives de ces représentations empiriques à teneur réale dont nous disposons au titre de perceptions et de souvenirs du monde existant ? Par conséquent, nous nous élevons y compris à ce qui est *a priori* nécessaire en variant librement le monde effectif selon ses individualités et ses
| totalités et en interrogeant ensuite ce qui, dans ces libres variations, **69**
demeure absolument invariant à titre de nécessité infrangible et de légalité d'essence ; plus précisément, en interrogeant ce qui demeure invariant si, à partir du cadre concordant de l'expérience actuelle, c'est toujours un cadre concordant d'expérience imaginativement possible qui doit advenir, et, corrélativement, si le monde qui est alors transformé sur le mode de l'imagination doit pouvoir demeurer de toute façon un monde unitaire, fût-il imaginaire. Il ne faut jamais perdre cela de vue. Naturellement, nous pouvons aussi continuer en mettant hors-jeu abstractivement toute teneur réale comme la forme spatiale, la couleur etc., c'est-à-dire en le traitant comme quelque chose d'indéterminé, et nous élever ainsi depuis le monde effectif ou depuis un monde possible *a priori* jusqu'à la *forme pure* d'un monde en général, pour ainsi dire en tant que forme vide au sens d'une multiplicité analytico-mathématique. Si nous faisons nôtre cette méthode, alors nous pouvons à tout moment, depuis les divisions des sciences qu'il nous faut traiter à présent et qui se présentent dans le sillage de la tradition des sciences positives, nous élever aisément aux questions et aux divisions aprioriques, et éventuellement formelles.

Les divisions que nous allons maintenant prendre en vue ont été utilisées pour donner leur juste place aux sciences de la nature et aux sciences de l'esprit et pour les déterminer dans cette situation selon le sens qui leur revient à juste titre, le tout de la manière apparemment la plus simple et la plus propice à résoudre les questions litigieuses. Elles se veulent des divisions de sciences de faits et sont considérées pour une part comme des divisions selon les *domaines mondains* (à savoir justement la nature et l'esprit), pour une autre comme des divisions selon la *méthode* (soit descriptive-analytique soit explicative d'après des lois, c'est-à-dire orientée soit vers l'individualité dans la description, soit vers la généralité et la légalité). Les sciences de l'esprit sont censées être individualisantes (idiographiques) et les sciences de la nature généralisantes (nomothétiques).

On pourrait naturellement faire ici d'emblée l'objection selon laquelle on ne voit pas comment une quelconque division orientée vers l'universalité du monde factuel (qu'il s'agisse d'une division selon le domaine ou selon la méthode) peut être reliée tout simplement à ce monde factuel. Il faudrait plutôt s'attendre dès le départ à ce que dans
70 notre méthode de la généralisation eidétique, chacune de ces | divisions *universelles* doive elle aussi s'élever à l'*a priori*, ce qui, de fait, se laisse aisément vérifier par la suite. Quelle que soit, par ailleurs, l'importance de cette remarque qui se rapporte de façon critique aussi bien aux chercheurs naturalistes (comme par exemple Becher) qu'à ceux qui sont engagés dans les sciences de l'esprit (comme Windelband et Rickert), elle ne concerne pas les problèmes qui sont véritablement décisifs. Nous ne suivons donc pas le fil de ces pensées et restons engagés tout d'abord dans l'attitude des sciences de faits.

<§ 14. *La classification des sciences selon les domaines mondains, conformément au dualisme cartésien. Le problème de la distinction entre les réalités et soi et leurs phénomènes ; le problème de l'analogie du physique et du psychique*>

La première division concerne donc les objets factuels de l'expérience générale du monde ; ou plutôt, elle concerne et veut concerner le monde étant en soi, c'est-à-dire les objets vrais en soi ou « *réaux* » qui s'annoncent dans les objets *apparaissants*, les objets tels qu'ils apparaissent à chaque fois dans l'expérience.

Dans l'esprit du dualisme cartésien, on *sépare* traditionnellement *les réalités* en deux classes : les corps d'un côté, les esprits ou les âmes de l'autre. Dans le contexte de l'épistémologie moderne, on a préféré procéder, sous cette séparation, à la substruction de *la séparation des phénomènes* en phénomènes physiques et phénomènes psychiques.

Le raisonnement était en l'occurrence le suivant : le monde réal étant en soi s'annonce au sujet de l'expérience et de la connaissance dans ses phénomènes, et il le fait de telle sorte que dans les « phénomènes physiques » (dans les phénomènes de ce qu'on appelle la sensibilité), c'est une nature physique étant en soi qui s'annonce et dont on prétend qu'elle parvient à une connaissance indirecte mais fiable dans le cadre des méthodes particulières qui sont celles de la science moderne de la nature depuis Galilée. De manière semblable, c'est un autre royaume du monde étant en soi, celui des âmes et des sujets spirituels, qui doit s'annoncer dans les phénomènes psychiques, dans nos vécus subjectifs de représentation, de pensée, du sentiment, etc. Il est vrai qu'il y eut et qu'il y a de nombreux | chercheurs qui, sous l'influence de la tradition 71
idéaliste et pour des raisons souvent peu claires, frissonnent d'horreur [*perhorreszieren*] à l'idée de transcender les phénomènes et veulent appréhender les deux types de sciences comme sciences de phénomènes.

Mais à bien y regarder, même eux s'accordent pourtant avec tous les autres sur le fait que ce ne sont pas les choses de la sensibilité subjectivement changeantes, les phénomènes, qui sont les thèmes scientifiques mais qu'à partir de ces phénomènes, c'est une vérité « objective » qui peut se laisser déterminer à la façon de la science mathématique de la nature ainsi que des objets véritablement étants, possédant une validité ontologique indépendamment de l'expérience effective qu'en ont fortuitement des sujets, des objets qui sont donc en soi et se tiennent sous des lois qui valent en soi – à ceci près qu'aucune signification « métaphysique » n'est accordée à cet en-soi – point auquel nous ne nous intéresserons pas davantage ici.

De même, la conviction règne selon laquelle le royaume de l'expérience psychologique doit lui aussi admettre une élaboration qui conduise nécessairement et en un sens similaire à une connaissance objectivo-réale inconditionnée et astreignante pour quiconque.

C'est ainsi que prit forme une distinction entre les phénomènes physiques et les phénomènes psychiques d'une part, et d'autre part les réalités qui sont à connaître à partir d'eux dans un travail théorique, les réalités objectives en tant que substrats d'une vérité inconditionnellement valide pour quiconque au sein d'une méthode contraignante, que cette vérité ait ou non été déjà découverte, effectivement pensée et saisie intuitivement par quelque sujet que ce soit.

Tout est donc très simple lorsqu'on a d'emblée sous les yeux comme une évidence allant de soi un monde « réal » en ce sens, avec ses choses physiques et ses âmes. On se demande seulement comment il peut bien y avoir ici le moindre motif de controverse et où sont censés se trouver les problèmes abyssaux interdisant tout accord entre les parties.

Peut-être la difficulté cachée se trouve-t-elle précisément dans les présuppositions généralement admises et qui passent même pour des évidences allant de soi. Peut-être ce procédé sommaire paie-t-il les consé-
72 quences du fait qu'il néglige d'en revenir au point de vue qui constitue | le point de départ nécessaire de toute science, le point de vue de l'expérience naturelle du monde. Ce n'est pourtant qu'à partir de là qu'il devrait être possible de faire comprendre ce que la science cherche sous le titre de la « réalité objective » ainsi que ce qu'elle effectue sous la forme de « vérités valides en soi ».

Tout homme – y compris celui qu'on dit naturel, qui n'a encore jamais entendu quoi que ce soit de scientifique et qui n'est encore imprégné d'aucun concept scientifique – a pourtant bien eu, dans son expérience, l'expérience de choses et d'un monde entier. Même l'homme naturel connaît la différence entre des modalités subjectives d'appréhension et l'effectivité de l'expérience elle-même. Il sait qu'on s'illusionne parfois et il finit lui aussi par savoir ce qui sépare l'apparence et la réalité effective. Or la distinction entre cette effectivité que la science moderne de la nature élabore théoriquement comme l'effectivité physique vraie et l'effectivité sensible, vérifiée par les sens dans la vie naturelle préscientifique – cette distinction est-elle sur le même plan que la distinction entre apparence sensible et vérité sensible dans la vie ? En d'autres termes, l'effectivité d'expérience, qui se vérifie elle-même dans la vie d'expérience et rend possible l'agir pratique, est-elle également une simple apparence, qui ne se dévoile comme telle que grâce à la science et par contraste avec la vérité objective produite par cette dernière ?

Les choses naturelles qui viennent à la donnée dans l'expérience de la vie ne sont pas nommées des « apparences » par la science objective de la nature, mais des apparitions, des « phénomènes ». Cette science affirme que ces phénomènes sont purement subjectifs-relatifs, que les concepts et les vérités sensibles qui se rapportent à eux ne sont valides que relativement aux sujets qui en font l'expérience*. Par opposition à eux et sous le titre de « vérités objectives », elle cherche à déterminer les objets d'expérience par des concepts non sensibles et par les jugements qui y correspondent, de sorte qu'ils demeurent libres de cette relativité

* Ce que le chercheur en sciences naturelles nomme « phénomène » est déjà une chose vraie dans la vie courante.

aux sujets qui en font l'expérience sensible. En toute rigueur, elle ne dit donc pas que les vérités relatives sont fausses mais seulement qu'elles sont relatives, précisément, et c'est pourquoi elle n'use pas du terme « apparence ». Ce n'est que dans certains cas – mais dans lesquels la vie
naturelle elle-même | distingue entre apparence et réalité – qu'elle nomme 73
« apparences » illusoires les appréhensions généralement sensibles qui sont celles de la vie. Tout comme chacun nomme « apparence » le mouvement du paysage tel qu'il apparaît depuis un véhicule qui se déplace, le mouvement du Soleil dans la voûte céleste mérite aussi le nom d'« apparence » ; nous ne nous rendons pas compte que nous sommes mus de concert avec la Terre elle-même. Mais bien qu'elle soit redevable au premier chef à une pensée scientifique, une telle distinction se tient sur un tout autre plan que l'opposition entre l'effectivité d'expérience et cette effectivité de la science mathématique de la nature qui s'exprime dans les théories et les résultats en lesquels cette science atteint son but ultime. La mise en évidence du caractère apparent du mouvement du Soleil ne donne pas encore lieu à une connaissance physiciste de la Terre et du Soleil, ni à une connaissance physiciste de leurs mouvements respectifs ; elle se contente de mettre en évidence ce qui vaut pour les phénomènes eux-mêmes, tandis que la physique se rapporte en un sens nouveau au vrai en soi, dont la connaissance ne doit être élaborée à partir des phénomènes que dans une perspective théorique.

La Soleil, la Terre, ce sont là des objets qui, si nous les nommons d'abord ainsi, sont déterminés par de purs concepts d'expérience. La prestation caractéristique de la physique consiste (et veut consister partout) à déterminer tous les objets de la nature dans une objectivité inconditionnée sous l'idée d'un *en soi* exact. Cela implique de déterminer ces objets exclusivement par des concepts « *exacts* » plutôt que sensibles, par des concepts géométriques ou de style semblable, dont le caractère fondamental est d'être ce qu'on appelle des *concepts idéaux*. De tels concepts ne sont pas produits par une abstraction pratiquée directement à partir de l'intuition en jeu dans l'expérience mais par la méthode intellectuelle spécifique de l'idéalisation. Nous aurons à y revenir de façon plus détaillée[*]. Qu'il suffise ici d'indiquer qu'on ne voit pas les points, les droites et les angles mathématiques, qu'on ne peut en avoir une représentation effectivement intuitive et que les points, les droites

* L'« en soi », l'idée directrice de la physique, est l'identique contenu intentionnellement dans le changement des multiples phénomènes sensibles (les choses de la vie), mais l'identique contenu *in infinitum* comme anticipation d'une déterminabilité toujours plus parfaite.

etc. que l'on voit ne sont, d'un point de vue mathématique et donc pour une physique mathématiquement exacte, que le point de départ d'appréhensions idéalisantes. *Entre l'expérience et la physique intervient*
74 | *l'idéalisation*, et s'il va manifestement de soi que la physique est une science de l'expérience, cela ne peut avoir qu'une signification : à savoir que si elle doit devenir une connaissance exacte, l'expérience requiert un traitement idéalisant qui ne lui est pas imposé arbitrairement comme une contrainte mais qu'elle suggère elle-même par la façon dont elle comporte des motifs qui poussent vers le but d'une exactitude propre à la science de la nature[*][1].

Cette exposition est cependant unilatérale. L'idéalisation se rapporte exclusivement aux « qualités primaires ». Une « détermination objective » présuppose : 1) quant à la « contingence » de la relation des qualités secondaires aux organes des sens, une prise en considération de la séparation entre qualités primaires et secondaires. Puis, <2)> le caractère identifiable des qualités primaires et, si cela doit être possible *in infinitum*, idéalisation et approximation. Si même les qualités secondaires doivent devenir objectivement déterminables, alors elles doivent nécessairement pouvoir être indiquées de façon univoque au moyen des primaires.

La science de la nature[2] se porte sur l'étant dans l'expérience, sur l'étant en soi « objectivement », et cherche précisément à le déterminer en tant qu'en soi, dans des déterminations en soi, des vérités en soi.

Les choses en tant qu'on en fait l'expérience dans l'expérience effective, dans l'expérience intuitive sensible. La chose de ma sensibilité dans son fonctionnement normal, sensibilité que je mets en œuvre et présume toujours dans un tel fonctionnement. Elle est simultanément la chose de la sensibilité intersubjective dans son fonctionnement normal, la chose des sujets qui, au sein de la communauté ouverte des

* Pour une version améliorée de cette présentation unilatérale, voir 43^{b} et 43^{c} <p. 100, l. 11-102, l. 26> [il s'agit en fait des deux pages qui suivent immédiatement, et dont le style plus télégraphique vient rompre momentanément le fil des leçons].

1. Sur ce point, *cf.* les appendices suivants : Appendice V : « Le monde subjectif-relatif de la description et le monde objectif des sciences idéalisantes » (p. 198); Appendice VI : « Sciences intuitives inexactes et sciences idéelles exactes » (p. 201); Appendice VIII : « Simple expérience sensible et "expérience" de la réalité physiciste » (p. 210); Appendice XIV : « Sciences de faits descriptives et sciences de faits explicatives. Exactitude et typique morphologique » (p. 219) – NdE.

2. Pour ce qui suit, *cf.* Appendice XV : « La nature de la perception normale (des images perceptives). La nature de l'expérience intersubjective. La nature de la théorie physiciste » (p. 223) – NdE.

sujets, communiquent normalement dans leurs expériences sensibles individuelles.

Prise comme la simple unité d'une expérience sensible continue (unité du fantôme), cette chose est une forme spatio-temporelle remplie, appréhendée dans une situation spatio-temporelle qui est à chaque fois | celle du moment. Ce qui remplit, ce sont les « qualités sensibles 75
spécifiques ». Dans mon expérience subjective individuelle, mais aussi dans l'expérience subjective communautaire, la chose est identifiée dans le changement des expériences momentanées, qu'il s'agisse des miennes ou de celles des autres. Qu'il y ait et puisse y avoir d'« elle » une expérience signifie une telle synthèse d'expériences individuelles. Dans l'expérience « normale », la chose des sens, même considérée comme stase [*Zuständlichkeit*] causale, se trouve identifiée et se confirme – cette chose identique de la communauté de vie normale, dans les circonstances d'une praxis normale c'est-à-dire pensée dans un déroulement sans aucune rupture de normalité. Les choses de la vie courante et, au sens de cette dernière, vraiment étantes. Il faut en distinguer en l'occurrence les fantômes en tant que vraies stases, avec un schème vide (forme spatio-temporelle intuitive) et des qualités sensibles remplissantes. Ce « fantôme » d'abord considéré comme simple « chose des sens », comme le perçu ou le perceptible dans une perception continue. Mais dans ses déterminités perceptibles, il ne devient déterminable objectivement que dans l'aperception et l'attestation de la chose causale, laquelle ne possède dans ce qui est à chaque fois perçu et représentable (ou à attester sur le mode de la perception) que son état [*Zustand*] momentané ou sa stase durable, continue.

La chose sensible comme chose proche ou lointaine ; la chose sensible vraie, l'intégrale des *optima* ; idée d'un *optimum* à construire.

Ce qu'on peut appeler la chose intuitive première est la chose normale de la communauté normale. Si l'on prend en compte la possibilité de l'anomalie, il en résulte la possibilité que la même chose « apparaisse » différemment à des sujets différents (que chacun ait ses choses intuitives différentes, valant éventuellement pour lui tout bonnement comme normales) ; et de même pour moi dans le cas où mes sens individuels deviennent anormaux. « La même chose » : pour qu'on puisse parler de mêmeté alors que chaque sens peut pourtant « faillir » et que toute qualité spécifique est seulement subjective-relative, il faut nécessairement que les qualités schématiques vides (la qualité primaire d'ensemble) soient identifiables intersubjectivement. Par conséquent, il paraît pensable que seules les qualités primaires | puissent être « objectives », 76 c'est-à-dire saisissables et déterminables identiquement pour chacun, tandis que les qualités secondaires ne sont déterminées que dans le cadre de leur perception [*Perzipieren*] au sein de la subjectivité qui perçoit [*perzipierenden*] de façon contingente. Néanmoins, les qualités secondaires pourront être « objectives » ou, mieux, elles pourront être des annonces de qualités objectives pour autant qu'elles sont « coordonnées » de façon réglée à des qualités primaires, qu'elles peuvent les indiquer selon une modalité de conscience, ou pour autant qu'elles surviennent dans les sujets de telle sorte que chacun, dans le contexte subjectif et dans celui de la communauté intersubjective, puisse se forger une méthode (dans la mesure où c'est précisément une coordination qui s'accomplit d'une façon globalement concordante), celle selon laquelle la détermination d'une qualité première est à chaque fois indiquée de façon déterminée par une qualité seconde.

Cette objectivation de la chose intuitive et sensible suffit pour la pratique. Cette chose est ce qu'elle est dans le flux, dans des changements effectifs et possibles qui ont le caractère d'un déplacement continuel. Or c'est ici le lieu de l'idéalisation, de l'exactitude, de l'approximation relativement à l'idée d'un en soi exact toujours supposé, non pas arbitrairement mais en tant qu'approximation d'une idée dans le cadre d'une méthode solide. L'*in infinitum* du rapprochement et de l'éloignement, l'*in infinitum* de la variation d'une chose optimale par accommodation et par mise à distance. Idéalisation par présupposition de cette relativité infinie et, malgré tout, d'une identité; en elle, la géométrisation. Elle concerne directement les seules qualités primaires et médiatement les qualités secondaires, par le moyen de leur capacité à indiquer des qualités primaires.

Or peut-être y a-t-il une falsification du sens de la vérité et de la science lorsque, par incompréhension du sens téléologique de cette « vérité objective » que les sciences ont en vue (sens certes clair du point de vue pratique mais pourtant non clarifié dans les principes), on exige de *toute* science en général qu'elle fasse identiquement de cette objectivité son but de connaissance et lorsqu'on croit par conséquent avoir fourni une division des sciences de faits en présentant une division des réalités *objectives* à établir par substruction, comme c'est le cas dans la division qu'on propose entre des réalités physiques et psychiques : le monde et le monde des réalités y sont identifiés sans autre forme de procès, et les « réalités psychiques » sont par suite tout simplement présupposées
77 comme *analoga* des réalités | physiques. Il n'est pas encore dit que la nature physique et l'être psychique sont ici effectivement à égalité du point de vue de la réalité; autrement dit, rien n'oblige encore à accorder que

l'âme et la vie psychique peuvent sérieusement, en tant que réalités, être comprises et traitées exactement avec le même sens et le même résultat théorique que ceux avec lesquels les sciences de la nature physique ont appris à traiter la nature et à l'étudier selon sa réalité objective.

Il y a ici plusieurs points que nous voulons laisser ouverts. Au-delà de ce qui vient d'être dit relativement à la portée de l'interprétation du psychique comme réalité, il y a avant tout ceci : peut-être faut-il, selon une inéluctable nécessité, élaborer une multiplicité de sciences qui auraient pour thème universel le royaume du *subjectif-relatif* et dont l'objectivité ne serait pas en opposition avec ce qui est « simplement subjectif-relatif » mais possèderait au contraire un sens tout autre que celle de la nature physiciste – laquelle vaudrait donc de façon erronée comme le prototype de toute science authentique. C'est là peut-être que se trouverait alors la place de celles qu'on nomme les sciences de l'esprit.

Les *sciences de la nature* traitent de façon relative tout ce qui simplement subjectif, comme annonce de quelque chose d'objectif dont la connaissance est alors à élaborer théoriquement; en ce sens, elles cherchent à chaque fois pour la nature donnée dans l'expérience (et qui n'est effectivement expérimentée de façon individuelle et inter-subjective que comme apparition changeante) quelque chose de vrai en soi qui apparaît dans toutes ces apparitions et qui, contrairement à ces dernières, a lui-même éliminé toute relation déterminée à des sujets et des communautés subjectives déterminés. De son côté et corrélativement, la *science de l'esprit* serait alors une science étudiant précisément toutes ces apparitions, tout ce qui, dans la nature, est du subjectif annonçant quelque chose, mais dès lors aussi toute subjectivité opérant dans son essentialité propre, dans sa manière d'opérer en tant que subjectivité, d'exercer en tant que subjectivité des effectuations synthétiques (objectivantes), d'agir ou de pâtir relativement à ses formations (les objectités relevant de différents degrés d'« objectivité »), de produire activement et téléologiquement des formations dans diverses directions, formations pouvant elles-mêmes servir à leur tout de thèmes pour de nouvelles fonctions, de nouvelles effectuations.

| Il est clair que si c'est avant tout la prestation de la science physique **78**
de la nature, sans égard pour sa forme méthodique, qui est reconnue sans autre forme de procès comme la prestation de toute science en général ou que si la prestation propre aux sciences de l'esprit ne peut d'emblée valoir que comme une prestation d'un sens totalement autre, alors il est impossible d'écarter les problèmes qui se présentent ici et de commencer, comme si cela allait de soi, par diviser les « réalités » ou les phénomènes.

Car dans ces conditions on a, dès le départ et sans s'en apercevoir, restreint naturellement tout étant à la thématique des sciences de la nature, c'est-à-dire à la thématique de la <science> de la nature première, physique, puis à celle de la science de la nature au sens large, qui englobe la spiritualité naturalisée.

<§ 15. *La classification des sciences suivant leurs méthodes, d'après Windelband et Rickert*>[1]

<a) *La distinction windelbandienne entre sciences naturelles nomothétiques et sciences historiques idiographiques*>

Les réflexions générales qui viennent d'être indiquées ne trouveront leur plein accomplissement et toute leur compréhensibilité qu'avec l'examen critique de la deuxième interprétation (de tendance opposée à la précédente) de la distinction de principe qui se trouve au fondement de la controverse entre sciences de la nature et sciences de l'esprit telle que nous l'avons évoquée précédemment : l'interprétation de Windelband et Rickert. Si elle représente une tendance opposée, c'est dans la mesure où, sans du reste rejeter la séparation des deux grands domaines mondains que sont la nature et l'esprit en tant qu'âme, elle ne la considère pas comme ce qui permettrait de conduire à une solution de principe la
79 controverse relative | au juste rapport entre sciences de la nature et sciences de l'esprit. Elle fixe en particulier son attention sur le fait que cette controverse concerne avant tout la prétendue réforme des sciences de l'esprit par la méthode des sciences de la nature. C'est pourquoi la théorie *windelbandienne* consiste à recourir à une *distinction* générale et logique *dans la méthode*, distinction qui, de l'autre côté, ne joue aucun rôle et est considérée comme superflue.

Les naturalistes, qui, ainsi qu'on l'a évoqué précédemment, n'attribuent de valeur qu'à une distinction entre des domaines, sont d'avis que relativement à la généralité logique, les mêmes formes méthodiques doivent nécessairement se retrouver dans chaque sphère mondaine, par exemple la description individuelle et la description générale, l'induction et l'explication à partir de lois. Dans ce dernier cas, c'est la science de la nature qui aurait mené les choses le plus loin. C'est elle qui est appelée à servir de modèle pour les sciences de ce qui est spirituel dans le monde.

1. Pour les § 15 et 16, *cf.* Appendice XVII : « Contribution à la critique de la présupposition "évidente" qui régit l'opposition entre science des lois et sciences des individus. Contre Rickert-Windelband » (p. 227) – NdE.

Dans cette perspective, ils sont d'avis que c'est seulement d'après son domaine et non d'après son caractère méthodique que la science de l'esprit constitue un nouveau type de science. Si la *méthode* est l'aspect déterminant, alors toute science de faits est science de la nature.

Or c'est précisément contre ce « naturalisme » méthodologique qu'est dirigée la doctrine windelbandienne-rickertienne d'une scientificité principiellement spécifique de l'histoire par opposition à la science de la nature. Son examen critique s'avérera très utile, en particulier aussi pour la découverte d'un naturalisme de principe bien plus grave*, gouvernant de l'intérieur cette théorie elle-même.

Une remarque préliminaire : dans l'examen de l'interprétation de la différence entre sciences de la nature et sciences de l'esprit, je convoque la doctrine de Windelband et Rickert alors même que le propre de cette dernière est de rejeter le concept de « science de l'esprit » ; la justification en apparaîtra d'elle-même par la suite. Le sens de ce rejet va s'éclaircir immédiatement à partir de la critique windelbandienne de l'opposition traditionnelle entre nature et esprit, qui porte déjà en elle une critique de la distinction des sciences d'après leurs domaines.

| Windelband[1] développe l'idée selon laquelle cette distinction **80**
remonte au dualisme cartésien des sphères universelles de l'être objectivo-réal, c'est-à-dire au dualisme, devenu dominant, de la matérialité et de la réalité spirituelle ou psychique. Par conséquent, c'est d'après ces sphères de la réalité qu'on a divisé les sciences. Au nombre des sciences de l'esprit, on compta donc la psychologie, les sciences du monde socio-historique dans lesquelles tombent toutes les spécifications de la culture (l'art, la science, le droit, les mœurs, etc.). Mais Windelband objecte à cette séparation qu'elle n'est pas vraiment satisfaisante et qu'à bien y regarder, la *psychologie* ne peut pas être rangée dans la même catégorie que le reste des « sciences de l'esprit ». Relativement à son objet, on peut certes la considérer littéralement comme une science de l'esprit dans la mesure où « esprit » fonctionne comme synonyme de « psychique ». La psychologie pourrait même être « caractérisée comme le fondement

* Sur ce point, p. 60 <Appendice XIX : « Les manques méthodiques de la déduction rickertienne. La limitation des paradigmes dualistes et naturalistes et leur cécité quant à l'intentionnalité », en part. p. 247-248>.

1. Dans ce qui suit, Husserl paraphrase en grande partie le texte de Windelband intitulé *Geschichte und Naturwissenschaft. Rede zum Antritt des Rektorats der Kaiser-Wilhelm-Universität Straßburg vom 1. Mai 1894* [trad. fr. par S. Mancini, « Histoire et science de la nature. Discours prononcé au Rectorat de Strasbourg par Wilhelm Windelband en 1894 », *Les Études philosophiques*, 2000, 1, p. 1-16] – NdE.

de toutes les autres <sciences de l'esprit> »[1]. Mais toute la méthode selon laquelle elle procède est, du début à la fin, celle des sciences de la nature, une méthode tout autre que celles des sciences qu'on nomme habituellement les sciences de l'esprit. C'est un fait que la psychologie fut même désignée à l'occasion comme « science naturelle du sens interne »[2] ; et c'est ainsi, ajouterai-je, que le philosophe herbartien Waitz a rédigé par exemple une *Psychologie comme science de la nature*[3], ouvrage remarquable au demeurant. Une division entraînant de telles difficultés ne saurait en aucun cas être tenable. Certes, chaque domaine particulier possède sa méthode particulière déterminée ; mais d'un point de vue général, rétorque Windelband, « l'écart [méthodique] entre la psychologie et […] la chimie n'est guère plus grand que […] celui qui existe entre la mécanique et la biologie »[4].

C'est une distinction effectivement radicale dans leur méthode d'ensemble que nous trouvons entre, d'un côté, ces disciplines qu'on
81 nomme habituellement les sciences de | la nature, y compris la psychologie, et, de l'autre, les disciplines historiques dont relèvent manifestement – et précisément quant à leur méthode – la plupart de celles qu'on nomme habituellement les sciences de l'esprit, les sciences du monde socio-historique. En quoi consiste la spécificité de chacun de ces deux côtés ? Nous devrions donc, sans tenir compte de la question des distinctions en domaines, nous demander ce qui détermine l'*idée méthodique « nature »* et ce qui détermine l'*idée méthodique* sur le versant opposé, cette idée pour laquelle Windelband refuse d'utiliser le terme d'« esprit » et lui préfère celui d'« *histoire* », plus significatif d'après lui. Voici la réponse : c'est le propre des sciences de la nature que de viser la généralité, la légalité. Les sciences de la nature se définissent comme des sciences nomothétiques. Dans la sphère mécanique, il s'agit de lois mécaniques, dans la sphère biologique de lois biologiques et dans la sphère psychique de lois psychologiques. De son côté, et comme son nom l'indique d'emblée, la science historique se consacre à ce qui arrive dans l'histoire, à l'événement unique, « plus ou moins étendu » dans le temps[5]. Produire de

1. W. Windelband, *Geschichte und Naturwissenschaft*, *op. cit.*, p. 9 [trad. cit. (modifiée), p. 5] – NdE.

2. *Ibid.*, p. 10 [trad. cit. (modifiée), p. 5] – NdE.

3. Theodor Waitz, *Lehrbuch der Psychologie als Naturwissenschaft* [*Manuel de psychologie conçue comme science de la nature*], Braunschweig, 1849 – NdE.

4. W. Windelband, *Geschichte und Naturwissenschaft*, *op. cit.*, p. 10 [trad. cit., p. 5] – NdE.

5. *Ibid.*, p. 10 [trad. cit., p. 6] – NdE.

cet événement dans son unicité une « exposition effective et exhaustive », c'est ici le but méthodique, quel que soit le domaine concerné à chaque fois, qu'il s'agisse par exemple d'un événement factuel singulier de la vie politique, « d'une série d'actions et de faits qui se trouvent en correspondance [...] [chez] un homme singulier ou [pour] tout un peuple, des caractéristiques et du développement d'une langue, d'une religion, d'un système juridique, d'une production littéraire, artistique »[1] ou d'une théorie scientifique, etc. Dans tous ces cas, le but de la connaissance est toujours de reproduire, de comprendre et de décrire « une figure de la vie humaine » dans sa factualité unique[2]. C'est ainsi que les sciences *idiographiques* s'opposent aux sciences *nomothétiques* : tandis que celles-ci sont orientées vers des lois générales, celles-là visent des faits historiques. Il arrive aussi que Windelband use des ressources de la langue allemande et parle de *sciences* | *de lois* <*Gesetzeswissenschaften*> 82
et de *sciences d'événements* <*Geschehniswissenschaften*>[3] (et il va même jusqu'à dire, s'exprimant de façon plus forte, que les premières visent des propositions apodictiquement générales et les secondes des propositions assertoriques).

Les concepts d'une « *science de la nature* » conçue comme science d'une nature unifiée quant à sa sphère d'objets et des « *sciences de l'esprit* » conçues comme les sciences d'une thématique spirituelle unifiée du point de vue de sa sphère d'objets – ces concepts sont abandonnés par la doctrine windelbandienne : ils ne désignent plus que des *titres méthodiques*. Il affirme expressément que « les mêmes objets peuvent être l'occasion à la fois d'une recherche nomothétique et d'une recherche idiographique », et il précise même que cela serait lié au fait que « dans un certain sens, le contraste entre l'immuable et l'unique » *serait simplement relatif* : « ce qui pendant un long espace de temps ne subit pas de modification immédiatement perceptible, et qui par conséquent peut faire l'objet d'un traitement portant sur ses formes invariables, peut en revanche, vu avec plus de recul, n'apparaître valable que pour une période de temps limitée, c'est-à-dire [...] se révéler » finalement « comme

1. *Ibid.*, p. 11 [trad. cit. (modifiée), p. 6] – NdE.

2. *Ibid.* – NdE.

3. Si, dans *Histoire et sciences de la nature*, Windelband recourt à plusieurs occasions à la notion d'« événement » [*Geschehen*], il ne parle en revanche jamais explicitement de « science d'événements » [*Geschehens- oder gar Geschehniswissenschaft*] ; il oppose plutôt les unes aux autres (cf. *ibid.*, p. 12 [trad. cit., p. 6]) les « sciences de lois » et les « sciences de l'événement » [*Ereigniswissenschaften*] – NdE.

quelque chose d'unique »[1]. C'est ainsi que la langue serait à chaque fois régie par « des règles formelles qui, malgré tous les changements dans l'expression, demeurent les mêmes »[2]. D'un autre côté, la langue est précisément cette « langue particulière », un « phénomène passager » historiquement factuel, avec son système temporaire de règles formelles[3]. Il en irait de même pour le droit, les mœurs, mais aussi pour les domaines de la biologie, de l'astronomie et pour l'ensemble des sciences de la nature organique. Donc même la sphère du monde matériel, celle de la nature au sens étroit, serait susceptible d'une considération historique et non seulement de la considération « nomologique ». Pour la biologie, Windelband dit que le nomologique se trouve dans la systématique
83 d'ensemble ; dans la perspective | de plus grandes périodes de temps et d'une échelle astronomique, cet élément nomologique est simplement relatif. Durant « quelques millénaires d'observation humaine », les êtres vivants ont présenté des types demeurant identiques en tant que formes réglées par des lois constantes[4]. Mais il y a aussi une histoire évolutive des espèces. Toute légalité de ce type est en outre relative à la Terre car qui oserait présupposer des légalités identiques sur les autres planètes, etc. ?

À mesure que se poursuit le développement de toutes ces analyses se fait jour leur tendance précise : montrer qu'il convient de <mener à bien> une réhabilitation de l'histoire humaine en tant que science, dont la dignité est absolument égale à celle des sciences de la nature. Windelband affirme que depuis le Moyen Âge au moins, la tendance prédominante dans les sciences consiste à valoriser la pensée légale au détriment de la signification d'une recherche tournée vers les événements dans leur unicité. Aristote restreint déjà le concept de science à la connaissance du général et refuse de nommer l'histoire une science. Par là s'exprime simultanément une valorisation de l'*abstraction* par rapport à l'*intuition*. En effet, considérée d'après son but ultime, l'histoire met toute sa conceptualité au service de la mise au jour d'intuitions, des « portraits d'hommes, de vies humaines, avec toute la richesse de leurs traits individuels et de façon vivante »[5]. Par opposition, et même si « ses points de départ sont bien de l'ordre de l'intuition », les buts derniers de la connaissance dans les sciences de la nature sont des « théories, et en

1. Windelband, *Histoire et science de la nature*, *op. cit.*, p. 12 [trad. cit., p. 7 (modifiée)] – NdE.
2. *Ibid.*, p. 12 *sq.* [trad. cit., p. 7] – NdE.
3. *Ibid.*, p. 13 [trad. cit., p. 7] – NdE.
4. *Ibid.* – NdE.
5. *Ibid.*, p. 17 *sq.* [trad. cit., p. 10] – NdE.

dernière instance » des légalités formulées mathématiquement « qui, du haut de leur inaltérabilité intemporelle, gouvernent tout devenir. À partir du monde bigarré des sens », la science de la nature « élabore un système de concepts constructifs par lesquels elle veut saisir la véritable essence des choses qui se cache derrière les apparences, un monde d'atomes » etc., dépourvu de couleur et de sons etc.[1]

Si l'on fait abstraction de la précision selon laquelle la recherche que la science historique met en œuvre en se dirigeant individuellement sur | ce qui est unique est, *du point de vue pratique*, tout aussi utile et 84
indispensable que la recherche des lois par la science de la nature, ce que Windelband présente en guise de fondation de la justification d'une science historique n'est autre que l'idée ancienne, développée il y a déjà longtemps et fort clairement par J. St. Mill, selon laquelle la connaissance par des lois ne peut conduire seule à une connaissance du monde factuel. Toute mise en œuvre de la connaissance légale en vue d'une explication des faits suppose que les faits aient été établis ; et si l'explication par des lois causales reconduit les faits donnés à des conséquences légalement nécessaires de faits antérieurs, et ces derniers à des faits encore antérieurs, nous n'échappons jamais de la sorte à l'établissement individuel des faits. Sur ce point, il aurait pu ne pas se contenter de dire qu'il est impossible (et même impensable) de poser au départ des faits mondains premiers dont tous les faits ultérieurs sont des conséquences en vertu de lois causales ; car il fallait bien que ces premières causes fussent établies dans leur individualité pour pouvoir expliquer le monde ultérieur en se fondant sur elles.

Windelband aborde également le *problème du caractère significatif* [*Bedeutsamkeit*] des faits historiques – problème traité par Dilthey, quoique dans un tout autre sens. Pour Dilthey, c'est là un concept qui appartient par principe à l'histoire comme science de l'esprit, comme science de l'effectivité socio-historique. Si ce ne peut être le cas pour Windelband, bien qu'il n'explicite ce concept que dans le cadre de ce qui est historique et spirituel, c'est parce que son concept d'histoire est purement méthodologique, ce qui le rend également valide pour le monde physique. Le problème du caractère significatif devient donc pour lui un problème formel, celui du choix de ces faits qui, dans leur factualité et parmi la quantité indéfinie des faits empiriques, seront mis en relief par l'historien comme faits de la science historique. Voici son exemple : « Que Goethe, dans l'année 1870, se soit fait fabriquer une cloche à

1. *Ibid.*, p. 18 [trad. cit. (modifiée), p. 10] – NdE.

portail et une clé de cabinet [...] est dûment documenté par une note de serrurier [...] » ; toutefois, il ne s'agit pas là d'un « fait historique »[1]. Mais qu'est ce qui fait précisément l'historicité d'un fait ? Sans s'engager plus précisément dans cette question ni dans sa réponse (comme Rickert l'a fait plus tard en les mettant au foyer de ses expositions systématiques),
85 Windelband fournit tout de même l'idée fondamentale de ce | principe de choix que Rickert a nommé le *rapport à la valeur*.

« Tout ce qui intéresse l'humain, tout ce qui ressortit au jugement, à la détermination des valeurs »[2] se rapporte à ce qui est individuel et unique. « C'est dans l'unicité, dans le caractère incomparable de l'objet, que s'enracinent tous nos sentiments liés à des valeurs »[3]. Sur ce point, Windelband se réfère spécialement à l'unicité de la personnalité ainsi qu'à l'unicité d'un processus historique complet. Ce serait « l'inaliénable droit "métaphysique" de la science historique d'arrêter le passé, compris dans son effectivité unique et non répétable – de l'arrêter pour la mémoire de l'humanité »[4].

Si Windelband écrit « métaphysique », c'est parce que pour lui, les problèmes métaphysiques sont liés à l'unicité.

J'ajoute en passant que Rickert a parachevé sur ce point la présentation de Windelband en la complétant dans son propre style, c'est-à-dire en introduisant la distinction entre *évaluation et rapport à la valeur*. À suivre les propos de Windelband, en effet, il pourrait sembler que dans l'établissement des faits « historiques » en tant que faits signifiants du point de vue de leur valeur, la science historique doive nécessairement être impliquée elle-même sur le mode du sentiment, ou, pour le dire plus fortement, qu'elle doive nécessairement être partiale. Mais l'histoire doit être impartiale, elle doit être froidement objective dans l'établissement des faits.

D'après Rickert[5], l'histoire (au sens courant de l'histoire humaine) traite « des hommes, de leurs institutions et de leurs actions », et ce

1. Windelband, *Histoire et science de la nature*, *op. cit.*, p. 20 [trad. cit., p. 12] – NdE.

2. *Ibid.*, p. 21 [trad. cit., p. 13] – NdE.

3. *Ibid.*, p. 22 [trad. cit., p. 13] – NdE.

4. *Ibid.*, p. 23 [trad. cit., p. 13] ; les guillemets sont introduits par Husserl – NdE.

5. Husserl se rapporte ici à l'article de Rickert, « Geschichtsphilosophie » [Philosophie de l'histoire], [*in* W. Windelband (Hrsg.), *Die Philosophie im Beginn des zwanzigsten Jahrhunderts* [*La philosophie au début du vingtième siècle*], deuxième édition corrigée et augmentée, Heidelberg, 1907, p. 321-422]. Par la suite, il se réfère avant tout à l'ouvrage de Rickert, *Die Grenzen der naturwissenschaftlichen Begriffsbildung. Eine logische Einleitung in die historischen Wissenschaften* [*Les limites de la formation de concepts dans les sciences de la nature. Une introduction logique aux sciences historiques*, deuxième édition révisée, Tübingen, 1913] – NdE.

« en tant que science individualisante de la culture »[1]. La culture est un titre pour les *objets pourvus de valeur* [*Wertobjekte*]. Sous | les titres 86
particuliers qui y sont inclus comme les mœurs, l'église, le droit, l'art, l'économie etc., l'homme aspire à des objets [*Objekte*] auxquels il attribue de la valeur, des objets qu'il élabore ou qu'il considère en fonction de certaines idées axiologiques [*Wertideen*]. L'historien traite donc d'objets en tant que rapportés à des valeurs. Mais ce sont les valeurs des hommes dont il traite en tant qu'historien, c'est-à-dire des hommes en tant que porteurs ou producteurs de la culture. Cela n'implique donc pas qu'il se tienne nécessairement sur le sol de leurs idéaux, qu'il doive actuellement partager leurs valeurs dans un acte d'évaluation fondé sur ses propres sentiments, ni donc qu'il doive nécessairement écrire l'histoire de façon intéressée. Il *peut* le faire, mais en aucun cas il lui faut pour autant être partial au mauvais sens du terme. Mais quoi qu'il en soit, ce n'est pas là ce qui est nécessaire ni essentiel pour lui en tant qu'historien.

Le rapport que les objets historiques ont à chaque fois avec des valeurs détermine donc leur caractère significatif, ou bien il détermine ce qui en eux est un fait historique. C'est ce qui est individuel en eux qui est significatif pour les valeurs en question. Tout le reste est, du point de vue historique, hors de propos et, en ce sens, insignifiant.

<b) *La théorie transcendantale rickertienne des idées méthodiques corrélatives des sciences de la nature et des sciences de l'esprit, destinées à surmonter dans la connaissance la multiplicité infinie du monde*>

Le grand ouvrage de Rickert* sur *Les limites de la formation de concepts dans les sciences de la nature*[2] a cherché dans ses grandes lignes à compléter et à consolider par une fondation systématique plus approfondie (et prenant constamment sa défense contre des objections effectives et possibles) tous les aspects de l'unique et brève présentation que Windelband a donnée de sa doctrine dans son « Discours de Rectorat de Strasbourg » de 1894 (« Histoire et science de la nature »[3]). Aucune nouvelle théorie n'en est sortie : la charpente fondamentale des conceptions windelbandiennes demeure intacte malgré la quantité de ses

* La déduction transcendantale rickertienne.

1. *Cf.* H. Rickert, « Geschichtsphilosophie », art. cit., p. 370. Sur ce point et pour le paragraphe suivant, *cf.* H. Rickert, *Die Grenzen*..., *op. cit.*, chap. 4 (« La formation des concepts en histoire »), p. 274-535 – NdE.
2. Cf. *supra*, p. 110, n. 5 – NdE.
3. Cf. *supra*, p. 105, n. 1 – NdE.

87 propres pensées que Rickert | y adjoint dans le détail, mais qui ne sont précisément destinées qu'à remplir et à fonder.

Dans cette perspective, l'aspect qui, dès l'abord, saute particulièrement aux yeux est la conception théorique qui traverse tout l'ouvrage et assure son articulation systématique : celle du *« dépassement » de la multiplicité infinie du monde qu'il s'agit de connaître, moyennant les deux voies corrélatives que représentent la généralisation et l'individualisation historique* (c'est-à-dire moyennant ce que Windelband désigne sous le nom d'effectuation nomothétique et idiographique). Cette théorie rickertienne montre clairement qu'elle provient de l'idéalisme transcendantal kantien : elle est une théorie transcendantale modifiée. Kant était parti du fait des sciences objectives prédonnées par lesquelles un monde de l'expérience est connu scientifiquement de façon objectivement valide. Il s'étonne de ce qu'une telle prestation soit possible. Toutes ces sciences (en particulier les mathématiques, la science de la nature et, quant à sa prétention, la métaphysique) opèrent avec des présuppositions théoriques ou vont jusqu'à revendiquer elles-mêmes (c'est le cas des mathématiques) une validité apriorique pour le monde de l'expérience. Il se demande comment comprendre la possibilité d'une connaissance apriorique et pourtant valide pour toute expérience possible, et par là la possibilité d'une connaissance objectivement valide et rigoureusement scientifique des faits d'expérience du monde. La solution de son problème prend la forme de ce qu'on appelle une *déduction transcendantale* : si quelque chose comme un monde doit être objectivement connaissable sur le fondement d'une expérience sensible, cela n'est pensable que si ce monde possède une structure formelle intuitive et une structure conceptuelle provenant du sujet connaissant et si, du point de vue du jugement, il se tient sous les *principes aprioriques* qui sont précisément ceux qu'utilisent toutes les sciences objectives. C'est cette mise en forme qui rend donc en tout premier lieu connaissable un monde d'expérience sensible : elle le rend objectivement déterminable pour quiconque.

Rickert* réduit cette pensée fondamentale à une *théorie formelle* (quoique développée de façon confuse) qui est du reste infiniment plus simple que la théorie kantienne, cette croix de tous les chercheurs qui travaillent sur Kant.

* La théorie transcendantale rickertienne des idées méthodiques de la science de la nature.

| Il[1] part du monde donné et de son infinité extensive et intensive. 88
Comment la connaissance doit-elle surmonter cette double infinité ? Une expérience directe n'est possible que pour des objets singuliers et des groupes finis d'objets singuliers. Or ce qu'il y a devant nous, c'est l'infinité de nouveaux objets et d'objets toujours nouveaux. L'objet singulier lui-même porte en lui son infinité (l'infinité « intensive »), qu'aucune expérience (aucune copie) ne saurait épuiser. Ce n'est que par le moyen du concept que « l'esprit humain fini » peut supprimer, peut surmonter « le caractère non maîtrisable de la multiplicité extensive et [...] intensive » des données intuitives[2]. Par là s'accomplit simultanément une simplification du donné intuitif dans la connaissance, simplification d'autant plus grande que les concepts sont généraux. Dans toute la plénitude de la concrétion, le concept sélectionne des moments singuliers déterminants. Mais des *concepts simplement empiriques*, tirés de l'intuition par une abstraction comparative, ou des *jugements simplement descriptifs et classificatoires*, ne permettent pas à la connaissance d'aller très loin ni d'atteindre ce dépassement auquel elle tend. Une classification adhère nécessairement à l'environnement intuitif et ne donne aucune garantie que l'infinité ouverte doive toujours et partout se subordonner aux classes qui ont été trouvées. Comment au juste pourrait-on penser une classification intégrale pour une infinité qui, en tant que telle, ne peut pas être effectivement dominée par l'intuition ? Il est clair que si nous pouvons « nous saisir » de l'infinité, ou la surmonter par la connaissance, ce n'est que par *des concepts et des jugements d'une généralité inconditionnée*. Or des « jugements d'une généralité inconditionnée » s'appellent des « lois de la nature »[3]. C'est là précisément que la science de la nature, dans toutes ses élaborations conceptuelles, a son but final en tant que science qui se donne pour but de surmonter la multiplicité infinie sous la forme de la connaissance : non pas dans les généralités empiriques mais dans une « vision de la nécessité
| légale des choses naturelles »[4]. Cela implique que toutes ses élaborations 89
conceptuelles classificatoires, simplement descriptives, soient guidées par ce but ultime et que tout son travail de rassemblement de caractéristiques ne soit, au minimum, qu'une étape préliminaire en vue de concepts « dans

1. Husserl paraphrase ici des parties du premier chapitre (intitulé « La connaissance conceptuelle du monde des corps ») de l'ouvrage de Rickert, *Die Grenzen...*, *op. cit.*, en part. p. 30-118 – NdE.

2. *Ibid.*, p. 33 – NdE.

3. *Ibid.*, p. 57 – NdE.

4. *Ibid.* – NdE.

lesquels une liaison nécessaire d'après des lois naturelles parvienne à s'exprimer »[1].

Pourtant, cela même est encore insuffisant. Seuls, des concepts légaux ne peuvent rien. S'il s'avérait que les lois qui valent toujours et partout dans une généralité inconditionnée constituent une pluralité incohérente et ouverte, elles formeraient elles-mêmes une multiplicité impossible à maîtriser et le but d'une connaissance comme celle des sciences de la nature ne serait pas atteint. Il faut donc que les lois constituent un système de lois, qu'elles forment une « série maîtrisable » malgré son infinité[2], de telle sorte que cette série elle-même possède sa loi, une loi connaissable, et que nous puissions par conséquent obtenir une connaissance de la totalité des lois particulières en tant que totalité dominable, maîtrisable. C'est ainsi, finalement, que l'essence d'une science de la nature et de son objectif d'un dépassement de l'infinie multiplicité extensive et intensive renferme l'aspiration nécessaire à un « idéal » : en l'occurrence, à l'idéal d'« une "science ultime de la nature" »[3] où il serait question de « choses ultimes »[4] qui ne comportent plus rien d'individuellement intuitif et qui soient prises dans une connexion relationnelle dont la pensée rend compte au moyen de lois naturelles absolument valides[*].

Par la suite, Rickert cherche à montrer que la possibilité tout d'abord menaçante d'une multiplicité infinie de qualités changeantes à même ces choses ultimes doit elle-même être nécessairement surmontée. Et elle l'est par l'exigence que toutes les choses ultimes et leurs relations soient, du point de vue qualitatif, absolument uniques et enfin, du point de vue quantitatif, absolument indivisibles. C'est ainsi que cette considération logico-formelle de la possibilité d'une connaissance de la multiplicité infinie débouche sur la construction transcendantale de l'atomisme et de
90 la vision mécaniste du monde, accomplie | dans un premier temps pour la nature corporelle. Mais l'essentiel de cette argumentation demeure valide aussi pour le monde psychophysique dans la mesure où c'est en tant que monde infini qu'il doit justement être connaissable.

C'est donc à partir de réflexions formelles et tout à fait principielles que Rickert édifie l'idée méthodique windelbandienne d'une *science de la nature* comme science se portant sur le général et sur le légal non pas pour

* *Cf.* récapitulation, p. 53 <p. 117 *sq.*>.

1. Rickert, *Die Grenzen*..., *op. cit.*, p. 57 *sq.* – NdE.
2. *Ibid.*, p. 61 *sq.* – NdE.
3. *Ibid.*, p. 69 *sq.* – NdE.
4. *Ibid.*, p. 72 – NdE.

des raisons fortuites mais pour des raisons de principe : à savoir si elle veut soumettre les multiplicités infinies à la puissance de la connaissance.

Cette conception ouvre simultanément la voie pour l'idée méthodique corrélative, celle de l'*histoire*. « Science de la nature » désigne un processus théorique qui éloigne de la concrétion individuelle et de l'intuition (l'une et l'autre sont équivalentes pour Rickert comme pour Windelband) : l'ultime science de la nature a tout perdu de l'individualité et de l'intuition. Mais il existe également un intérêt théorique dirigé précisément sur ces dernières plutôt que sur le dépassement des infinités. Au reste, ce qui est individuel comporte également une infinité : l'infinité intensive. Mais elle n'a pas besoin d'être surmontée si l'intérêt théorique est lié par un principe de choix dont le pouvoir de détermination n'est pas arbitraire mais nécessaire – ce qu'est justement le principe du rapport à la valeur.

Aussi* fin et imposant qu'il soit, ce soubassement théorique construit par Rickert ne laisse pas de susciter de sérieux doutes. Quelle que soit l'évidence dont elles nous illuminent au premier moment, des constructions formelles de ce genre sont très dangereuses. Il arrive aisément que les évidences n'y soient qu'apparentes, et l'on ne peut s'en prémunir qu'à condition de s'être élevé, selon un processus ordonné, depuis l'intuition la plus concrète jusqu'aux abstractions dans lesquelles se déroule la construction. Une théorie de la connaissance véritablement concrète, ou, mieux, une fondation phénoménologique est requise pour puiser les généralités formelles aériennes à leur source intuitive.

Je ne peux développer ici, dans une simple indication critique, que les aspects qui sont aisément accessibles. À mon sens, Rickert porte tout
d'abord atteinte | à la pureté de style de la déduction transcendantale par le 91
caractère pragmatiste, au sens élargi du terme, que revêt sa construction argumentative – si ce n'est qu'à la différence du pragmatisme courant, qui se rapporte à l'utilité de la *praxis* courante, c'est un pragmatisme théorique qui est développé ici. La généralisation, la création de concepts, de lois, et en dernier ressort de concepts exacts totalement inintuitifs ainsi que de lois naturelles rigoureuses, tout cela doit servir de *moyen* pour rendre l'infinité connaissable. Reste qu'on pourrait poser la question suivante : l'infinité doit-elle nécessairement nous faire la faveur de se conformer à nos productions intellectuelles, de se rendre connaissable par

* Premier passage critique à l'encontre de la théorie transcendantale de Rickert; nouvelle critique après la récapitulation (Pentecôte), p. 56 <p. 122, l.3-123, l.30>.

des concepts et des lois ? Le monde infini a-t-il à se soucier d'une façon ou d'une autre de nos intérêts et de nos exigences gnoséologiques ?

Un *monde calculable* conceptuellement, voilà qui peut certes nous convenir et présupposer en outre évidemment une légalité rigoureuse, intégralement constructible, accompagnée des concepts rigoureux correspondants. Mais pourquoi le monde devrait-il nécessairement nous faire la faveur de correspondre à l'idéal mécaniste ? En fin de compte, ce n'est pas du tout ainsi qu'il en va. De plus, a-t-on effectivement rendu évident le fait qu'un monde scientifiquement connaissable doive nécessairement être à tous égards *idealiter* un monde conceptuellement calculable ? Peut-être le mécanisme n'est-il un idéal valide que pour la structure corporelle du monde et un idéal absurde au-delà d'elle.

L'argument principal est le suivant : l'exposition ne peut pas se dérouler comme si l'on était de l'avis qu'il y a une infinité, mais qu'elle ne serait pas connaissable à moins de se ranger sous des concepts et des lois – et que c'est donc ce qu'elle doit faire. La déduction ne peut pas se dérouler comme si les concepts n'étaient que des instruments utiles pour nous autres hommes finis afin de pouvoir réaliser le but de porter à la connaissance le monde existant d'emblée comme allant de soi, comme si, pour nous qui connaissons, il y avait avant la connaissance quelque chose comme un monde étant en vérité et comme si, encore une fois, quelque chose comme une connaissance pouvait avoir le sens spécifique d'un but avant la mise en œuvre de tels instruments.

La *connaissance*, la connaissance théorique, vise la vérité objective ; elle vise à établir ce que tout un chacun, en tant que sujet de connaissance, peut voir intuitivement comme étant véritablement et peut établir aussi bien que tout autre. Une connaissance en général n'est pas pensable
92 sans | *l'intuition et le concept*, ce qui veut dire d'abord qu'elle n'est pas pensable sans relation à une expérience qui suit son cours. Mais la simple expérience n'établit rien d'objectif, tandis que la connaissance s'accomplit nécessairement dans des procédures conceptuelles de jugement et de fondation. Si toutefois la connaissance établit conceptuellement et véritablement l'étant et l'étant-tel, alors cet étant est justement lui-même conceptuel. Les concepts ne sont pas une affaire qui ne regarderait que nous, les sujets de connaissance. L'étant, de son côté, n'est pas en soi, étranger aux concepts. En outre, lorsque nous connaissons des lois selon une pensée et une vision conceptuelles, ce n'est pas nous qui instituons les lois et les choses ne sont pas en soi dépourvues de lois : ce sont plutôt les lois qui appartiennent au monde lui-même en tant qu'étant et qui en sont inséparables dans leur être.

En relation avec ces vues intuitives (qui doivent elles-mêmes être tirées d'une étude concrète de l'essence de la connaissance), il faudrait également affirmer qu'on ne peut pas faire précéder la connaissance par un monde en soi d'infinie multiplicité, et *a fortiori* en tant que monde encore totalement inconnu, pour interroger ensuite les moyens subjectifs par lesquels satisfaire des intérêts humains subjectifs qu'on nomme « théoriques ». Car un monde étant en soi, avec ses multiplicités infinies de déterminations ontologiques étantes en soi, voilà qui ne commence à recevoir de sens d'être qu'à partir de certaines effectuations qu'on appelle alors des effectuations de connaissance ; l'*être vrai* de ce monde ne signifie rien d'autre que sa *connaissabilité de principe*, et ce seulement dans une expression corrélative.

On objectera peut-être que des choses et même une infinité de choses (comme les animaux et les humains dans la vie préscientifique) peuvent pourtant être données par une simple expérience, qu'elle soit individuelle ou communautaire. Mais il faut alors examiner attentivement ce qui est impliqué dans cette façon de parler, ce qui est pertinent en elle et lui donne un sens effectivement correct.

| <§ 16. *Critique de la construction rickertienne d'exigences formelles* 93
par sa confrontation avec le procédé de Kant. La tâche nécessaire d'une étude approfondie de l'expérience et de la corrélation d'essence du monde de l'expérience et du monde scientifique de la vérité>[1]

Dans* les dernières heures qui précédaient les congés de la Pentecôte, nous étions engagés dans le traitement de la théorie windelbandienne, qui cherche à glisser sous l'opposition matérielle entre nature et esprit une opposition méthodologique, qu'on peut désigner en son sens prégnant comme l'opposition entre la nature et l'histoire. L'idée méthodique de la nature détermine la spécificité de toutes les sciences qu'il faut nommer d'après elle – les sciences de la nature. Elles sont nomothétiques, elles se consacrent au général, au légal. Par opposition, les sciences historiques se consacrent à ce qui est unique, à l'individuel, au sens où elles cherchent à l'exposer dans son effectivité unique ; elles sont idiographiques.

* Après la Pentecôte ; jusqu'à la p. 55 <p. 120-121> : récapitulation. Exposition de la forme que prend chez Rickert la théorie windelbandienne. À prendre en considération pour les compléments.

1. *Cf.* Appendice XIX : « Les manques méthodiques de la déduction rickertienne. La limitation des paradigmes dualistes et naturalistes et leur cécité quant à l'intentionnalité » (p. 234) – NdE.

Considérés concrètement, toutefois, les mêmes objets et domaines d'objets peuvent être soumis à une méthode nomothétique aussi bien qu'idiographique, en fonction de quoi ils deviennent alors respectivement des thèmes pour les sciences de la nature ou pour les sciences de l'esprit. Nous pourrions donc dire, au sens de Windelband : tout a sa nature, tout a son histoire.

Dans la fondation systématique et englobante qu'il propose de la doctrine windelbandienne, Rickert parle de méthode (ou de formation de concepts) généralisante et individualisante. Comme nous l'avons montré, il conçoit une sorte de théorie transcendantale pour rendre raison de la nécessité de cette opposition qui traverse nécessairement l'ensemble de notre connaissance du monde et qui, en tant qu'opposition la plus principielle, ne peut pas ne pas être déterminante pour la théorie de la connaissance.

Comment le monde et ses multiplicités infinies peuvent-ils être
94 surmontés par notre connaissance ? La simple | expérience nous empêtre dans des infinités extérieures et intérieures. Nous sommes conduits *in infinitum* d'individualités en individualités, d'objets en objets toujours nouveaux, et, au sein du même objet, de caractères en caractères toujours nouveaux. Si l'esprit humain fini doit surmonter ces infinités, il ne le peut que par le concept et la loi. Au lieu de rester attaché infiniment à l'individuel et de poursuivre le but inaccessible d'une détermination qui l'épuise, il lève les yeux vers le général, vers ce qui est partout identique. Il commence par une formation de concepts descriptive et classificatoire. Mais par ce moyen, il ne parvient pas à un dépassement complet et véritable des infinités : il ne cesse au contraire de retomber dans des infinités ouvertes. Si le dépassement des infinités doit être possible, il doit dépasser la classification simplement descriptive par une quête de lois rigoureuses. Ce qui implique que si l'aspiration à la connaissance ne doit pas être vaine, si un dépassement des multiplicités infinies doit être possible, alors le monde doit nécessairement être un monde rigoureusement légal. Mais même cela ne suffit pas. Il pourrait en effet y avoir une quantité infinie de lois, dépourvues de relation les unes avec les autres, sans la moindre unité systématique. Si le dépassement des multiplicités infinies doit réellement être un but, ou (ce qui, pour Rickert, revient au même), si une connaissance du monde doit être possible, alors les multiplicités infinies <de> lois doivent elles-mêmes être à leur tour circonscrites par une légalité, et une légalité qui soit en outre connaissable et unique. C'est ainsi que l'idéal nécessaire de la science ultime de la nature fait son

apparition. C'est de la même façon qu'on déduit non seulement que tous les objets du monde doivent se tenir sous cette légalité mais qu'ils doivent être, relativement à toutes leurs qualités, d'un type unique et finalement indivisible quantitativement. L'idéal des objets ultimes.

Tout dans cette déduction se résume finalement dans son *résultat* : si le dépassement des multiplicités infinies du monde doit être possible, alors le monde doit nécessairement être un monde connaissable de façon absolument rigoureuse à partir d'une unique légalité exacte, au sens du déterminisme ; que ce soit du point de vue physique ou psychique, il doit correspondre exactement à l'idéal atomistico-mécanique qui a guidé la physique classique depuis Galilée et qu'elle a développé plus avant, fût-ce seulement sur le versant physique du monde. En ce qui concerne le versant psychique, la science moderne n'y est certes pas | aussi bien 95
parvenu. Mais même là, il faut maintenir l'idéal d'une science ultime de l'esprit et celui d'objets psychiques ultimes par analogie avec les atomes physicistes. Sous le psychique donné intuitivement dans l'expérience, il faut loger par substruction des éléments inintuitifs ultimes, des prétendues sensations ultimes.

Par là se trouve déduite comme une nécessité la tâche des sciences de la nature ou bien, d'un seul coup, celle d'une science naturelle universelle rapportée au tout du monde, si toutefois une connaissance surmontant les infinités du monde doit être possible. Nous pouvons aussi dire qu'une science se donnant le but d'un tel dépassement définit la science de nature, et que la méthode déduite *a priori* grâce à ce but (celle d'une généralisation progressant graduellement) définit la méthode des sciences de la nature telle qu'elle rend compte de la communauté méthodique des sciences de la nature physique et psychophysique dans leur variété.

Dans tous les cas, les disciplines descriptives (comme, par exemple, les disciplines historico-naturelles ou, du côté psychique, la psychologie descriptive ainsi que la morphologie des caractères humains concrets, la caractérologie) ne sont qu'autant de degrés inférieurs ou transitoires en vue des sciences exactes correspondantes. Le but directeur permanent est toujours la science ultime de la nature.

Un élément primordial est ici la pensée qui traverse toute cette déduction, à savoir celle selon laquelle la méthode des sciences de la nature part certes de l'expérience, de l'intuition concrète, mais, dans sa façon de progresser vers des abstractions toujours plus hautes et plus vides, elle <s'> éloigne de plus en plus des concrétions intuitives ; ou bien – ce qui revient au même pour Rickert – elle s'éloigne de plus en plus de l'individuel. *La généralisation est pour lui une désindividualisation*, dans la mesure où, pour lui, elle se désintéresse dès le départ de ce qui est individuel pour s'intéresser bien plutôt exclusivement aux généralités.

Peut-il y avoir, outre la science de la nature, une autre science, et donc une science qui situe son but dans l'individuel, dans ce qui est unique ? Comme on s'en souvient, Rickert répond à cette question en suivant ici aussi, pour l'essentiel, Windelband, à savoir par sa doctrine des « limites » de la méthode des sciences de la nature, ou, ce qui revient au même, par
96 sa doctrine de la relation à | la valeur. En tant que nature, les objets n'ont pas besoin d'être d'un quelconque intérêt ; en d'autres termes, le but de soumettre les multiplicités infinies qu'ils recèlent à la puissance de la connaissance n'a pas lieu d'être. L'infinité se limite dès qu'un objet ou une sphère d'objet frappe notre esprit par sa particularité individuelle et en tant que cet objet a de la valeur ou se trouve rapporté à une valeur générale prédonnée, comme lorsque nous considérons notre monde ambiant en le « rapportant à des valeurs » – les valeurs dont la validité est générale comme l'art, l'État, la religion etc. Ce n'est que si tout intérêt pour les valeurs qui appartiennent aux choses mêmes (celles qui se présentent individuellement ainsi) demeure hors-jeu ou se trouve arbitrairement mis hors-jeu que l'intérêt porté au dépassement des infinités apparaît comme l'unique intérêt restant, l'intérêt des sciences de la nature ou, en d'autres termes, l'intérêt porté à la détermination *in infinitum* de l'étant objectif, tel qu'il est, abstraction faite de ses valeurs. *La nature, c'est le monde considéré hors de toute valeur*. Dès que le monde est considéré du point de vue des valeurs, il en résulte de nouveaux buts scientifiques, les buts de l'histoire.

Or nous avions déjà commencé à formuler *nos doutes* à l'encontre de cette théorie si élégante mais, à y regarder de plus près, si peu satisfaisante. Ils concernaient avant tout la fondation apparemment si radicale de l'idée méthodique de la science de la nature, une fondation que nous avons caractérisée comme une variation de la méthode transcendantale kantienne.

Rickert ne cesse de répéter dans son œuvre que sa déduction, relevant de la théorie de la science, n'a aucune raison d'entrer dans des considérations relevant de la théorie de la connaissance. Mais je ne comprends pas, quant à moi, comment une telle déduction peut bien être possible et fondée autrement qu'au sein de la théorie de la connaissance. C'est de ce type que sont les déductions transcendantales de Kant. En authentiques déductions gnoséologiques, elles se meuvent dans le cadre d'une considération concrète, quoique universelle, de notre expérience,

de notre monde de l'expérience ainsi que de nos sciences de ce monde de l'expérience – qu'il s'agisse de nos sciences effectivement capables d'opérer dans l'évidence (comme les mathématiques ou les sciences de la nature) ou de celles qui prétendent à une telle opérativité comme la métaphysique. C'est là, c'est-à-dire | en demeurant toujours dans le 97
cadre d'une intuition d'ensemble concrète, que Kant pose ses questions et élabore ses déductions.

Dans l'expérience, nous estimons avoir le monde étant. Il pourrait sembler qu'il soit parfaitement suffisant de porter ce que nous avons déjà à l'« expression » grâce à la description, dans des jugements, des concepts et des énoncés descriptifs. Et pourtant, l'*expérience requiert la pensée*, une pensée d'un tout autre type : *la science objective est requise* pour saisir dans son *être vrai* ce dont il y a expérience. En quoi consiste la prestation de cette science ? Comment faut-il comprendre la connaissance de l'être du monde qui se développe en elle comme une œuvre de l'esprit humain, la connaissance de l'être et de l'être-tel dans une vérité « objective » ? Comment comprendre que la science du monde soit reliée *a priori* à une certaine conceptualité fondamentale ? à des concepts et à des jugements fondamentaux qui « précèdent » l'expérience et la norment ?

Dans l'expérience universelle, un monde n'est expérimenté (et nous ne pouvons dire qu'il est objectivement valide) que si une pensée scientifique peut s'édifier par dessus l'expérience dans une validité contraignante pour tout membre de la communauté des sujets de connaissance, et le peut de telle sorte qu'il devient précisément évident que ce que l'expérience se contente à chaque fois d'intuitionner à sa manière dépourvue de concept (et <qui est porté à l'expression par la description>) n'est pas objectivement tel qu'il est décrit alors qu'il demeure pourtant la raison primordiale pour laquelle la prestation gnoséologique qui est celle de la science met en évidence, dévoile et déploie ce qui se trouve dans cette expérience en fait d'être *« objectivement » vrai*. Que l'expérience puisse supporter la pensée « scientifique », cela montre à soi seul qu'une teneur « objective » de vérité, une teneur en être objectivement vrai peut lui être attribuée sous le titre « monde ». Mais à partir de quand l'expérience est-elle susceptible de supporter la pensée scientifique et, inversement, à partir de quand une pensée est-elle effectivement scientifique, susceptible de dévoiler des vérités d'expérience dont la validité soit réellement objective ? Et quelles formes l'expérience elle-même doit-elle revêtir, eu égard au monde des choses donné intuitivement en elle, afin de pouvoir être saisie conceptuellement, judicativement, conformément à la vérité scientifique etc. – c'est-à-dire saisissable comme objective, comme valide en soi ?

98 | C'est ainsi que procède Kant et, dans la mesure où il procède ainsi, il éveille en nous la vision selon laquelle un monde étant n'est pas pour nous un fait donné d'emblée dans la simple expérience de tout un chacun, et que l'activité de connaissance propre à la science n'est pas quelque chose qui a tout simplement suivi ce <fait> prédonné comme une manière de le manipuler dont le résultat serait une formation achevée, individuelle ou générale, de l'effectivité mondaine elle-même, une image de l'expérience qui serait seulement plus parfaite que ce que peut jamais produire une expérience préscientifique. Il donne bien plutôt à voir avec évidence que le monde qui est pour nous ne reçoit son être que dans notre connaissance et qu'il n'est rien d'autre pour nous que ce qui prend forme sous le titre « connaissance objective » dans notre expérience et dans notre pensée. Par conséquent, le monde objectivement *vrai* est l'idéal d'une validité intuitivement et intersubjectivement nécessaire qui vient au jour pour nous et en nous comme monde légitimement vrai – et non pas de manière individuelle et fortuite, mais nécessaire dans la communautisation de la connaissance.

Certes, Kant part du fait de l'expérience générale et de la science de l'expérience dans sa validité naïve, telle qu'elle est acceptée par nous. Mais dans la mesure où il interroge la possibilité de principe et le sens de ce fait et d'un tel fait en général comme possibilité, ce fait perd son caractère de présupposition permanente et de validité ininterrogée ; rendre compréhensible sa possibilité de principe conduit à sa « mise entre parenthèses ».

Pour ce qui est à présent de Rickert, il présuppose le monde comme fait prédonné – il demeure pour lui en validité ontologique – et commence par renvoyer aux infinités dans lesquelles la connaissance d'expérience directe nous empêtre, les infinités extensives et intensives. Sa question fondamentale est dès lors la suivante : comment pouvons-nous, nous les humains finis, surmonter ces infinités par la connaissance ? Ainsi que nous l'avons vu, Rickert ne cesse de déduire des exigences qui doivent être satisfaites pour que cela soit possible.

Mais contre cette démarche, nous élevons l'objection suivante* : pourquoi le monde devrait-il se soucier de nos exigences ? Peut-être en
99 va-t-il de telle sorte que ce que nous | percevons comme mondain et dont pouvons à chaque fois faire l'expérience intuitivement n'est que fortuit et ne peut même être saisi de façon classificatoire et descriptive que dans

* *Cf.* p. 51 <p. 114, l. 32-116, l. 23>.

notre cercle d'expérience le plus prochain ; peut-être faut-il en rester là et n'y a-t-il pas du tout de lois de la nature inconditionnellement générales, pas plus qu'il n'y a de science ultime de la nature ni de ces objets ultimes au sens de l'idéal d'une nature atomistico-mécanique.

Il est vrai que nous disposons d'une physique galiléenne qui, dans son développement progressif comme « physique classique » s'est proposé un tel idéal et a travaillé avec succès sous sa conduite. Mais cela ne s'est pas produit sur le fondement d'exigences gnoséologiques formelles, dictées au monde de l'expérience afin que nous puissions le « surmonter ». C'est au contraire l'immersion dans la spécificité essentielle du monde de l'expérience et de ses teneurs générales concrètes qui a orienté le spécialiste des sciences de la nature vers une formation idéale spécifique et qui a finalement donné lieu de façon consciente à l'idéal lui-même en tant que point d'intersection idéal, pour ainsi dire, des formes concrètes du travail méthodique de la connaissance. C'est dans la naïveté de la vie d'expérience et de pensée dirigée concrètement vers la nature que la science de la nature est apparue.

En tant que philosophe, Kant s'est placé à un point de vue supérieur, d'où il lui était possible de considérer ce qu'il y a de typiquement général dans cette vie ; depuis ce lieu, il a posé les questions propres à une compréhension plus profonde, bien que demeurant toujours concrète, du sens et de la possibilité de telles prestations, de la légitimité des buts qu'il faut ici se fixer ainsi que des idéaux normatifs universels. Mais Rickert, de son côté, délaissant la concrétion de la vie et de la science, pose des exigences formelles et construit des nécessités formelles en se servant du but que représente le dépassement des infinités par le moyen de la connaissance. C'est de façon seulement nominale que cette construction se rapporte au monde de notre expérience effective et possible tandis que ce point précisément, à savoir qu'il s'agit du monde d'une expérience possible, n'est pas tiré concrètement de l'expérience elle-même.

C'est* de façon seulement nominale que la construction rickertienne se rapporte au monde qui a reçu et reçoit toujours de nouveau à partir de notre expérience effective et possible son | sens d'être déterminé **100**
individuellement, déjà là et à circonscrire pour chacun et pour nous en communauté dans une confirmation d'expérience allant de soi, tandis que sa structure de sens se maintient dans la concordance. Mais cette constitution du monde de l'expérience en tant que notre monde commun à tous, se constituant et se confirmant pour nous individuellement et en

* Pour *supra*, p. 57 <p. 123, l. 27-30 et p. 125-126>, un développement meilleur et plus précis.

communauté avec un sens d'expérience concret, cette constitution n'entre justement jamais elle-même dans sa considération philosophique. En d'autres termes, le monde, pris tout d'abord comme sens d'expérience unitaire (et unitaire malgré toutes ses formes et ses multiplicités structurelles), n'est pas interrogé; de même, respectivement, que n'est pas interrogée ni étudiée la vie universelle qui fait cette expérience en tant que vie constituant ce sens d'unité, ou bien, selon notre manière habituelle de l'exprimer, en tant que vie donatrice de sens dans la concordance et produisant synthétiquement une effectuation de sens.

C'est ainsi que l'expérience du monde demeure une expression vide – manque dont souffre toute explicitation visant l'évidence ou toute clarification de son sens d'être concret; vide, par conséquent, demeure aussi toute exigence adressée à ce monde pensé à vide. Cette situation se transpose à la couche supérieure, qui doit nécessairement être distinguée et qui formait pour Kant le lieu spécifique de la recherche : comment la pensée surmonte-t-elle la relativité de la sensibilité dans l'expérience, ou bien comment comprendre que l'expérience, dans la multiplicité infinie des expériences et des synthèses d'expériences possibles, porte en elle un monde vrai en tant qu'« en soi » (objectivement), « scientifique », « définitivement vrai »? Ou encore : à partir de quand faut-il comprendre qu'elle accomplit cela? quelles sont les conditions qui rendent possible qu'elle l'accomplisse? De quelle prestation la pensée, la théorisation scientifique, peuvent-elles s'acquitter? et, s'il doit s'agir d'une prestation de la forme « vérité en soi », « être en soi » (être objectivement), quelle régulation caractéristique cela implique-t-il pour la structure universelle de toute expérience individuelle en vue de l'unité d'une expérience intersubjectivement concordante? Quelle régulation de l'expérience objective (c'est-à-dire d'une expérience contenant une objectivité dont on peut attester ou bien ayant à son fondement l'accomplissement de la prestation théorique) les formes fondamentales de la théorie objective expriment-elles et, de façon particulière pour chaque région ontologique, en tant que « catégories » de l'objectivité et axiomes catégoriaux
101 fondamentaux? Ou encore : l'unité d'expérience qu'est le monde (monde sensible, monde quotidien) doit porter en elle un monde | scientifiquement vrai, un monde déterminable « logiquement », déterminable objectivement à la manière de la science. Le monde de l'expérience (de l'expérience au sens commun) doit être logifiable; l'expérience commune ne doit pas être seulement une expérience qui anticipe vaguement ou qui vise l'expérience scientifique (c'est-à-dire un *logos*), mais elle doit porter partout en elle « *a priori* », dans l'universalité d'expériences possibles, un être vrai en

tant qu'il rend nécessairement possible, par le moyen de la structure universelle de cette expérience, la détermination scientifique. Le monde sensible, dans son caractère présomptif, doit être l'anticipation légitime d'un monde vrai (en un sens logique et exact). Comment le comprendre? À partir de quand? Quelles structures d'essence appartiennent à la corrélation du monde sensible (apparition) et du monde vrai (science)?

La *spécificité essentielle de l'expérience* et de la pensée qui se rapporte à elle, en vertu desquelles le monde est celui qui a pour nous son sens concrètement déterminé, en vertu desquelles il n'est pas pour nous une multiplicité infinie vide mais l'unique monde sensé, pourvu *a priori* de telle et telle structure de sens – tout cela demeure en vérité *totalement hors de propos* dans les déductions systématiques de Rickert. Il y est certes question de nature physique et psychophysique, d'espace, de temps, de causalité, ainsi que des choses dans le progrès infini de leur expérience qualitative et quantitative, de leur description, de la formation exacte des concepts, de la recherche des loi – mais tout cela dans la vacuité d'un éloignement formel par rapport aux choses mêmes.

Si des exigences gnoséologiques rationnelles et valides *a priori* doivent être adressées au monde et déduites dans cette validité, il faudrait alors *que nous commencions par montrer* concrètement *que* c'est le seul monde ayant pour nous un sens – le monde de notre expérience et de la pensée qui lui succède et le dévoile théoriquement – qui adresse ces exigences à notre connaissance; qu'il les lui adresse parce qu'il est précisément lui-même, en tant que tel, monde de l'expérience et de la connaissance, et parce qu'il a comme tel certaines structures dont on peut attester intuitivement, qui nous lient et qui adressent par conséquent des exigences à notre pensée prédicative. En d'autres termes, il nous faut étudier en détail et intuitivement la corrélation d'essence entre monde de l'expérience et monde scientifique de la vérité dans ses structures générales, il nous faut donner au mot « monde » son sens pleinement concret et montrer par là 102
qu'une | multiplicité infinie du type essentiel « monde » ne peut se réaliser conformément à la connaissance comme étant « véritablement » et en un « sens objectif » que dans telles et telles formes de connaissance, dans des sciences de telles et telles formes méthodiques. Alors les exigences qu'il faut adresser à une connaissance rationnelle ne sont plus des exigences que nous déduisons de façon vide et formelle, par exemple parce que nous nous serions mis en tête de surmonter les multiplicités infinies, sans poser la question de savoir si elles admettent, en vertu de leur sens, un tel dépassement. Les exigences à adresser sont alors *celles que le monde lui-même*, le monde d'abord sensible, *nous adresse* en vertu de son sens

propre, pour autant que ce sens originaire et premier (le monde sensible) comporte des possibilités et des tendances conduisant à son idéalisation comme monde « objectif ». Reste que le sens propre du monde n'est rien d'autre, avant tout, que le sens qui, dans la concordance de notre expérience, vient à nous, sujets de l'expérience, en tant que présomption intuitive d'un monde étant, puis qui doit être dévoilé théoriquement et constitué au sein d'un travail de pensée spécifique par nous, sujets de la pensée théorique, dans la nouvelle donation de sens de l'idéalisation selon les formes de la vérité prédicative et de la science. Il faut garder ici à l'esprit que l'être-monde [*das Weltsein*], qui a dès le départ le statut d'une évidence allant de soi et qui se maintient comme tel, possède, comme il est aisé de le voir, un caractère absolument présomptif.

C'est seulement en procédant de la sorte, c'est-à-dire selon le sens authentique de la théorie de la connaissance, que nous pouvons déduire les normes et les formes radicales d'une science possible du monde ainsi que d'un monde étant qui en soit le corrélat. Ce sont pour l'essentiel les voies que Kant a frayées le premier et si nous ne pouvons pas le suivre tout à fait, lui non plus, c'est seulement parce qu'il n'a pas toujours étudié de façon suffisamment concrète et intuitive le monde dans sa corrélation avec la subjectivité qui connaît le monde et qui vit en lui[1].

1. *Cf.* sur ce point l'Appendice XV : « La nature de la perception normale (des images perceptives). La nature de l'expérience intersubjective. La nature de la théorie physiciste » (p. 223), et l'Appendice XX : « L'infinitisation du monde et de la subjectivité » (p. 249) – NdE.

| <Deuxième partie 103

LA FONDATION PHILOSOPHIQUE DES SCIENCES À PARTIR DU MONDE DE L'EXPÉRIENCE>

<CHAPITRE IV

LES DEUX VOIES D'UNE DÉDUCTION TRANSCENDANTALE DES EXIGENCES APRIORIQUES QUE LA SCIENCE ADRESSE AU MONDE DE L'EXPÉRIENCE>

<§ 17. *La voie formelle, descendante, d'une déduction transcendantale à partir de la* mathesis universalis>

Les objections que nous avons élevées à l'encontre des déductions de Rickert ont rempli une importante fonction propédeutique relativement à la méthode dont il faut nécessairement disposer pour des discussions radicalement principielles. Ces dernières conduisent en effet, comme nous tarderons pas à le voir, au *transcendantal*. S'il s'agit de déduire, au sens kantien de la position des problèmes, les exigences aprioriques que le monde donné de façon concordante dans l'expérience doit satisfaire pour être connaissable théoriquement – ou bien, ce qui revient au même, pour pouvoir être le thème d'une science possible (un *universum* de vérité valide en soi et connaissable) –, et si des exigences aprioriques doivent alors se faire jour pour les sciences physiques et psychiques, pour les sciences de la culture, de l'histoire ainsi que pour toute science possible du monde, alors, comme nous l'avons montré, la procédure théorique doit se mouvoir sur un soubassement concret. C'est-à-dire qu'il nous faut partir avant tout de l'intuition d'expérience ou encore du monde qui nous est prédonné en elle comme le monde de l'expérience certes toujours présomptif, mais comme étant toujours pour nous le monde commun à tous, comme monde unique et identique dans tous les changements de ses éléments mondains individuels; prédonné, donc, comme ce même monde dans une forme structurelle persistante qui imprègne de sa forme *a priori* tout ce qui est en lui quant à son être et son être-tel, quant à sa structure logique, son changement et son non-changement, quant à ses causes et ses

effets etc. Cette forme appartient « par avance » à tout ce qui est aperçu
104 ou « représentable » de façon mondaine, même s'il est aperçu | dans une représentation vide, et puisque la représentation ou l'anticipation vides se remplissent dans l'intuition, nous en revenons précisément à l'intuition. Si, dans le but d'une considération apriorique, nous faisons varier le monde de l'expérience tel qu'il est donné, le transformant en pensée par un libre exercice de l'imagination, nous changeons alors l'expérience factuelle en expérience possible ; nous demeurons donc dans la sphère intuitive, et notre *a priori* a le caractère de l'*a priori* matériel. C'est par là seulement que des concepts comme ceux de l'espace et du temps objectifs, des réalités matérielles et animées, des personnes et des effectuations personnelles, et donc de la culture et de l'histoire, obtiennent leur sens déterminé intuitivement – autant de concepts que la déduction rickertienne ne cesse de présupposer.

À ce propos, je souhaiterais rappeler de nouveau qu'il ne faut pas se laisser égarer par l'apparence selon laquelle il ne s'agirait, avec ces questions visant les conditions de la connaissabilité possible, que de questions humainement contingentes, selon laquelle le monde étant ne devrait absolument pas se soucier de notre connaissance. Il faut bien remarquer que l'expérience objective est inévitablement et partout traversée de présomptions portant nécessairement au-delà de ce qui est à chaque fois donné dans l'expérience. L'expérience du monde est toujours croyance présomptive en l'être. C'est-à-dire qu'au sens de cet être appartiennent des horizons infinis mais dont il n'y a pas d'expérience effective : les horizons d'une expérience simplement possible, indéterminée, ouverte à l'infini et ne cessant d'être de nouveau présumée possible. Ce n'est pas seulement pour nous, qui sommes ici et maintenant les sujets contingents de l'expérience, mais pour les sujets d'une expérience objective possible en général et, par là, d'un monde en général, que la question portant sur les conditions de possibilité de l'être *véritable* d'un tel monde (un monde à expérimenter comme étant sur un mode qui n'est toujours que présomptif) équivaut à celle qui porte sur les conditions de possibilité de sa connaissabilité théorique ou encore sur les conditions de possibilité d'une science. Il en résulte par conséquent que si le monde présumé est d'une manière ou d'une autre en vérité, il doit, selon une nécessité inconditionnée, posséder une structure formelle, une certaine édification homogène et, ainsi, une structure universelle de nature physique avec espace, temps et causalité, et sous le titre de « causalité » une structure légale physique universelle etc.

| L'être d'un monde n'est pas en soi au sens où il serait indifférent 105
à la possibilité d'une connaissance en vérité, mais l'un et l'autre sont en nécessaire corrélation et c'est cela qui prescrit à l'être du monde lui-même une structure nécessaire, une structure ontologique.

Si j'ai combattu le formalisme des déductions rickertiennes en l'opposant aux déductions kantiennes, c'est parce que ces déductions sont accomplies pour le monde en tant que monde de notre expérience et qu'il y est question d'espace et de temps, de choses physiques, du psychique, de la nature et de la culture etc., alors qu'aucun examen concret de ces teneur matérielles du monde de l'expérience ne vient jamais donner aux déductions formelles les délimitations requises par le sens bien particulier de ce monde.

Je souhaite donner encore davantage de relief à ce qui vient d'être dit en insistant sur le fait que je suis bien loin de dénier d'une quelconque façon leur droit à des déductions transcendantales conduites formellement. Formel ne signifie pas formaliste. Ce dernier terme indique l'idée d'une exagération, d'un passage au-delà des limites légitimes des considérations formelles, comme lorsqu'elles comportent justement des teneurs d'essence matérielles mais que les nouvelles exigences dont elles sont porteuses en tant que teneurs matérielles ne sont pas dégagées par le moyen d'une étude particulière.

Nous opposons fermement l'une à l'autre les recherches aprioriques matérielle et formelle, et donc la considération apriorique de l'essence du monde comme monde de l'expérience (avec toutes les teneurs concrètes qui nous sont fournies par l'expérience en tant qu'intuition) et la considération d'essence purement formelle telle que l'accomplit la *mathesis universalis*, la doctrine de la multiplicité propre à l'analyse formelle et mathématique. Cette dernière traite de quantités infinies, d'infinités pensées de façon totalement vide : quelque chose quoi que ce soit, puis quelque chose et ainsi de suite *in infinitum*. De plus, elle n'en parle justement que comme autant de possibilités de pensée dépourvues de contradiction, sans les déterminer par la moindre teneur intuitive ni prendre en considération, sur leur fondement, les possibilités | concrètes. 106
Ces infinités, qui sont tout d'abord absolument indéterminées, elle ne les détermine en pensée que par le moyen des *formes* de liaison et de relation que la pensée découvre entre les éléments singuliers, ainsi que des *formes* y afférentes de lois relationnelles itérables. Par exemple sous la forme suivante : étant posé qu'il y a une infinité d'éléments (d'un quelque chose quelconque en général) pouvant à chaque fois être reliés par deux

grâce à une certaine liaison désignée par « + », « – » etc., et ce de telle sorte qu'il puisse y avoir à chaque fois entre les deux résultats de telles liaisons des relations d'égalité, de « < » ou de « > »; étant admis, donc, qu'il y a des lois de la forme « a+b = b+a » etc. – qu'est-ce qui devrait nécessairement valoir, dans une conséquence pure, pour une multiplicité définie de la sorte ? Pour le mathématicien, la question fondamentale est ici la suivante : avons-nous la possibilité d'imposer ainsi *à volonté* de telles formes légales à une multiplicité pensée comme indéterminée sans tomber éventuellement dans la contradiction ? Il s'avère rapidement que ce n'est pas le cas. Il en résulte donc la tâche suivante : quelles sont les conditions à remplir pour éviter la contradiction, pour maintenir la concordance formelle ? En outre : si, à partir des lois fondamentales de la multiplicité et des concepts qui la définissent, nous tirons déductivement les vérités consécutives qui valent pour elle (les formes des vérités consécutives), *à partir de quand la multiplicité est-elle définie ?* quand peut-on dire que toute amorce formelle de jugement possédant un sens en vertu de la définition se trouve décidée quant au vrai et au faux en vertu de cette définition ? Puis de nouveau une tâche ultérieure : quelles sont les formes de multiplicités définies qui peuvent être construites *a priori* ? Ce sont là les problèmes fondamentaux de la doctrine mathématique de la multiplicité, qui sont pour ainsi dire les problèmes les plus élevés d'une mathématique purement formelle.

Une telle *multiplicité définie* est, pour ainsi dire, un « *monde* in forma » (c'est toutefois une expression qu'il vaut mieux éviter), à poser dans le cadre d'un jugement et hors de toute contradiction. Mais rien ne s'y trouve tiré de l'intuition concrète, rien ne donne à la multiplicité pensée à vide le sens concret d'un monde possible de l'expérience, d'un monde possible au sens propre du terme, en tant que variation intuitive de celui qui nous est de fait donné intuitivement.

Il est vrai que notre monde, ainsi que tout monde possible, est une infinité réale. Toute ce qui est possiblement réal a sa forme vide en tant
107 qu'un quelque chose quelconque ; | tout monde possible se tient, en tant que variation intuitive de notre monde de l'expérience, sous le concept formel de multiplicité ; quant aux liaisons et relations qui sont à produire intuitivement, les liaisons et relations aprioriques matérielles ainsi que leurs lois aprioriques, elles possèdent leur forme – au même sens où la proposition matériellement déterminée « le ciel est bleu » possède sa forme propositionnelle « S est P », ou encore la proposition « il n'y a pas d'homme immortel » sa forme propositionnelle « il n'y a pas de A qui soit non b ». Nous pouvons donc dire également que tout monde pensable a sa

forme de multiplicité et se trouve lui aussi soumis à des légalités formelles, celles-là mêmes que la doctrine de la multiplicité établit pour des formes de multiplicité de ce type en général sans prendre en considération l'idée matérielle de monde.

Mais une doctrine de la multiplicité conçue comme construction apriorique des formes de multiplicités dépourvues de contradiction et définies n'est pas la seule possibilité; des questions transcendantales portant sur la connaissance doivent également être posées et résolues en partant de l'attitude formelle et vide. En d'autres termes, il nous est possible de poser la question scientifique suivante, de façon purement formelle mais non formaliste et avant même d'avoir construit en mathématiciens des formes déterminées de multiplicités définies : posons qu'il y a une multiplicité infinie quelconque, conçue tout d'abord de façon totalement indéterminée dans notre pensée formelle comme étant conformément à ce qui est présupposé, à savoir avec une « certaine » teneur concrète, laquelle demeure seulement pensée dans une généralité complètement indéterminée comme une « certaine » teneur concrète; reste qu'en tant que telle, comme on le voit *a priori*, elle devrait être connaissable et déterminable dans son être vrai pour une subjectivité quelconque. À considérer les choses plus précisément, c'est l'expérience qui appartient avant tout à la possibilité de la connaissance, à tout étant en tant que tel. *Comment peut-il y avoir expérience d'une infinité?* Seulement si c'est à chaque fois une composante finie qui vient directement à l'expérience tout en étant simultanément porteuse d'une présomption d'horizon, d'un renvoi à une poursuite subjective possible en direction de nouvelles expériences etc. Il faut ajouter cependant qu'« être connaissable » ne peut pas signifier « pouvoir simplement être donné dans l'expérience », mais pouvoir accomplir, à partir des données de l'expérience effective, des jugements susceptibles de déterminer, de fonder et par lesquels l'être véritable et l'être-tel se déterminent.

| En poursuivant ainsi, on peut parfaitement mettre en évidence des **108**
conditions *formelles* de possibilité d'une multiplicité infinie connaissable, c'est-à-dire prouver qu'une telle multiplicité doit posséder *a priori* une forme ontologique légale – et pas n'importe laquelle – en tant que corrélat nécessaire de la possibilité de sa connaissance. Dans cette manière formelle de procéder, il faut toutefois prendre garde au fait que les idées de la subjectivité connaissante, de l'expérience, de la pensée, ne peuvent pas être tirées pour ainsi dire dans leur pleine concrétion du monde concret de notre expérience et de son *a priori* matériel, puisque en procédant tout d'abord de façon mathématique et formelle, nous avons

laissé derrière nous le monde et tout monde possible, et puisque dans le passage à la possibilité réale, il est <possible> de laisser de côté dans un premier temps la question de savoir si la multiplicité infinie réalement possible est une multiplicité d'objets spatiaux mondains. De même, du côté du sujet, nous n'avons pas non plus des humains effectifs et possibles mais des sujets pensés de façon formelle comme sujets de connaissance.

Avec le passage de l'*a priori* mathématico-formel à l'*a priori* matériel, on assiste ainsi, d'une certaine façon, à un élargissement du concept du « formel ». Le premier concept – le concept spécifique – du formel dans sa vacuité (nous pourrions dire aussi bien le concept du formel au sens de l'analyse mathématique, et donc le concept de l'analytico-formel) se caractérise par le concept de la *pensabilité sans contradiction*. Sous le titre des objets quels qu'il soient, la pensée mathématico-formelle ne « pense » que des substrats quelconques de jugement en général sans se demander s'il s'agit d'objets vrais ou même seulement possibles. L'unique question qu'elle se pose est de savoir si tous les substrats de jugements ou objets qui y sont pensés comme jugés d'un coup dans l'idée formelle et définitoire d'une multiplicité, comme unis dans de telles formes judicatives, ne le sont pas de telle sorte qu'un jugement entre en contradiction avec un autre jugement. La multiplicité serait alors déjà contradictoire par sa pure et simple forme judicative. Les mathématiques construisent des possibilités de pensée en un sens très déterminé : celui de l'absence de contradiction analytico-formelle. Il existe néanmoins une tout autre possibilité de pensée, celle qui porte sur une possible justesse ou vérité *matérielle* des positions judicatives en question et, par conséquent, sur la possibilité d'une connaissance qui en atteste, sur l'intuition et l'évidence remplissante
109 correspondantes. C'est pourquoi, dans l'analyse, | on ne saurait trouver le concept de l'individu, du réal au sens le plus vaste d'un élément individué temporellement, ou même spatio-temporellement. Ce qui, pour un individu, appartient à sa possibilité d'être, ce qui appartient au fait que plusieurs *data* individuels (des choses, des processus) peuvent coexister matériellement, cela ne se décide pas comme dans le cas de l'absence de contradiction, c'est-à-dire à partir des simples jugements en tant que significations propositionnelles ou à partir de la simple forme judicative, de la pensabilité logico-mathématique vide. Dès que nous posons la question de savoir à partir de quand une multiplicité mathématique est une multiplicité *réalement possible*, nous franchissons les limites de la sphère purement mathématique. Dès que nous voulons penser les « quelque chose » vides (les simples substrats de jugements) comme rapportés correctement à des objets individuels possibles ou effectifs, nous avons

quitté la sphère mathématico-analytique. Dans l'analyse, nous ne nous interrogeons pas sur la vérité ni sur la possibilité matérielle des objets du jugement et des états de choses qui sont pensés comme affirmés au sein de formes judicatives définissantes. Nous nous demandons seulement si les jugements sont déterminants sans contradiction. Dès que notre activité judicative aspire à la vérité matérielle, il nous faut quitter la considération des simples jugements et de leur forme pour nous assurer, dans une intuition et une évidence matérielles, de la vérité ou de la possibilité réale des objets jugés eux-mêmes.

Le passage de l'*analyse* à la sphère de la *synthèse*, celle de l'*a priori de la teneur réale*, demeure toutefois « formel » dans la mesure où il appartient à l'idée du quelque chose formel et de l'état judicatif formel de se soumettre à la « question de droit » de la vérité, ou encore de la possibilité matérielle. Si l'on fait entrer ces questions en ligne de compte, ces questions qui sont pour nous de la plus haute importance, il en résulte un nouveau *problème universel* : quelles exigences aprioriques doivent nécessairement être satisfaites, outre celles de l'analyse mathématique, pour que des multiplicités infinies doivent pouvoir être possibles en tant que multiplicités de *réalités* possibles ? Quel type de nouvel *a priori* doit nécessairement valoir pour qu'une pensabilité logique vide <puisse> devenir une possibilité *réale*, pour que des substrats de jugements, des objets, des états de choses, pensables ensemble sans contradiction, doivent pouvoir être *réalement* possibles, *réalement* compossibles ?

| Le rôle déterminant est joué ici en premier lieu par le concept de **110**
réalité, le concept le plus général et non pas celui qui est tiré de l'intuition concrète du monde ; il s'agirait sinon du concept de la réalité spatiale. Il en résulte ici un concept formel (en un nouveau sens) de l'« étant » et de la « vérité » qui, face au simple acte de juger et à sa concordance, n'introduit rien de plus que la *vérifiabilité matérielle* en général. Il en résulte par conséquent une *voie descendante conduisant du formel analytique au formel de la teneur réale*, des conditions légales de possibilité de la simple non-contradiction à de nouvelles conditions légales de possibilité, celles d'une vérité matérielle possible : de l'*a priori* analytico-mathématique à l'*a priori* synthético-matériel. Sur le versant synthétique, cette voie conduit de l'*a priori* le plus général, et par suite encore <in>différencié, d'une réalité possible vers un *a priori* toujours <plus> différencié. Conditions de possibilité d'une vérité matérielle synthétique. Mais ce qui en résulte, c'est l'*a priori* matériel complet d'un monde possible comme tel et en tant que connaissable pour une subjectivité.

La voie inverse est celle qui part de l'intuition concrète du monde de l'expérience qui nous est donné, celle de sa variation libre, d'où résulte l'*a priori* concret, tiré de l'intuition pure, d'un monde possible en général et des réalités mondaines. Si l'on s'élève systématiquement à partir de là, il en résulte d'un côté qu'une composante universelle de cet *a priori* peut en être détachée comme analytique, c'est-à-dire comme revenant à tout monde possible non pas parce qu'il est précisément un monde possible mais parce qu'en tant que multiplicité infinie, il doit nécessairement être non-contradictoire s'il faut qu'il soit jugeable d'une façon ou d'une autre, c'est-à-dire s'il doit pouvoir être possible et vrai. Après la mise à l'écart de cet *a priori* analytique, on obtient le véritable *a priori* matériel ou synthétique, et, comme nous ne pouvons ici l'indiquer qu'anticipativement, on l'obtient comme identique à celui qui a été obtenu sur la voie descendante, comme système apriorique d'exigences pour une multiplicité réale en général et au sens le plus large.

Il faut bien reconnaître les difficultés que présente le parcours effectif de la voie qui progresse de l'analytique vers le synthétique, de l'*universum* des possibilités de pensée analytico-mathématiques vers
111 l'*universum* des possibilités ontologiques | réales. Kant fut le premier à apercevoir ici la démarcation sans parvenir toutefois à la conduire à la transparence des principes ultimes. Chez lui, le problème se présente sous la forme du contraste entre l'idée d'un nouveau type de logique synthétique ou, comme il l'appelle, transcendantale, et la logique formelle traditionnelle, remontant à l'analytique aristotélicienne. Cette dernière, Kant la caractérise comme une logique faisant abstraction de toute relation de la connaissance à un objet [*Objekt*]. Plus précisément, il s'agit d'une logique de la simple non-contradiction. Kant n'a pas vu que l'analyse mathématique tout entière, avec toutes ses disciplines, appartient au domaine des possibilités de pensée simplement non-contradictoires, et donc qu'elle est une extension parfaitement naturelle de l'ancienne logique formelle ou analytique ; en outre, il a méconnu que Leibniz avait déjà pris en vue l'idée d'une *mathesis universalis* universelle [*sic*] à laquelle le titre de « logique de la non-contradiction » convient parfaitement et par laquelle il se trouve développé. Du fait que chez Kant, les mathématiques (et non simplement la géométrie ou d'autres disciplines aprioriques ayant également une teneur réale) mais aussi l'arithmétique et avec elle toutes les disciplines de ce qu'on appelle l'analyse sont mises au compte de la sphère de l'*a priori* synthétique, il en résulte une grande confusion dans la tâche, en elle-même visiblement impérieuse, d'une *logique transcendantale* s'élevant progressivement de la sphère de la non-contradiction à celle de l'unité à teneur réale.

Afin de développer effectivement cette <logique>, et telle que nous l'avons conçue (ce dont Kant s'est approché en effet, au moins quant à la position des problèmes), c'est-à-dire en partant d'en haut, en suivant le chemin qui conduit de l'*a priori* simplement analytico-mathématique à l'*a priori* d'un être vrai possible, et donc d'un être à teneur réale possible – pour cela est requise une lucidité ultime relativement à la problématique dans son ensemble et aux concepts de multiplicité qui la portent : multiplicités analytiques et synthétiques, respectivement multiplicités infinies mathématiquement possibles et possibilités réales au sens le plus vaste qui leur corresponde. D'un autre côté – puisque avec la possibilité réale dans une perspective subjective, c'est le problème de la possibilité de la connaissance qui est posé –, cette tâche requiert la clarté sur ce qu'exige le sens du questionnement tout à fait général portant sur la généralité de la subjectivité connaissante, et notamment sur le fait qu'il ne peut pas être question ici, ou du moins pas d'abord, de subjectivité | humaine. Ce **112**
point gagnera en clarté si nous spécifions *l'autre voie vers une logique transcendantale*, la voie qui ne passe donc pas de l'idée de ce qui est pensable sans contradiction (en tant que jugeable de façon simplement concordante) à l'idée de ce qui est connaissable comme étant réalement possible, ou encore, ce qui convient davantage, la voie qui ne part pas de l'idée d'une multiplicité mathématique infinie et consistante pour en venir à l'idée d'une multiplicité réalement possible en général, qu'on peut aussi appeler un monde possible au sens formel le plus large qui soit.

<§ 18. *La voie directe, ascendante, d'une déduction transcendantale à partir du monde de l'expérience*>[1]

Sur cette *voie inverse*, il faudrait procéder de la façon suivante : nous partons ici du *monde donné comme monde de notre expérience vivante*, de notre expérience qui le détermine (quand bien même de façon présomptive, incomplète et unilatérale), de cette expérience qui, somme toute, a toujours été une expérience concordante et, comme il nous est permis de le présupposer empiriquement, le sera toujours, sans cesser de maintenir l'être du monde donné dans l'expérience. Toute description de ce qui est dans ce monde et de ce qu'est, universellement, ce monde dans son ensemble explicite la teneur ontologique de l'expérience et prend naturellement part, du point de vue de sa validité, au caractère présomptif de l'expérience elle-même.

1. Pour les § 18 et 19, *cf.* Appendice XXII : « L'*a priori* matériel du monde » (p. 250) – NdE.

Afin de gagner et de garder quelque clarté sur ce qui peut effectivement être attendu d'une explicitation purement descriptive du monde de l'expérience, c'est-à-dire sur la portée possible de telles descriptions, nous ne pouvons pas nous permettre la naïveté de décrire tout simplement et directement ce monde qui est à chaque fois donné dans l'expérience. Il nous faut également prendre en vue de façon générale le *comment* de la donnée d'expérience, et avant tout la façon dont, dans toute expérience, ce qui est expérimenté ne vient que partiellement à la véritable auto-donation intuitive et dont, au-delà de cette dernière, il est lesté de présomptions;
113 | pareillement, il faut prendre en vue la façon dont ces présomptions qui portent au-delà de ce qui est intuitif reçoivent leur droit empirique, ainsi que le rôle joué dans ce cadre par ce fait fondamental qui doit également être indiqué : celui de la certitude parfaite, quoique présomptive, de pouvoir progresser d'expérience en expériences nouvelles (itérativement) dans la liberté du « je peux ».

Dans la leçon précédente, nous avons développé l'idée selon laquelle, pris purement tel qu'il nous est donné dans l'expérience, *le monde nous est donné selon un style présomptif.* Il est constamment donné comme un monde d'objets [*Objekten*], de réalités concrètes, chacune d'entre elles étant expérimentée de son côté comme substrat permanent d'une multiplicité de propriétés réales. De façon tout à fait générale, la donnée présomptive signifie que dans tout présent vivant d'expérience a lieu la séparation entre un champ de ce dont il y a proprement expérience et un horizon ouvert de ce dont il n'y a pas proprement expérience. Mais cela est à entendre en un double sens. Nous parlons d'objets expérimentés proprement et improprement, mais nous parlons aussi, pour chaque objet singulier, de ce qui, de lui, est proprement expérimenté (de ses moments réaux qui le déterminent) ou de ce qui est seulement présumé sur le mode de l'horizon.

À cette distinction, avons<-nous> dit par anticipation, se rattachent *deux types de descriptions possibles* : 1) les descriptions du premier type se rapportent au champ d'expérience qui est à chaque fois intuitif et concret et qui, avec sa multiplicité d'objets venant effectivement à la perception, constitue un noyau permanent – quoique changeant – du monde de l'expérience; 2) les autres descriptions, quant à elles, se rapportent au tout du monde dans ses propriétés globales et générales. Mais le tout du monde est plus que ce noyau qui, en vertu de la spécificité des horizons externes appartenant constamment à l'expérience fluante, projette pour ainsi dire à l'infini le style du présent réal qui est à chaque fois effectivement expérimenté. Si l'on prend ces horizons en considération, alors le style universel du tout du monde qui traverse tous les présents et tous leurs horizons externes peut devenir un thème dans sa généralité.

Eu égard à ce comment subjectif de la donnée du monde de l'expérience, qui doit toujours être conjointement décrit de façon scrupuleuse, il faut néanmoins prendre garde au point suivant : dans tout présent
| momentané*, nous avons un noyau momentané d'objets intuitifs et **114**
concrets en tant qu'objets perçus. Dans la mesure où l'expérience progresse continuellement, ce noyau change lui aussi. Des objets sortent du champ perceptif, de nouveaux objets y pénètrent, abstraction faite de ce que chacun d'entre eux, pendant qu'il demeure dans l'expérience, se montre tantôt d'un côté, tantôt d'un autre, abstraction faite de ce que, pour chacun d'entre eux, des teneurs de détermination changeantes viennent à la perception, et de ce que, en outre, chacun d'entre eux se donne par là tantôt comme stable, tantôt comme changeant. Mais tout cela n'appartient pas à l'expérience comme un événement simplement passif. L'expérience est tantôt passivité, tantôt activité de celui qui fait l'expérience – auquel cas il se porte de lui même activement vers l'objet singulier, il en porte de nouveaux aspects à la perception, qui, sinon, demeureraient non-perçus. De même, il ouvre l'horizon externe concret, il s'engage dans l'une ou l'autre des directions du progrès de la perception et il fait rentrer en elle pour ainsi dire à partir de cet horizon de nouveaux objets, qui, sinon, seraient demeurés pour lui non-perçus.

Prenons garde également au fait qu'à chaque présent vivant d'expérience appartient un champ rétentionnel vivant : ce qui vient juste d'être expérimenté mais qui est sorti de mon champ d'expérience est pourtant encore conscient de façon vivante comme tout juste perçu et continue à valoir comme étant. D'un autre côté, un horizon de co-présent et de pré-présent co-appartient au champ du présent, un horizon d'attente effective et possible. Ce qui est et a été donné concrètement à l'instant laisse prévoir tout à fait immédiatement et dans une déterminité variable ce qui va venir, et ce tout d'abord dans la passivité. Mais parmi ce qui est préfiguré concrètement, il y aussi ce qui, de façon prévisible, se montrerait conformément à la perception si j'engageais mon activité perceptive dans telle ou telle des directions qui me sont familières.

Par conséquent, les présents concrets de l'expérience qui passent continuellement les uns dans les autres sont liés entre eux de telle sorte que

* Le champ d'expérience du monde qui, du monde, m'est proprement présent. Le « *présent* ».

pour la conscience du sujet de l'expérience, c'est un « *présent concret* »
115 en un sens supérieur, englobant une large | extension temporelle, qui s'édifie à partir d'eux. L'*expérience* en reçoit un *sens élargi*, d'après lequel une validité d'expérience consciente de façon vivante n'englobe pas seulement le champ perceptif momentané mais contient en co-validité les teneurs de la mémoire vivante ainsi que de l'attente passive dont on peut disposer librement. Ce champ élargi de l'expérience est un champ d'objets concrets – pour une part déjà relativement connus, pour une autre devant encore être connus. Mais à ce champ appartiennent également un domaine de données potentielles du ressouvenir, un domaine de la prévision concrète à produire inductivement, ainsi que, pour le passé, un domaine des prévisions hypothétiques et des déterminations hypothético-inductives « éventuelles » qui leur sont apparentées. Nous déployons une activité d'expérimentation au sein de notre monde concret de l'expérience et nous prévoyons alors ce qui devrait y entrer de façon concrètement déterminée en fonction des circonstances. Ce monde actuel de l'expérience, qui s'édifie à partir de la perception et du souvenir actuels (ainsi que de l'attente déterminée qui y trouve sa motivation), peut devenir un champ thématique de descriptions. Si, finalement, nous usons aussi de notre liberté d'éveiller spontanément les passés les plus reculés sur le mode du souvenir et de déterminer les horizons concrets en les expérimentant inductivement de façon spontanée et dans tous leurs aspects, alors se développent des descriptions universelles. Ce sont par exemple celles du type des sciences descriptives dans lesquelles il s'agit d'être attentif à la synthèse des domaines concrets d'expérience acquis et à acquérir par les différents sujets de l'expérience, synthèse qui s'effectue par communautisation des sujets de l'expérience dans leurs expériences et leurs descriptions *.

Mais ce monde de l'expérience si extraordinairement élargi en tant que monde des concrétions intuitives effectives et possibles, ce monde n'est lui-même à son tour qu'un noyau du monde plein et complet, de celui qui, en vertu de l'extension encore plus lointaine de la structure présomptive de notre expérience, vaut constamment pour nous comme le monde étant. Pour tout sujet de l'expérience, ce noyau du monde est son monde pratique actuel, le monde concret qu'il connaît déjà et qui, quelle
116 que soit l'étendue de ce | qu'il ignore encore de lui, est pour lui le monde

* Appendice à propos des descriptions des singularités factuelles et, d'un autre côté, des généralités du monde ambiant individuel concret d'après sa structure universelle, et à propos des descriptions des généralités inconditionnées <*cf.* Appendice VII : « Les différentes façons de décrire le monde. Le rapport entre singularités et généralités » (p. 207)>.

concrètement prévisible, accessible, le monde à ouvrir concrètement par son expérience. Ce qui vaut pour le sujet individuel de l'expérience vaut semblablement pour toute communauté d'expérience qui, en tant que communauté de vie pratique, vit à l'intérieur d'un monde concret commun en tant que son monde ambiant pratique. Ce monde ambiant comporte pour nous la Terre (et encore, réduite à sa surface), mais aussi les astres visibles, qui n'ont déjà pour nous qu'une accessibilité lointaine et en même temps vide, ne pouvant jamais gagner pratiquement une proximité concrète. Mais par-delà cette visibilité s'étend l'indéfinité ouverte qui n'est pas un néant, mais qui est encore et toujours un horizon externe, un horizon d'objets inconnu et indéterminé dans son ouverture. Quelles que soient, de cet horizon, notre ignorance et la vacuité en déterminité concrète, le principe d'après lequel la proximité prescrit son style au lointain est toujours valide. Et dans le passage d'une concrétion à l'autre au sein de l'expérience effective et inductive, ce qui ne cesse de s'ébaucher toujours à nouveau comme devant être attendu prochainement et qui se confirme dans le progrès de cette expérience, cela préfigure également pour les lointains médiats et leur forme d'ensemble (celle d'une infinité ouverte) un style homogène – certes seulement de façon générale. Ne serait-ce que dans le monde ambiant concret, la préfiguration, quoique concrète, n'est jamais pleinement déterminée. En outre, il ne s'agit pas simplement d'une détermination à préciser en entrant davantage dans l'expérience ou par auto-expérience ; il s'agit aussi d'une détermination qui altère, qui rectifie – mais de telle sorte que se maintienne pourtant une unité structurelle de la sphère concrète, une communauté de style sans laquelle les présents concrets momentanés ne pourraient pas du tout s'unir ni se rassembler en un monde qui se maintienne en tant que monde étant pour nous conformément à la conscience, c'est-à-dire existant constamment à partir de l'expérience. C'est ainsi que toute rectification est toujours aussi pour nous une confirmation quant à la conformité stylistique. Cette confirmation n'advient pas seulement au bénéfice de la présomption passée mais <aussi> de celle qui s'attache de nouveau à chaque nouveau moment présent, en tant que présomption devant bien elle aussi, comme ce fut le cas jusqu'à maintenant, confirmer sa légitimité de façon rationnelle et évidente.

Si, à présent, nous prenons tous ces développements en considération, il en résulte manifestement la possibilité d'une description du monde d'une autre espèce que sa description concrète : une description qui ne se meut pas dans le monde ambiant concret, qui ne s'occupe pas des | concrétions déterminées qui sont les siennes, qui ne tire pas de 117 pré-intuitions [*Voranschauungen*] inductives à partir d'une prévision concrète (celle de ce qui doit nécessairement entrer ou être compris dans une déterminité concrète), une description qui ne tire pas non plus de là des généralités inductives à teneur concrète. C'est plutôt la possibilité d'une nouvelle tâche qui s'ouvre ici : celle d'interroger de façon tout à fait générale le style universel du monde de l'expérience, de soumettre à un regard universel l'expérience infiniment fluante du monde, de mener à la validité dans son ensemble la présomption indéterminée et complètement ouverte qui en relève (y compris celle qui concerne les concrétions) et de conduire alors dans cette attitude à une description systématique ce qui, empiriquement, doit être toujours et partout nécessairement présumé, où que nous nous tenions (ou pensions nous tenir) au sein du flux de l'expérience, que nous nous plongions dans l'expérience des lointains les plus éloignés d'un passé inconnu, d'un futur inconnu, ou dans les lointains du présent – tout cela dans le but de mettre au jour de façon descriptive ce qui devrait nécessairement appartenir au style de toute expérience concrète d'un présent quel qu'il soit, mais aussi, derechef, ce qui appartient au style *du tout du monde dans son unité*, lui qui traverse comme monde unique tout présent susceptible d'être présumé*.

La généralité du style du monde qui est ici interrogée exige d'une certaine manière que la détermination s'effectue par des jugements d'une généralité inconditionnée, rapportés à l'infinité du monde factuel en tant que monde toujours présumé dans la totalité de notre expérience factuelle et en même temps toujours factuellement expérimenté comme ayant à chaque fois un fonds concret.

Il suffit d'un pas pour passer de là à une *considération apriorique du monde*, et même à l'*a priori* universel d'un monde de l'expérience comme tel.

Jusqu'à présent, nous nous en sommes tenus au fait de notre expérience. Si nous abandonnons cette liaison qui nous rattache au fait en mettant en œuvre cette variation qu'il s'agit d'accomplir librement
118 dans l'imagination et dont résultent pour nous toutes les pures | nécessités d'essence ayant une teneur réale – pures de toute factualité –, alors nous

* Cette exposition n'est pas tout à fait claire dans la mesure où ce qui est traité *comme une préparation* à l'indication de la possibilité d'un nouveau type de description, ne se rapportant pas aux individualités concrètes ni aux touts concrets, est en vérité déjà le commencement – et même une bonne partie – de cette description elle-même. Il faudrait donc modifier un peu l'exposition : c'est un autre type de description que nous accomplissons lorsque nous réfléchissons sur la façon dont un *concretum* nous est (et pourrait nous être) à chaque fois donné. Nous faisons référence à la distinction entre monde proche et monde lointain ainsi qu'à une généralité du style etc.

obtenons le *style apriorique* qui n'est pas propre seulement au monde factuel de notre expérience mais, selon une nécessité indestructible, à toute expérience et à tout monde de l'expérience possibles dans la modification la plus libre qui soit.

Kant recherchait les « conditions aprioriques d'une expérience possible » : ce sont l'espace, le temps, les soi-disant catégories de substance, d'accident, de causalité etc., les principes correspondants de l'entendement pur qui, selon lui, <sont> de telles conditions aprioriques. « Expérience » signifie pour lui « expérience d'objets ». Mais il en résultait déjà pour lui qu'expérience d'objet et expérience d'un monde étaient inséparables. Des objets ne sont ce qu'ils sont qu'au sein de l'infinité ouverte d'un monde possible et d'une expérience possible du monde. Par conséquent, nous pouvons dire qu'en cherchant à établir les conditions aprioriques d'une expérience possible, Kant recherche les structures d'essence ontico-aprioriques sans lesquelles un monde ne serait pas pensable en tant que monde d'une expérience possible, ce qui implique, corrélativement, de faire porter la réflexion, dans une perspective subjective et de façon descriptive, sur le comment subjectif de l'expérience universelle. Or c'est cela même que nous obtenons, dans une perspective ontique et noétique, en suivant la voie que nous avons décrite, celle de la méthode de la variation eidétique de l'expérience universelle et du monde de l'expérience. Sous le titre « monde », notre expérience universelle porte en elle un sens général accompagné d'une multiplicité de structures de sens, inséparables de lui en tant que sens de cette expérience. Aussi loin que porte le résultat évident de l'idéation issue d'une libre variation, aussi loin est-il certain qu'il ne peut se produire aucune expérience qui s'en éloigne et que, par conséquent, tout *a priori* ayant ici sa place est une norme pour toute connaissance possible de l'expérience*.

<§ 19. *Comparaison et évaluation des deux voies. Les avantages de la voie ascendante*>

Maintenant que nous avons décrit, d'une façon certes tout à fait générale et provisoire, la voie directe d'une déduction transcendantale,
tirant son contenu | de l'intuition globale de notre expérience du monde, **119**
il est aisé de la mettre en relation avec l'autre voie, celle qui procède de façon descendante à partir des généralités analytico-mathématiques vides.

* Cette proposition est pourtant bien dangereuse !

Lorsque, dans la méthode de la variation eidétique (ou, comme nous pourrions dire en élargissant la terminologie kantienne : à partir d'une intuition pure), nous avons dévoilé selon une description apriorique universelle le concept d'un monde possible dans la plénitude de son contenu, cela s'est naturellement fait au sein d'un système de jugements qui, cependant, ne sont pas de simples jugements mais la connaissance d'une vérité apodictique. Si nous les considérons comme de simples jugements, liés les uns aux autres dans l'unité judicative d'un système, alors il va de soi qu'ils doivent satisfaire les conditions aprioriques de la non-contradiction afin de pouvoir être jugés ensemble précisément comme de simples jugements. Mais à y regarder de plus près, on ne peut en rester là : dans la mesure où l'on pense qu'il est tiré d'une connaissance du monde, ce système de jugements est un système possible de jugements concordants rapportés à un domaine infini ; il est donc une forme de la théorie universelle d'un système de connaissance dont la sphère d'objets s'appelle « multiplicité ». Si, par la pensée, <nous> réduisons ce système judicatif d'une connaissance possible du monde à sa forme purement mathématico-analytique, alors nous devons nécessairement obtenir l'une des multiplicités mathématiques, l'une de celles qu'une mathématique analytique suffisamment développée aurait déjà préalablement définies, mises en évidence et exposées déductivement comme existant au sens mathématique, c'est-à-dire comme non-contradictoires. Nous pouvons tout aussi bien dire à ce propos qu'en tant que « multiplicité » infinie, un monde possible en général possède *eo ipso* une structure formelle analytique – ce qui est déjà exprimé dans le concept de la multiplicité mathématique, lequel n'exprime pas seulement la non-contradiction. La préfiguration formelle du concept de multiplicité s'étend beaucoup plus loin que la simple non-contradiction. D'un autre côté, cependant, avant toute question relative à la possibilité *réale*, cette forme vide privilégiée, à laquelle une multiplicité réale est nécessairement liée si elle doit pouvoir être un monde possible, ne représente qu'un canevas vide. Mais toute multiplicité mathématique parmi le nombre infini de celles qui sont pensables n'est pas apte à être la forme d'une multiplicité réale : la forme
120 mathématique universelle est | la multiplicité, mais toute multiplicité n'est pas réale ! Cette multiplicité privilégiée à laquelle un monde possible est lié, nous l'obtenons le plus aisément qui soit en formalisant le concept gnoséologique apriorique du monde.

Le monde – et le monde possible *a priori* que nous tirons de lui par intuition pure – possède par conséquent un double *a priori*, un *a priori* analytique et un *a priori* à teneur réale, un *a priori* synthétique. Le premier est la structure mathématique nécessaire d'un monde possible. Il n'énonce pas seulement dans une généralité vide que la position d'un monde de l'expérience, avec toutes les positions judicatives possibles qui en relèvent, doit être non-contradictoire, comme cela va de soi; mais, comme nous l'apprennent nos développements précédents, il dit infiniment plus. Il dit que le monde doit nécessairement avoir la forme d'une multiplicité mathématique non pas de n'importe quel type, mais d'un type privilégié : une forme qui est remplie dans l'*a priori* à teneur réale d'un monde possible de telle sorte que cette plénitude ne soit pas à poser à côté de la forme, pour ainsi dire comme une entité pour soi, tandis que la forme pure, de son côté, devrait s'en laisser extraire par abstraction.

Tandis qu'en suivant cette voie d'une intuition concrètement pure, on ne s'interroge qu'après-coup sur la forme analytique pour la trouver dans l'*a priori* concret du monde, sur l'autre voie, on part de l'idée mathématique de la multiplicité infinie et l'on se demande à quel moment une telle multiplicité pourrait bien être à la fois réale et individuellement concrète (bien entendu, on veut dire par là que la multiplicité réale doit avoir de la réalité pour tout un chacun). Puisque le réal doit être tiré de la seule intuition (pour ce qui est de son effectivité mais aussi déjà de sa possibilité), des exemples intuitifs doivent ici nécessairement être mis au service de cette façon de procéder. Mais dès qu'on se situera dans l'intuition – et quand bien même ce serait <dans> des abstractions aussi générales que celles qui seront requises en premier lieu par cette voie qui part du mathématico-formel – on sera inévitablement conduit à des concrétions de plus en plus englobantes. Et il faut bien voir, en fin de compte, que l'*universum* de l'intuition tel qu'il doit rendre possible une connaissance intersubjective coïncide nécessairement avec cette même idée d'un monde possible qui, sur l'autre voie, avait été obtenue directement par le moyen de la variation du monde donné factuellement. Je veux dire par là qu'en progressant sur la voie descendante, on tendra donc finalement à
passer à la pleine concrétion, | ce qui revient précisément à considérer les **121**
exemples intuitifs dans leur liaison universelle (qu'elle soit concrètement factuelle ou idéalement possible) et, par conséquent, à s'engager dans la méthode fondamentale de la variation du monde donné comme monde de l'intuition concrète universelle. Rien d'étonnant, donc, à ce que Kant commence certes par la mise en opposition d'une logique analytique et d'une logique transcendantale, mais qu'ensuite, afin d'élaborer cette dernière, il en appelle immédiatement au problème de l'expérience et du monde de l'expérience et se mette à la recherche de leur *a priori*.

Nous avons reconnu que la méthode directe d'une logique transcendantale était la plus proche de la parfaite clarté quant à la situation des problèmes, et donc la meilleure ; elle est celle par laquelle toutes les structures nécessaires *a priori* d'un monde de l'expérience en tant que tel doivent être découvertes, et elle vaut comme telle pour tout monde en général puisque un monde ne peut avoir de sens que pour une subjectivité qui en fait l'expérience et en élabore une considération théorique à partir de l'expérience. Une logique transcendantale développée n'est autre que le champ scientifique nécessaire à l'intérieur duquel il faut développer une distinction principielle entre toutes les sciences possibles du monde, c'est-à-dire entre toutes les sciences qui, contrairement aux disciplines de la mathématique formelle ou analytique, n'excluent pas hors de leur perspective toute teneur concrète, n'abandonnent ni ne laissent toute vérité *réale*, ni même toute possibilité *réale*, hors de leur perspective ou dans une généralité totalement indéterminée. Voilà donc le résultat auquel nous a finalement conduits <notre> critique de Rickert. Nous avons élucidé l'aliénation formaliste que subit, dans ses tentatives pour fonder de façon principielle la doctrine de Windelband, la conception kantienne d'une déduction transcendantale et nous avons gagné, par la même occasion, une vision intuitive du sens plus profond d'une déduction transcendantale ainsi que du sens d'une déduction directement intuitive. Tout cela représente un important travail préparatoire pour les prochains développements *.

Les sciences positives du monde factuel en tant que monde de notre expérience factuelle reçoivent de ce dernier leurs teneurs déterminées, en vertu de quoi ce qu'elles prennent pour thème et qu'elles enseignent ne prétend naturellement pas valoir pour tout monde possible. Mais *tout*
122 *fait a son* a priori ; donc | même le fait de *l'organisation systématique de la totalité* des sciences factuelles possède sa typique d'essence, correspondant à la forme d'essence *du monde*, que ce dernier partage comme son *a priori* avec tout monde possible en général. C'est l'*a priori* qui est principiel ; *la configuration structurelle principielle d'un monde en général* est une *forme de monde* qui n'est pas seulement analytique mais possède aussi une *teneur réale*, prescrivant leur tâche à toutes les sciences qui sont possibles pour un monde, et ce dans la généralité, comme il convient à cette forme. Nous pouvons donc dire que *la structure unitaire systématique d'un monde possible a son corrélat dans la typique*

* Les pages suivantes se trouvent ci-dessous <ce qui renvoie sans doute au texte qui ouvre le § 20, *infra*, p. 149>.

unitaire systématique des types de sciences rapportés à cette structure ou aux structures partielles qui en dépendent systématiquement. Si la nature matérielle, l'animalité, si la personnalité, la communauté personnelle, les productions personnelles en tant que culture etc. sont autant de titres d'une généralité typique qui appartiennent nécessairement à un monde possible, et si, par exemple, l'espace et le temps sont des structures partielles abstraites, alors il doit nécessairement y avoir, dans tout monde possible, des questionnements théoriques et des sciences qui s'y rapportent. Ces sciences trouvent dans le fait du monde donné la teneur factuelle qu'elles déterminent. Si le monde était un autre monde possible, cette teneur en serait une autre. Mais la forme de ces sciences et du système d'ensemble des sciences serait nécessairement la même. Elle est un *a priori*.

Si nous demeurons dans l'attitude de la pure généralité, si nous délaissons, au titre de variable, toute particularité factuelle possible, alors il va de soi qu'une science apriorique correspond à cette forme d'ensemble ainsi qu'à toute forme particulière. En d'autres termes : toute science apriorique appartenant à une structure mondaine apriorique relativement close est en même temps la forme apriorique des sciences factuelles correspondantes dans tout monde possible, et de même pour le système formel tout entier. Par conséquent, c'est seulement dans le cadre d'une considération principielle du système des structures aprioriques du monde ainsi que de la division des sciences structurelles aprioriques qui en relèvent (comme autant de principes des formes nécessaires de la science) qu'il est possible, relativement à notre monde factuel comme à tout monde factuellement présupposé, de traiter les questions épistémologiques d'une classification radicale des | sciences réales et avec elles les questions de **123**
principe se rapportant aux titres que sont les « sciences de la nature » et les « sciences de l'esprit ».

À ce propos – et ceci est naturellement dirigé contre la théorie de Rickert –, chacun doit toutefois être au clair <sur> ce qui appartient au sens propre d'une méthode authentiquement transcendantale, et sur le fait que des déductions formalistes qui introduisent partout des présuppositions qui ne sont pas formées de manière effectivement transcendantale, c'est-à-dire à partir de l'intuition d'essence d'un monde possible, ne peuvent pas nous aider ; elles représentent donc plutôt une espèce de déductions illusoires par le biais desquelles il est finalement possible de déduire tout ce qu'on veut sur la base de préjugés séduisants mais non clarifiés.

<Chapitre V

LES PRÉJUGÉS, LOURDS DE CONSÉQUENCES, DÉTERMINÉS À PARTIR DE LA SCIENCE DE LA NATURE, PAR OPPOSITION AUX PRÉCONVICTIONS, SCIENTIFIQUEMENT LÉGITIMES, FONDÉES DANS L'EXPÉRIENCE>

<§ 20. *L'exemplarité problématique des sciences de la nature et la cécité à l'égard de l'intentionnalité*>[1]

Laissons de côté la déduction rickertienne et restons-en au discours de Windelband, moins prétentieux, moins ingénieux et présentant moins de tentations ; regardons ce qui s'y trouve néanmoins de suffisamment tentant pour avoir si aisément ouvert la voie aux déductions rickertiennes. Comme s'il s'agissait d'une évidence allant de soi*, le schéma « science de lois – science d'événements / généralisante – individualisante » s'y
présente comme la division méthodique | convenant aux sciences des 124
faits. L'exposition plus détaillée fait usage de la conception – elle aussi considérée quasiment comme allant de soi – selon laquelle les sciences descriptives de la nature physique ne sont que des degrés inférieurs et transitoires en vue d'une connaissance exacte de la nature, de type physiciste, si bien qu'elles devraient tout bonnement être mises au compte

* Les « évidences » de Windelband = préjugés provenant de la science moderne de la nature ; *cf.* la récapitulation 81_2 <p. 154-155>.

1. *Cf.* sur ce point l'Appendice XVII : « Contribution à la critique de la présupposition "évidente" qui régit l'opposition entre science des lois et sciences des individus. Contre Rickert-Windelband » (p. 227). Relativement au contenu du § 20, *cf.* les développements similaires de l'Appendice XIX : « Les manques méthodiques de la déduction rickertienne. La limitation des paradigmes dualistes et naturalistes et leur cécité quant à l'intentionnalité » (p. 234), en particulier p. 244-248 – NdE.

des sciences de lois. C'est ici qu'on rencontre la pseudo-évidence selon laquelle la biologie, ultimement, ne peut avoir un but essentiellement différent de celui des sciences du type de la physique et de la chimie, celles qu'on nomme les sciences exactes de la nature. Or cela concerne les deux versants de la biologie : aussi bien, d'un côté, la biophysique – entendons par là la science de la spécificité corporelle des organismes animaux et végétaux telle qu'elle a été presque exclusivement traitée sous le titre de la biologie à l'époque moderne – que, d'un autre côté, la psychologie en tant que science de la spécificité psychique de ces mêmes êtres. Toutes les sciences de faits se rapportent en dernière instance à des objets [*Objekte*] individuels, même là où elles sont en quête de vérités légales, générales et exactes. La pseudo-évidence en question est par conséquent celle selon laquelle tous les objets individuels doivent essentiellement relever de la même structure de sens, qu'il s'agisse d'objets matériels (en particulier d'objets au sens de la physique ou de la biophysique) ou d'individus psychiques, d'âmes humaines ou animales.

De même, c'est de nouveau pour Windelband quelque chose comme une évidence allant de soi que là où l'individualité est le thème particulier, dans les « sciences idiographiques », la recherche portant sur l'individualité et la recherche liée au cadre de l'intuitivité sont une seule et même chose ; c'est manifestement parce qu'il admet corrélativement comme allant de soi que la recherche de la légalité, dans son élaboration conséquente, doit correspondre à l'idéal de la recherche physiciste et, comme cette dernière, conduire à la substruction d'éléments inintuitifs en lieu et place des données intuitives. C'est guidé par toutes ces conceptions que Rickert a rapporté alors toute science généralisante à l'idéal d'une « science ultime de la nature » et construit cet idéal en tant que science légale exacte.

Or qu'en serait-il, cependant, si toutes ces *évidences allant de soi* étaient autant de *préjugés* – préjugés qui, comme cela a déjà été dit précédemment à propos de la psychologie, se sont établis seulement pour des raisons historiques, et ne se sont développés qu'en raison d'une
125 | mécompréhension du sens fondamental de la mathématique antique et moderne mais aussi de la physique moderne guidée par cette mathématique et régie par elle ; puis, par une conséquence plus lointaine, en raison de la façon fondamentalement absurde dont cette physique stupéfiante est devenue le prototype de toute méthode authentiquement scientifique en commençant par déterminer le funeste dualisme cartésien ? Ne s'agit-il pas, en définitive, de préjugés susceptibles d'influencer de façon funeste non seulement les philosophes mais même aussi le travail des chercheurs

dans les sciences positives ? Rien n'oblige, dans un premier temps, à ce que des jugements et des préjugés qui se rapportent aux buts ultimes et aux méthodes de la science perturbent leur développement. Le travail qui s'accomplit concrètement progresse en vertu de sa propre motivation interne.

Avec le réveil de l'intérêt purement théorique à l'époque de la Renaissance, ce sont aussi les anciens motifs en faveur d'une étude descriptive du monde intuitif qui sont redevenus efficients, les commencements antiques des sciences descriptives ont été repris et poussés systématiquement plus avant, si bien que les groupes de chercheurs concernés se sont bientôt retrouvés pris dans une infinité de tâches descriptives concrètes, tendant à captiver leur intérêt. Ils ont commencé par poursuivre ce travail, et les nouvelles connaissances qu'ils n'ont cessé d'obtenir les satisfaisaient si bien que la puissance interne de la motivation qui règne ici en faveur du développement scientifique a été peu perturbée, dans l'ensemble, par le motif extérieur de l'*exemplarité de la physique mathématique*. Les recherches descriptives ont suivi leur chemin de même que les sciences physicistes le leur, tout autre. C'est ainsi que se développèrent la géographie, la minéralogie, les disciplines biologiques, de même que, beaucoup plus tard, l'ensemble des sciences descriptives du monde socio-historique : non pas seulement l'histoire mais aussi la morphologie des formations de la culture spirituelle, à savoir la linguistique, la science de l'art, etc. Pour les sciences biologiques cependant, la physique ouvrit dès le départ une brèche qui devait conduire, pour des raisons internes, à une intrication nécessaire des recherches physico-chimique et descriptive. Mais ce fut aussi – et c'est toujours le cas aujourd'hui – le lieu où l'absence de clarté quant au sens véritable de la fixation des buts du physicisme et de la description intuitive ainsi que l'imitation aveugle d'une | méthode physiciste jugée exemplaire devaient **126**
inévitablement devenir dangereuses.

Pourtant, si nous faisons abstraction de son côté psychique, tout être vivant est bien aussi matériel. Or la physique moderne n'est-elle pas de toute évidence la science radicale, la science expliquant intégralement tout ce qui est matériel à partir d'une connaissance légale parvenue au dernier degré de l'exactitude ? Toute recherche biologique descriptive menée dans la perspective biophysique ne doit-elle donc pas être finalement réduite à une recherche biophysiciste ? Si le biophysique ne devait ainsi être considéré d'emblée que comme du physico-chimique non encore dégagé comme tel, cela ne pouvait manquer d'avoir également un effet sur le *psycho*-physique, sur l'interprétation de la *vie psychique* et de l'unité causale qu'elle forme avec la corporéité charnelle [*Leiblichkeit*] pensée de façon physiciste. Que la biologie opère peut-être au moyen d'un concept fondamental de l'individualité réale essentiellement différent de celui de la physique et qu'elle poursuive, par conséquent, un tout autre type de but que cette dernière, qu'elle puisse être une science fondée dans cette dernière sans être pourtant elle-même une physique – rien de tout cela ne fit l'objet d'une réflexion approfondie.

Il y eut même un motif conducteur encore plus direct, malgré sa généralité, en faveur de l'*appréhension du psychique à partir de la physique*, à savoir la façon dont la méthode physiciste outrepasse par principe les données intuitives de la nature matérielle et y substitue partout un être inintuitif qui ne doit être déterminé que par des concepts d'un nouveau type, n'exigeant pas d'être produits intuitivement. Rapporté aux succès impressionnants de la physique, cela suggéra bientôt *l'idée selon laquelle le monde intuitif, dans sa donnée intuitive, n'est autre qu'une « simple apparition »* : lui, le monde quotidien, ne donne pas encore à voir l'être vrai ; *partout*, moyennant une méthode analogue à celle de la physique, il s'agit de dégager un être vrai à partir des données qui sont tout d'abord intuitives. Moyennant la substruction d'éléments ontologiques inintuitifs, on doit immanquablement parvenir à obtenir des concepts et des lois méthodiquement déterminants et qui, grâce à la façon dont la méthode repose sur les multiplicités intuitives, doivent servir ensuite à reconstruire le cours des intuitions, à anticiper leur cours futur. *C'est ainsi que le psychique devint un* analogon *de la nature physique.*
127 Des deux côtés, les données intuitives furent | interprétées comme de simples « phénomènes », au sens d'apparitions simplement subjectives d'un « être vrai » devant être déterminé méthodiquement au sein d'une nouvelle conception logique de l'expérience – la méthode reposant donc sur l'expérience psychophysique tout en l'outrepassant pourtant dans la formation des concepts. Les fruits de cette pseudo-évidence furent amers. La psychologie chercha en vain à atteindre un tel but ; mais ses constants échecs ne changèrent rien à la préconviction ni au but qui se sont imposés à elle conformément à la motivation qu'on vient d'indiquer : leur validité demeura intacte et comme évidente.

Il m'est impossible ici de dépeindre en détail la façon dont, relativement à la psychologie, cette motivation qui rayonnait depuis la science mathématique de la nature a progressé et résolument déterminé, dans leurs traits les plus généraux, les multiples tentatives de fondation d'une psychologie prenant exemple sur cette science de la nature. En revanche, il me faut évoquer la *mise à égalité de l'expérience externe et de l'expérience interne (ou encore de l'expérience physique et de l'expérience psychique), et, corrélativement, la mise à égalité des champs d'expérience respectifs en tant que royaumes des réalités physiques et psychiques*, censés être traités l'un et l'autre exactement de la même façon, par expérience et induction, et, lorsque c'est possible, par quantification mathématique. Le commencement en fut la théorie lockienne de la *tabula rasa* ; puis, en ce qui concerne la mathématisation, on trouve sur cette voie la psychologie mathématique de Herbart ainsi que, d'une certaine <manière>, la psychophysique de Fechner. Plus tard, lorsque à l'intérieur de la sphère psychique elle-même la mathématisation fut abandonnée, et même finalement ce qu'on nommait l'atomisme psychique, la conception fondamentale de la méthode comme méthode inductive (opérant de façon identique à l'induction dans les sciences de la nature) subsista, ainsi que le but préfiguré par elle : celui d'une analyse élémentaire inductive et de lois exactes élémentaires grâce auxquelles les concrétions intuitives pourraient devenir explicables. D'une façon bien compréhensible (en vertu de la liaison inséparable de la psychologie avec tout ce qui portait alors le nom de science de l'esprit), de telles préconvictions exercèrent également une influence sur l'interprétation des buts et des méthodes ultimes à établir pour ces sciences de l'esprit.

| À cet égard, la situation de la psychologie était dès le départ toute 128
différente de celle de la science de la nature dans la mesure où, si cette dernière avait échoué en tant que physique et quel que soit le domaine où, en tant que physique, elle tombait dans des difficultés, elle pouvait cependant, en tant que science descriptive de la nature, trouver encore une infinité de tâches auxquelles travailler avec succès. Mais jamais ne parvint à se former une science descriptive de la vie psychique ainsi que des personnalités qui ait autant de richesse et de succès ; et il est remarquable que quelle que soit l'intensité avec laquelle on y aspira épisodiquement, elle ne semblait pas vouloir réussir. Quoi qu'il en soit, ce qu'elle cherchait à promouvoir était bien pauvre. Qu'on compare en effet, par exemple, les prestations d'une zoologie et d'une botanique, l'impressionnante richesse des classifications des espèces permises par une admirable méthode descriptive ainsi que le progrès, grâce à une analyse toujours plus fine, de tout ce qui a été établi à propos de la constitution anatomique des organismes, à propos de la genèse évolutive – qu'on compare tout cela avec les classifications vides et peu instructives des soi-disant facultés de l'âme, avec les tentatives toujours insatisfaisantes pour développer quelque chose comme une anatomie de la vie psychique : il y a assurément de quoi avoir honte pour la psychologie.

De toute façon, la description psychologique recelait des difficultés perfides. En considérant extérieurement les hommes et les animaux comme des objets [*Objekte*] nous faisant face, on en venait aisément à séparer le physique et le psychique, le corps seulement matériel et la vie psychique y afférente. Mais si l'on se plaçait sur le sol de l'expérience interne directe, celui de l'« auto-perception », la perception externe (par exemple celle du corps propre et ensuite des objets mondains quels qu'ils soient) devenait dans ce cadre un phénomène interne dans lequel, cependant, c'est précisément un phénomène externe qui était perçu. Il en allait de même avec les actes psychiques dirigés d'une autre manière vers les réalités du monde, avec les actes de se souvenir, de penser, d'évaluer etc., rapportés à des objets réaux. Puisque ce qui est externe n'est pas psychique mais physique, on ne tenait pas compte du fait que le vécu interne devait être pris purement comme interne. Et c'est ainsi qu'on devint aveugle à ce que nous nommons aujourd'hui l'intentionnalité ; on devint aveugle au fait qu'aucune considération descriptive d'une perception n'est possible ni ne peut même commencer (ni même aucune considération descriptive du moindre vécu de conscience en général) sans que soit compris dans la
129 description, comme | moment inséparable de ce vécu même, ce qui est à chaque fois l'objet perceptif en tant que tel, l'objet du ressouvenir en tant que tel etc. Mais il eût été nécessaire pour cela, d'une part, de distinguer correctement entre ce qui est à chaque fois l'objet intentionnel comme tel et l'objet lui-même qui, éventuellement, est véritablement étant mais aussi, éventuellement, non-étant ; puis, d'autre part, de tenir correctement compte de cette distinction.

Si ces obscurités ont empêché qu'on parvienne à une anatomie descriptive de la structure de la vie de conscience d'une subjectivité individuelle, elles eurent également pour conséquence, d'un autre côté, d'empêcher qu'on parvienne à une discipline descriptive des personnalités eu égard à leurs types personnels concrets, ceux des personnalités individuelles et ceux des communautés personnelles.

Prise de façon purement psychique, c'est-à-dire abstraction faite de la corporéité charnelle physique, la personnalité est sujet de sa vie psychique en sa diversité, c'est-à-dire de ses actes de conscience toujours nouveaux, de ses intentionnalités toujours nouvelles. Nous dirons tout simplement qu'en tant que sujet, en tant qu'*ego*, le sujet est ce qu'il est dans l'*ego cogito*, dans la conscience en tant que conscience de quelque chose. En tant que sujet humain, il est *ego* dans son monde ambiant conscient. Il ne pouvait pas être saisi descriptivement en tant que tel, dans cette spécificité de principe, tant que demeurait précisément non saisie et insaisissable cette conscience multiple en tant que telle et en tant qu'intentionnalité qui rend conscient un monde ambiant. La structure d'identité caractéristique qui, sous le titre « *ego* », gouverne en la traversant toute vie comme sa vie propre n'est visible et descriptible que si cette vie est vue et décrite comme vie de conscience.

Ainsi, à ne jamais en venir d'une manière ou d'une autre à une psychologie descriptive comme science, le manque d'une telle psychologie accentua d'autant plus la tendance à une psychologie « explicative » imitant le modèle de la science de la nature, à une psychologie comme science des « phénomènes psychiques ». Et inversement, cette psychologie imitative contribua alors à rendre les psychologues pour ainsi dire aveugles à tout ce qui est proprement intentionnel et qui doit être tiré descriptivement d'une intuition directe : aveugles, donc, à l'*ego*, à sa vie de conscience et à l'objectité comme telle (respectivement au monde comme tel) qui y est consciente de façon immanente.

| Reste que dans ce dernier développement à propos de la psychologie, **130**
je me suis déjà avancé trop loin : en effet, je voulais commencer par ne mettre en évidence que des *préconvictions* directrices, pour les révéler seulement dans un deuxième temps, de façon critique, comme des *préjugés* au sens le plus blâmable. Pour nous qui voulions tirer de la critique des théories windelbandiennes l'incitation à une compréhension véritable des problèmes radicaux qui se jouent dans la controverse relative aux sciences de la nature et aux sciences de l'esprit, de tels préjugés sont du plus haut intérêt. Car ils représentent précisément ce que j'ai appelé l'élément de « tentation » dans les théories de Windelband et de Rickert. Ils sont les premiers responsables du fait que Windelband ait pu faire se recouvrir méthodiquement la psychologie et la science de la nature, puis, guidé par leur réunion, concevoir l'idée méthodique de la science de la nature comme science nomothétique par opposition à l'idée méthodique d'une science idiographique, d'une science des événements individuels.

<§ 21. *La nécessité de préconvictions pour la science et pour la connaissance du monde*>

Faisons donc abstraction des prises de position critiques isolées que nous avons déjà formulées relativement à la psychologie, dans le cadre desquelles nous avons de toute façon déjà vu agir de concert ce qu'on peut nommer par ailleurs des préjugés et que nous n'avions caractérisé auparavant que comme des préconvictions. Nous poserons donc cette question générale : pourquoi ces *préconvictions* méritent-elles le nom

de *préjugés* blâmables ? Pourquoi ne s'agit-il pas de véritables évidences allant de soi, destinées à conduire le travail scientifique ? D'autant que la présentation des motifs qui déterminent ces convictions semble plutôt propice à justifier leur caractère naturel et légitime. Pourquoi donc les difficultés dans lesquelles les sciences de l'esprit se sont empêtrées reconduisent-elles à de tels préjugés ? Ces difficultés – je rappelle ici la controverse évoquée précédemment à propos de la méthode des sciences de la nature et des sciences de l'esprit – ont été rencontrées dès qu'on a voulu prendre au sérieux dans les sciences de l'esprit l'exemplarité des sciences de la nature et qu'on a cherché à les élever, grâce à la méthode
131 des sciences de la nature, | au-dessus du niveau de la description concrète. Pourquoi donc les difficultés dans lesquelles est tombée la fondation d'une psychologie comme science de l'expérience entrent ici en ligne de compte ? J'aurais également pu y ajouter la controverse initiée par Dilthey dans les années 1890 à propos d'une double psychologie, <une> psychologie comme science de la nature et une psychologie comme science de l'esprit. En suivant cette ligne, il aurait aussi <fallu évoquer> la controverse entre les mécanistes et les vitalistes[1] qui s'est rallumée ces dernières décennies en biologie, une controverse qui oppose la méthode téléologique et la méthode mécaniste, c'est-à-dire la détermination purement physico-chimique du but et de la méthode. Il est manifeste, en effet, que cette controverse est en relation étroite avec la conviction prédominante et par moments presque souveraine selon laquelle toute science de la nature devrait ultimement se réduire à la physique. – En bref, donc : pourquoi, si l'on prend en compte leurs motifs (qui semblent bons), ne faut-il pas approuver ces préconvictions ni reconduire toutes les difficultés aux choses mêmes, à la soumission encore imparfaite à une méthode qui ne peut se parfaire que graduellement, ou encore à la complication des situations scientifiques ?

Toutes les sciences modernes rencontrent des difficultés dans leur effort énergique pour maîtriser par des théories définitives les infinités de ce qui forme à chaque fois leur domaine. Même la science mathématique de la nature, dont le type scientifique a si longtemps été considéré comme un exemple normatif, a renoncé à son achèvement méthodique sur le modèle classique. Elle s'est vue contrainte à de profondes transformations et, du point de vue de sa méthode, elle n'est même plus certaine d'elle-même. Les difficultés dans lesquelles se trouve la physique la plus moderne en

1. D'après les notes de cours de Johannes Pfeiffer, Husserl se réfère ici à la philosophie organique de Hans Driesch – NdE.

raison des transformations radicales qu'elle a fait subir aux concepts principiels d'espace, de temps, de matière – ces difficultés ne devraient-elles pas être liées, elles aussi, à d'anciennes préconvictions elles-mêmes reconnues comme des préjugés intenables, par exemple à la reprise bien trop précipitée de l'« évidente » géométrie antique comme paradigme pour l'exactitude des sciences de la nature ?

| Tentons d'acquérir ici une clarté de principe. D'une certaine façon, la 132
science n'est pas pensable sans préconviction. Elle est en effet une fonction de la vie communautaire, et, comme *toute* vie d'effectuation pratique, elle présuppose le flux ininterrompu de l'expérience universelle et de son monde de l'expérience, le monde dans lequel nous vivons individuellement et en commun. Ce monde est donc présupposé pour la détermination d'objectifs théoriques comme pour tout autre objectif. L'instance qui opère la présupposition est ici cette effectuation de conscience qui ne cesse de s'accomplir dans la subjectivité bien qu'elle y soit pour ainsi dire anonyme et dont nous disons qu'elle fait l'expérience. En elle, le monde dont il y a expérience n'est, comme nous le savons, jamais donné tout fait ou achevé mais toujours seulement *prédonné* et *pré-indiqué* tout à la fois. Prédonné, dans la mesure où il est certes donné dans la conscience de ce qui est soi-même là mais seulement selon des composantes tout à fait restreintes ; pour le reste, il est seulement pré-indiqué comme horizon ouvert de possibles accessibilités immédiates ou médiates : c'est un horizon de coprésence indéfinie et d'avenir prévisible dans sa fluence. La *praxis* possède des buts qui peuvent être respectivement très variables et elle ne s'engage dans les horizons de l'expérience qu'aussi loin qu'ils le requièrent. Mais si un *intérêt théorique* est éveillé, il détermine alors une praxis spécifique de progrès dans l'acquisition de la connaissance et dans la connaissance déterminante, dans l'essence desquelles est inscrite l'*indéfinité du progrès*, l'indéfinité de la visée [*Abzielens*] à travers des succès [*Erzielen*] qui ne sont toujours que relatifs. Chacune de ces réalisations, tout ce qui a fait l'objet d'une expérience et qui est parvenu à la connaissance, possède encore ses horizons ouverts internes et externes qui ne peuvent laisser en repos un intérêt théorique conséquent.

En tant qu'aspiration à la connaissance orientée purement vers l'être et l'être-tel, l'intérêt théorique contient donc l'idée d'une forme remarquable d'aspiration et de réalisation infinies, que chacun de ceux qui sont mus par lui peut dévoiler en toute clarté comme le sens téléologique de son intérêt. C'est l'idée d'une aspiration infinie, englobant toutes les dimensions d'infinité de l'horizon total de l'expérience et de la connaissance, dont la réalisation sous la forme d'une activité conséquente de la connaissance

pénètre dans toutes ces dimensions et réalise chacune d'entre elles dans
133 un | progrès infini de la connaissance relative*. Par là il devient clair aussitôt qu'une praxis de connaissance ne peut avoir ou recevoir de sens, ou, ce qui revient au même, qu'une aspiration à la connaissance ne peut être rationnelle, ne peut parvenir à la satisfaction que parce qu'une structure d'ordre et d'unité traverse les infinités. C'est elle qui rend possible en effet que chacun des procès de connaissance effectifs – qui sont donc seulement finis et qui ne peuvent réaliser qu'une portion finie des infinités horizontales – conduise malgré tout à une certaine maîtrise des infinités susceptible de satisfaire l'aspiration à la connaissance : en l'occurrence à une prévision théorique universelle des infinités qui s'écoulent dans un style légal connaissable. Cette prévision ne cesse de s'accroître, d'un côté, en puissance de domination systématique des degrés de connaissance ordonnés selon un style ; mais elle s'accroît d'un autre côté dans l'approximation des structures ontologiques qu'il s'agit de déterminer et de faire ressortir dans toutes les directions comme vérité objective. Il est donc également clair d'emblée qu'une aspiration sensée à la connaissance dans la relativité de sa possible satisfaction ne peut recevoir le style d'une satisfaction incessante et durable que sous la forme d'un progrès accompli dans *une unilatéralité conséquente*, conformément à laquelle elle commence par abandonner à leur indétermination ouverte les horizons d'infinité d'un autre type, ceux qui demeurent inexplorés dans la mesure où ils sont extérieurs à son thème.

Depuis que l'intérêt théorique s'est éveillé dans l'humanité de façon puissamment conséquente, ce mode nécessaire du progrès dans la détermination des objectifs de la connaissance et leur réalisation a reçu de lui-même une effectivité historique sous la forme de l'élaboration de divers *systèmes de connaissances*, orientés de façon unilatérale et ne cessant de progresser de façon unilatérale. J'ai dit « de lui-même », ou encore « naïvement », c'est-à-dire avant des méditations philosophiques universelles comme celles que nous avons menées précédemment sur le sens téléologique de son intention et de sa satisfaction, tel qu'il est inclus par essence dans un intérêt théorique conséquent. Ces systèmes de connaissances unilatéraux de la tradition historique ne sont pas autre
134 chose | que les *sciences positives* : chacune d'entre elles prend pour ainsi dire un côté du monde pour thème spécial exclusif et le suit *in infinitum*. Plus exactement : on en vient à une science positive par l'éveil d'un intérêt unilatéral et par son développement au sein de la subjectivité en

* Cette exposition n'est pourtant pas satisfaisante.

une orientation habituelle de l'intérêt et, comme on le dit aussi, en une orientation professionnelle de l'intérêt exerçant sa domination sur toute la vie, et ce quelles que soient les interruptions que les autres intérêts, les intérêts pratiques du quotidien, sont susceptibles de lui faire subir. Et tout cela non pas seulement de façon individuellement subjective mais intersubjectivement. Ces aspects sont déjà présents lorsqu'on parle couramment du métier, et c'est la raison pour laquelle nous y avons fait référence. Un intérêt théorique orienté vers des acquis de connaissance fermes, auxquels il s'agit de dédier sa vie personnelle – cela n'est pas seulement l'affaire des personnalités individuelles; ce n'est pas leur affaire privée. Dans leur idéalité, les acquis de connaissance deviennent *eo ipso* des biens communs, ils deviennent *eo ipso* des produits spirituels communs auxquels on aspire et que l'on réalise dans une recherche, une critique et une activité gnoséologiques communes. C'est ainsi que le métier théorique devient un métier communautaire, le métier d'une *communauté de chercheurs s'unissant* finalement dans la succession ouverte et indéfinie des générations. Une telle communauté appartient à chaque science à titre de corrélat personnel, et c'est elle que nous avons en vue lorsque nous disons simplement « les chercheurs » en sciences de la nature, en sciences du langage etc.

<§ 22. *La signification de l'anticipation pour la perception*>

Comment, sur la base de cette situation qui, comme cela nous apparaît maintenant évident, n'est pas simplement historico-factuelle mais nécessaire, se distinguent à présent des *préconvictions justifiées* et de *simples préjugés*?

Il faut considérer ici les points suivants. *Toute connaissance du monde*, en tant que *connaissance par préconviction*, s'accomplit à la faveur de son appui sur l'expérience qui demeure toujours présomptive. Cette forme n'est pas seulement celle de toute anticipation initialement vide, issue du cours de l'expérience et prenant largement les devants sur elle; c'est aussi celle de toute expérience remplissante et de toute connaissance d'expérience, puisque ce qui s'est effectivement réalisé intuitivement conserve lui-même la forme de la présomption. C'est *la perception* qui, en premier lieu et de la façon la plus originaire, | certifie l'expérience 135
(perception) en tant que saisie vivante du soi. C'est elle qui est donatrice de droit de la façon la plus originaire dans la mesure où, pour une visée préalable (une anticipation non remplie), elle fournit la plénitude du soi vivant de l'objet préalablement visé, de sorte que dans la synthèse de

recouvrement entre ce qui est simplement visé et le donné, il en résulte le caractère du « cela même » comme caractère de droit pour la visée. Quant au ressouvenir, c'est d'une deuxième manière, en tant que présentification de la perception, qu'il accomplit une donation originaire de droit : dans la synthèse, il porte la visée anticipatrice jusqu'au présentifié lui-même et produit de nouveau dans la conscience le caractère du « cela même ».

Reste que la certification originaire ou la donation de droit ne s'accomplit toujours que sous la forme du *paiement par acompte*. Selon son essence et de façon remarquable, l'expérience objective est un mélange d'intention anticipatrice et de plénitude du soi original, et ce de telle sorte que l'acompte – ce qui, de l'objectité d'expérience, est donné comme elle-même – ne peut jamais avoir qu'une validité relative, un droit simplement relatif (dans cette mesure, la comparaison avec le paiement par acompte ne convient pas). C'est ce que montre tout exemple du passage d'une simple perception à la conscience d'« illusion » qui lui retire sa valeur.

Je rattache ici mon propos à une situation que j'ai vécue plusieurs fois. Tourné vers le papier et tout à mon acte d'écriture, ce qui n'était qu'une mouche se promenant sur la fenêtre m'a semblé, dans un regard indirect, un oiseau volant dehors à l'air libre, dans le jardin. Rendu attentif et ayant tourné mon regard du papier vers la fenêtre, ou plutôt par la fenêtre vers l'oiseau présumé, c'est naturellement la conscience de l'illusion comme telle qui a aussitôt surgi : je reconnus avoir été trompé. Cela signifie qu'avec le changement d'orientation du regard, la perception d'oiseau, tout d'abord assurée, a subi une transformation de sens à l'occasion de laquelle l'oiseau perçu est devenu mouche perçue : c'est cette dernière qui avait maintenant le caractère du « soi-même » tout simplement valide, celui de l'effectivité qui existe tout simplement, tandis que l'oiseau avait reçu le caractère de la simple apparence, nulle et non avenue. À présent, il était pour ainsi dire « biffé ». Voici plus précisément ce qui s'est joué dans le procès qui conduisit à la biffure : à son commencement, il y avait la simple perception, accomplie naïvement dans un regard indirect
136 en tant que perception de | l'oiseau vu par la fenêtre. En vertu de son horizon perceptif avec ses possibilités de diverses orientations du regard et d'accomplissement de la perception dans des perceptions qui voient et fixent directement leur objet, cette perception exigeait que celles-ci se déroulent de façon déterminée dans la concordance, de telle sorte qu'elles auraient confirmé de façon conséquente le sens d'expérience « oiseau dehors dans le jardin » et en auraient alors poursuivi la détermination par la teneur d'expérience plus riche qui y correspond. Il faut bien noter,

à cet égard, que la perception de l'oiseau n'était qu'une composante au sein d'une perception d'ensemble beaucoup plus vaste, d'un champ perceptif unitaire et complet dont la fenêtre et le jardin faisaient aussi partie. En tant que tout, il devait donc lui aussi se comporter selon la concordance qui correspond au changement d'orientation du regard. Si ç'avait été le cas, j'aurais eu alors, avec l'effectuation de mon regard dans les mouvements oculaires correspondants, l'unité continue d'*une* perception : d'une perception qui se modifie certes constamment dans son contenu, qui s'enrichit en l'occurrence constamment en moments déterminants, mais d'une perception continuellement concordante, au sein de laquelle l'oiseau originellement en jeu, l'oiseau *à la fois* perçu et anticipé, se serait toujours donné comme le même oiseau, mais se révélant toujours mieux, plus clairement et distinctement. Dans l'accomplissement factuel de mon regard, toutefois, le procès s'est déroulé différemment. Certes, la perception « fenêtre-et-jardin » s'est remplie ainsi, mais pas la perception d'oiseau qui était auparavant unie à elle. Au contraire, dans la succession continue des perceptions d'ensemble et de leur synthèse en *une* perception, les horizons qui se déterminent plus précisément par remplissement ont contraint à une *altération partielle* du sens perceptif.

Toute teneur perceptive qui s'insère par remplissement dans le procès altère aussi l'horizon de l'anticipation, y inscrit ce à quoi il faut désormais assurément s'attendre, ce qui doit par avance nécessairement exister et advenir. Or le progrès de cette inscription déterminante était tel, en l'occurrence, que c'était une mouche sur la vitre qui était exigée, continuellement confirmée et toujours plus richement donnée en lieu et place de l'oiseau dans le jardin qui avait été anticipé, en contradiction avec l'anticipation de ce dernier. Il lui fallut donc bientôt recevoir le caractère du « nul et non avenu », puisque toutes les anticipations de la perception
d'ensemble, dans une constante confirmation mutuelle, | concordaient 137
précisément les unes avec les autres exclusivement dans l'existence de la mouche et, de façon conséquente, protestaient pour ainsi dire dans leur concordance confirmée contre l'anticipation originelle « oiseau ». Il est clair que si j'avais été captivé par mon travail au point de ne pas lever les yeux, tout en serait resté pour moi à la visée d'expérience selon laquelle dehors un oiseau a traversé le jardin. Tout concordait parfaitement et les mouvements de mes yeux, de ma tête, s'accomplissaient seulement de sorte que de la perception d'ensemble, ils ne dévoilaient *grosso modo* que ceux des horizons qui appartenaient au papier, au bureau etc. Les horizons ne sont jamais tous dévoilés et tout dévoilement crée simultanément de nouveaux horizons *in infinitum*. Donc tout est relatif ici ; et par suite

l'est également toute donation de droit s'accomplissant purement dans l'expérience *.

À bien y regarder, il faut donc dire que dans toute perception (laquelle, dans le flux de l'expérience globale, n'est qu'une vague et ne doit être considérée pour soi que relativement), que *dans toute perception*, dis-je, il y a *une puissance de justification relative*, *une validité d'existence relativement légitime* pour ce qui est précisément conscient en elle à titre d'objet perceptif. Prise en elle-même, toute perception est un mélange d'intention anticipatrice et de remplissement. Toute perception, quelle que soit son extension, est un procès plus ou moins long ou bref de continuité concordante, originairement donateur de droit; donatrice de droit, elle l'est tant qu'elle se remplit en elle-même dans cette liaison continue et conformément à la gradualité du remplissement lui-même, de ce qu'on pourrait appeler sa satiété, sa proximité croissante par rapport à ce qui est à chaque fois l'*optimum* relatif. Dans toute phase momentanée de la perception, il y a un noyau de plénitude, de données proprement intuitives. Cependant, cette plénitude n'est l'intuitif de l'objet perceptif que parce qu'elle remplit un horizon intentionnel qui est celui-là <même> de cette phase momentanée; mais cet horizon intentionnel s'étend au-delà de la teneur de ce noyau et devient l'*index* d'une nouvelle continuité possible et prévisible de perceptions anticipant un déroulement concordant, que ces dernières se déroulent passivement ou qu'il s'agisse de les diriger activement. Quant au déroulement en question, il est lui-même un déroulement de remplissement concordant, une synthèse successive de
138 recouvrement dans le | « même », au sein de laquelle les intentions qui s'étendent de phase momentanée en nouvelle phase momentanée et à travers elles se remplissent grâce à chaque nouveau noyau intuitif qui se présente, ce qui implique également que le moment d'objet qui est déjà devenu intuitif s'élève à une intuitivité plus parfaite. C'est ainsi qu'il en va, et il ne peut en aller autrement si c'est précisément une unité continue de la perception qui doit avoir lieu ainsi que, par son biais, une unité de l'objet perceptif en tant qu'<objet> existant de façon constante et vivante dans l'unité d'une donation de droit la plus originaire qui soit, en quoi consiste précisément l'essence de la perception comme telle.

Moyennant un élargissement très utile du concept courant d'*induction* pour désigner une manière d'inférer du non donné, de l'anticipé, à partir de ce qui est donné dans le cadre de l'expérience, nous pouvons

* Il y a encore quelque chose à changer : il s'agit à chaque fois d'un noyau de plénitude relativement supérieure.

également dire que dans toute perception comme dans tout souvenir et toute expérience, l'*induction* est là d'emblée et que c'est elle qui en fait l'essence. Toute perception accomplit une donation du soi, une saisie du soi ; mais elle ne le peut que dans la mesure où elle induit, où elle « *ouvre* »[1] simultanément, à la manière d'une anticipation interne et externe, à un co-présent et un futur proche immédiats et, à travers cette immédiateté, à un co-présent et un futur proche médiats. L'expérience est un continuel changement, une continuelle ouverture, et par là en même temps l'ouverture d'une poursuite continuelle de l'ouverture immédiate. Elle induit continuellement, mais de telle sorte qu'elle *remplisse* aussi par là continuellement, c'est-à-dire qu'elle porte aussitôt ce qui est à chaque fois ouvert et anticipé immédiatement à la plénitude du « soi-même » dans les différents degrés de la proximité et de l'éloignement.

C'est sur cette *induction immédiate*, qui comporte constamment la puissance la plus immédiate de justification, que repose par conséquent toute *induction médiate*, l'induction au sens courant, c'est-à-dire la visée préalable qui s'élance bien au-devant des donations de droit immédiatement remplissantes, sans nécessairement être vide pour autant mais pouvant fort bien recevoir le caractère de la prévision médiate. Aussi loin que s'étend l'expérience dans sa continuité vivante, avec ses protentions vivantes tirant leur motivation des rétentions vivantes, avec son flux de remplissement continuel de ces « inductions » – aussi loin y a-t-il *droit originaire*. Et ce qui fournit en elle la justification la plus originaire, c'est la sphère du remplissement, qui | passe ensuite dans la 139
rétention et s'y maintient comme fondement porteur tant que le procès se poursuit dans la concordance. Mais c'est également de ce fondement que toutes les composantes d'une anticipation inductive reçoivent à chaque fois leur *puissance de justification*. Ce à quoi il faut immédiatement s'attendre, c'est à bon droit qu'il faut s'y attendre. Dans le caractère du « il faut s'y attendre », il y a une originarité portée par une liaison vivante : celle du jeu qui vient tout juste d'avoir lieu entre induction et remplissement. Le droit qui revient à « ce à quoi il faut s'attendre » n'est pas le droit de l'être, sans plus, de l'être déjà présent ; c'est le droit de ce à quoi il faut s'attendre précisément comme tel, qui est donc en même temps un droit anticipé, un être anticipé comme tel. Par conséquent, il en va de même que pour ce qui « vient tout juste d'avoir lieu », qui a son

1. Jeu de mots sur *erschließen* : ouvrir mais à la manière d'une inférence (*Schluß*) – NdT.

droit originaire dans l'immédiateté du « tout juste », mais justement dans la seule forme du « venant tout juste d'avoir lieu ».

Si j'ai ainsi revendiqué pour l'anticipation immédiate ou induction (qui, dans l'édification de la perception, s'appelle aussi « protention ») une puissance immédiate provenant de la plénitude immédiate de la perception et de la rétention momentanées, il me <faut> encore ajouter qu'il s'agit là d'une *puissance d'analogisation immédiate. Le semblable éveille le semblable*, et l'éveil qui part de la plénitude immédiate (ou bien qui tire sa puissance du résidu rétentionnel de la donation du soi remplissante qui résonne encore) a un privilège particulier, un privilège originaire. Si j'entends un son, ce que j'ai entendu disparaît, n'est plus entendu; mais une puissance originaire demeure sous la forme de la conscience du « tout juste entendu à l'instant », et c'est alors par analogie que l'attente se poursuit dans le flux de la perception et que l'attente se remplit : des sons continuent à se produire. À son tour, l'arrivée de nouveaux sons est attendue par avance et le remplissement de cette attente est elle-même attendue par analogie etc. De la rétention concrète dans sa continuité constante en tant que rétention d'événements sonores passés, accompagnés de leurs intentions préalables qui se sont remplies
140 tout en produisant constamment de nouvelles intentions | anticipatrices et de nouveaux remplissements – de tout cela résulte une intégration des puissances des intentions et des remplissements momentanés. Ce qui signifie que plus la succession des sons s'est prolongée dans le temps et plus il y a encore de sons, plus forte est la puissance de l'attente qu'il y en ait encore – *cetera paria* naturellement, c'est-à-dire tant que d'autres motifs n'introduisent pas des présomptions ou certaines anticipations en faveur de son interruption. Il est donc clair que ce qu'on appelle par ailleurs *association* et *croyance associative préalable par analogie* appartient déjà d'emblée à toute perception simple et lui appartient comme un moment essentiel : à savoir, comme association constante présentant une puissance originaire et pleinement évidente de justification pour les modes d'êtres de l'« à venir » inductif, de l'« allant se produire » inductif, tels qu'ils se constituent et s'édifient avec elle; et il en va de même, comme on le voit aisément, pour la co-existence inductive du co-présent anticipé*.

* Lu à peu près jusqu'ici.

<CHAPITRE VI

LA FONDATION DE L'INDUCTION SCIENTIFIQUE DANS L'EXPÉRIENCE>[1]

<§ 23. *La signification de l'édification intentionnelle de l'expérience pour l'induction scientifique et sa légitimité*>

Dans la leçon précédente, nous avons élargi le concept d'induction jusqu'à comprendre le procès continu qui se déroule de façon vivante dans chaque perception comme un procès d'induction dans une confirmation originaire continue. Lorsque nous avons décrit précédemment la perception comme une donation originaire de soi à laquelle des continuités d'intentions vides sont toutefois mêlées, ou bien même lorsque nous la décrivions déjà comme un procès d'une continuelle intention préalable (ou d'une continuelle anticipation) en remplissement continuel, l'élément nouveau, qui fournit une compréhension approfondie, | résidait dans la **141**
mise en évidence de la structure associative de ressemblance et dans le fait que nous nous trouvions ainsi d'emblée en présence d'une vision intuitive [*Einsicht*] générale. En effet, il devient clair de façon générale que quelles que soient les conditions dans lesquelles se déroule un vécu qui rattache du semblable à du semblable, la poursuite de ce déroulement doit aussitôt et nécessairement être attendue dans le sens de la même ressemblance, selon une continuelle induction ; en outre, moyennant le remplissement continuel d'une telle attente, une puissance croissante de confirmation doit nécessairement se développer pour les nouvelles attentes. Dans son ensemble, le déroulement doit recevoir le caractère

1. À propos du chapitre 6, *cf.* la version d'origine de la continuation du chapitre 5 dans l'Appendice XXVIII : « L'induction lointaine et la relativité de sa puissance de justification. Le problème de la connaissance générale des faits » (p. 251) – NdE.

de la perception concrète d'un objet qui perdure. C'est à partir de là qu'on peut comprendre que toute donation de soi a déjà en elle-même le sens d'une confirmation ; et j'ajouterai : d'une confirmation qui, de son côté et en tant que telle, présuppose qu'il y ait eu auparavant une visée à confirmer, une croyance préalable, une anticipation inductive à laquelle se rattache la plénitude du « soi-même ».

L'exemple de l'illusion dévoilée nous a montré, d'une part, comment l'unité continue de la perception, tant qu'elle se déroule dans une complète concordance, a pour corrélat l'existence, en continuelle confirmation, d'un objet se déterminant toujours davantage. Il nous a montré, d'autre part, ce qu'une rupture de la concordance provoque du point de vue intentionnel dans le cadre plus large d'une concordance qui se maintient par ailleurs : en tant que rupture de la continuité d'une induction qui se confirme sans cesse, elle conduit, dans la couche concernée, à la conscience originaire de la nullité de ce qui était auparavant existant. Nous avons vu également la façon dont la continuité se rétablit : des deux séries inductives discordantes, l'une conduit à une perception conséquente, s'unissant avec celles des parties de l'expérience d'ensemble qui sont demeurées conséquemment concordantes. Ce que, dans chaque perception, nous nommons l'unité de l'aperception ou de l'appréhension, accompagnée de l'unité du sens aperceptif (par exemple de l'appréhension comme oiseau dans le jardin, comme mouche sur la fenêtre), c'est l'unité de l'induction d'ensemble dans l'unité d'un processus conséquent et concordant de remplissement, processus dans lequel l'unité de l'objet dont la détermination se poursuit de façon conséquente reçoit continuellement le caractère de remplissement : « existant de façon originale » – aussi longtemps, précisément, qu'aucune interruption se produit.

J'ai déjà dit en conclusion de la leçon précédente que toute induction au sens courant (comme inférence théorique depuis un fait objectif
142 donné dans l'expérience vers un fait qui n'est | pas encore donné) nous reconduit à l'effectuation de telles inductions élémentaires et à leurs façons de se confirmer conformément à leur essence, ou, pour ainsi dire, <de> s'invalider, lesquelles jouent déjà leur rôle dans la perception et l'expérience simples. Toute connaissance factuelle qui s'énonce conceptuellement, qui s'accomplit au moyen de concepts et de jugements prédicatifs, reconduit, en tant que connaissance objective, à l'expérience générale comme à sa source. Aussi loin qu'il est question de fondation qui confirme ou de réfutation fondée, ou encore de droit et d'absence de droit (puisque ce qui fonde doit être précisément fondement de droit), nous

sommes reconduits à l'expérience elle-même comme source de droit. Mais si elle est « source » de droit, c'est parce qu'elle porte en elle un droit originaire, parce qu'elle produit elle-même continuellement du droit en tant qu'incessante confirmation d'une induction primitive elle-même <in>cessante. C'est par là qu'elle est donatrice d'une existence légitime dans une originalité première, à savoir le premier étant objectif, le monde objectif de la vie préthéorique auquel toute théorie et, avant cela, toute saisie et toute description conceptuelle de portée générale se rapportent nécessairement.

Si aucun monde n'était déjà donné par l'expérience et si cet être-donné n'était pas une effectuation légitimante originaire (et devant être comprise comme telle), il n'y aurait alors aucun sol légitime pour la connaissance prédicative, ni par suite pour la science ; ou encore, ce qui revient au même : aucun monde légitimement étant n'existerait pour nous à titre de substrat, pour la conscience, de nouvelles effectuations et de nouveaux questionnements. Quelle que soit la façon dont l'expérience scientifique – comme observation méthodique, comme expérimentation, interprétation historique – transforme l'expérience naïve originaire, elle travaille selon le droit qui lui est propre et crée ainsi un droit supérieur, et par là aussi le droit supérieur de la description scientifique par rapport à celle de la vie quotidienne. Si la simple description n'est pas encore suffisante pour la satisfaction des intérêts d'une connaissance qui soit scientifique, alors le type de donation de droit qui est celui de l'expérience elle-même doit porter en lui aussi bien les motifs de la description que ceux d'autres questionnements, ceux des besoins théoriques ultérieurs. Toute donation inductive de droit, pour autant qu'elle produit du droit et que tout droit authentique ne peut être ici qu'inductif, possède dans la perception, depuis le premier commencement, une des limites de son droit et possède ses façons de laisser de la place pour une libre | activité, que 143
cette dernière consiste à mettre ces limites en évidence ou à les repousser, à les déplacer par la mise en œuvre d'une nouvelle expérience et donc à élever la puissance de justification ou bien à la dévaluer, <selon> la motivation fournie à chaque fois par l'élargissement de l'expérience. Quoi que la science de l'expérience fasse ainsi de l'expérience qui la porte, l'induction demeure induction. Même la connaissance scientifique est de part en part inductive, à la seule différence que les formes de l'induction y sont nouvelles et d'un degré supérieur de fondation. Donc pour comprendre l'induction en sa forme d'induction scientifique ou, ce qui revient au même, pour comprendre la science des faits et pour

comprendre ainsi la différence entre les visées préalables légitimes et les préjugés, on doit avant tout comprendre l'expérience préscientifique dans son effectuation inductive originaire et toujours présupposée.

Mais ce que notre analyse nous a enseigné jusqu'à présent ne va pourtant pas encore très loin dans cette perspective. Nous n'avons rendu compréhensible qu'une *perception* dans sa structure inductive interne (et encore seulement dans ses traits les plus grossiers), et par là nous avons commencé tout au plus à faire comprendre comment, tandis que nous percevons et en vertu <d'une> structure inductive de remplissement inhérente à la perception, nous avons à chaque fois conscience qu'un objet perceptif, ou mieux qu'un champ d'objets perceptifs à chaque fois relativement clos existe de façon originale.

Mais nous devons aussi tenir compte du fait qu'une telle perception vivante, considérée individuellement, est une vague elle-même fluante et changeante au sein du tout de la vie d'expérience conçue comme l'unité universelle d'un flux dans la subjectivité individuelle. Et au-delà, il nous faudrait aussi considérer que notre vie individuelle n'est à aucun moment une vie isolée mais qu'elle se déroule – et avant tout en tant que vie d'expérience – en communauté avec celle des autres sujets, ceux en union avec qui nous vivons et qui ont à leur tour leurs autres sujets, avec lesquels nous ne formons pas directement de communauté etc. Dans la forme de l'intersubjectivité, toute vie d'expérience est, immédiatement ou médiatement, entrelacée dans l'unité d'une expérience intersubjective. Le corrélat d'une telle expérience est un monde commun à tous, à l'intérieur duquel se joue pour ainsi dire l'expérience de chacun d'entre nous.

Reste que ce monde intersubjectif *total* ne se trouve dans aucune
144 perception vivante ponctuelle accompagnée de son | présent objectif actuellement perçu, pas plus que l'*universum* total des objets qui sont venus à l'expérience dans la vie individuelle, ces objets qui, de présent en présent, sont devenus les nôtres, nos propres objets dans la vie telle qu'elle s'est déroulée jusqu'à présent. <Tout cela> dépasse naturellement de loin ce que, conformément à la perception, nous avons effectivement dans une perception actuelle. Il faut naturellement que soit rendu compréhensible ce qu'est au juste la conscience d'horizon en vertu de laquelle nous avons conscience – selon le passé mais aussi selon un futur ouvert – de ce tout du monde spatio-temporel comme de notre monde de l'expérience individuellement subjectif et intersubjectif, ainsi que la façon dont cette conscience reçoit sa donation de sens tout d'abord vide mais qui doit ensuite être assurément dévoilée, dont elle la conserve par la suite nécessairement ou bien en édifie de nouvelles par son moyen.

Si nous avions déjà quelque savoir du flux indéfini de l'expérience du monde qui s'écoule derrière notre perception actuelle du présent, alors, en le présupposant, nous aurions pu immédiatement nouer entre elles les *idées directrices* suivantes : dans sa progression, la perception actuelle se rassemble continuellement en une unité de la perception; si des discordances se produisent, elles se réajustent par la mise à l'écart des illusions qui ont fait perdre à la perception sa puissance de justification. Par principe, le déroulement du semblable induit un déroulement futur dans le sens de cette ressemblance si bien que le remplissement continu de cette induction est une continuelle donation de droit pour un futur de style semblable; nous comprenons donc dans les grandes lignes que le champ d'objets effectivement perçu est un acompte versé pour un champ futur légitimement induit*.

Mais nous ajouterons immédiatement qu'après avoir compris la nécessité légitime de l'induction qui, dans notre présent, s'oriente vers un futur objectif, il s'ensuit par conséquent que les choses ont dû se produire de la même façon dans chaque perception passée et disparue pour nous depuis longtemps. Notre perception présente est donc déjà l'*héritage* d'une | vie d'expérience qui passe. Si l'analyse de la perception **145**
vivante met en évidence sa structure horizontale et rend par là visible que quel que soit l'objet mondain que nous considérions, il ne reçoit son sens général et particulier d'objet qu'en vertu d'anticipations inductives, alors cette structure tout entière doit provenir de la vie antérieure. Ce qui signifie que *l'unité de la vie d'expérience dans son ensemble doit nécessairement avoir une édification intentionnelle.* Dans cette vie, une constitution génético-inductive doit avoir eu lieu pour chaque objectivité [*Objektivität*] dont nous faisons l'expérience à chaque maintenant comme déterminée relativement de telle et telle manière et comme devant encore recevoir d'autres déterminations moyennant l'expérience, mais dont nous faisons en même temps l'expérience avec le sens d'un champ perceptif actuel, lui-même extrait d'un tout du monde indéfiniment ouvert. Cette objectivité doit s'être constituée inductivement en vertu d'une constante *hérédité intentionnelle*, c'est-à-dire en vertu du fait que dans la vie, n'a pas seulement lieu un entrelacement, immédiat et continuel, d'inductions élémentaires moyennant une rétention continue, mais aussi – et à titre de conséquence constante – l'édification et l'intégration continuelle d'un

* Il faudrait dire expressément, et à la place qui convient, que toute cette considération se déploie pour le moment dans le cadre de l'intersubjectivité réduite à l'*ego* pur (expérience originale).

acquis intentionnel *durable* qui entre en jeu dans chaque nouveau présent, éveillé par lui grâce aux ressemblances, et qui contribue désormais à façonner le présent lui-même par *induction lointaine* à titre de fonction co-déterminant son sens intentionnel.

Que, levant les yeux pendant une promenade, nous apercevions une nouvelle vallée ou, dans la ville, un attroupement dans la rue qui surgit devant nous comme quelque chose de nouveau, et que nous ne cessions ainsi, dans la vie, de voir ce que nous n'avions jamais vu aux côtés de ce qui nous était déjà connu – tout cela est déjà le résultat de l'induction. Tout ce qui est neuf et qui nous surprend, quelles que soient cette nouveauté et l'intensité de la surprise, n'est pourtant qu'une particularisation de ce que nous connaissons depuis longtemps. Des vallées, des hommes, des attroupements, nous en avons déjà vu souvent et même si, en fin de compte, nous n'en avions jamais vu, ce n'en seraient pas moins des objets, des choses spatio-temporelles ou des processus : dans tous les cas, ils ont une forme générale qui nous est connue. Les « objets » ne tombent pas du ciel dans notre conscience ; ce serait tout à fait absurde. Tout ce que nous percevons et quoique nous percevions est déjà « aperçu » d'une façon ou d'une autre selon son *type*, ce qui implique que toutes les inductions quelles qu'elles soient, issues des acquis de la vie d'expérience passée, sont suscitées, ont une efficience intentionnelle et se remplissent dans l'appréhension d'un type.

146 | L'*habitude*, ainsi que Hume l'enseigne fort justement, n'est pas seulement notre nourrice mais cette fonction de la conscience qui donne forme au monde, et même à toute objectivité en général, et qui poursuit constamment cette formation. L'« habitude » est la source originaire de toute donation objective de sens, l'*habitude comme induction*, accompagnée toutefois du remplissement correspondant, lequel est constamment la puissance originairement constitutive d'existence.

Loin de moi l'idée de suivre également Hume en parlant d'un « mécanisme » d'association aveugle. Un mécanisme mort ne peut rendre compréhensible une vie vivante ni ses effectuations de sens. Une effectuation de sens ne peut être comprise qu'à partir d'une effectuation de sens et l'association, présentée intérieurement comme une induction incessamment motivée, est dans sa motivation originaire une puissance intégralement compréhensible, une puissance de donation de sens par interprétation préalable et d'attestation d'être par remplissement.

Reste que le développement effectif de ce qui est présenté ici comme une simple idée directrice exige de la part du chercheur des travaux immenses et difficiles. Et pour commencer, faisons tout d'abord abstraction du fait que nous avons considéré association et induction d'un point de vue simplement solipsiste. Voici ce à quoi il faut réfléchir avant tout : il n'est évidemment pas convenable de procéder comme nous l'avons fait pour parvenir à l'idée directrice, à savoir <de> présupposer derrière le présent perceptif une expérience passée indéfinie, et même une vie communautaire avec son expérience communautaire. Il serait encore plus erroné, et même totalement absurde, de présupposer un monde et de vouloir donner ici une explication causale, au sens de la psychologie ordinaire, du devenir des représentations que les hommes se font du monde à partir de l'expérience.

Mais en quoi consistait donc notre tâche ? Il s'agissait de comprendre l'effectuation qui est celle de l'expérience objective, et de la comprendre comme effectuation de droit, puisqu'elle est bien toujours présupposée comme la source donatrice de droit de toute connaissance factuelle. Il convient de comprendre comment elle remplit effectivement la fonction d'une telle source de droit, de comprendre qu'elle le puisse et comment elle le peut parce qu'elle est elle-même de part en part, et déjà avant toute théorie, effectuation de droit, de façon tantôt positive, tantôt négative. Si nous nous proposons cette tâche pour pouvoir ensuite, sur sa base, nous proposer la tâche supérieure – à savoir celle de comprendre effectivement à partir de ses sources l'effectuation de droit qui se nomme | alors *science* 147
authentique – il n'y a manifestement pas d'autre voie sensée que d'étudier *l'expérience elle-même* d'après son être propre comme effectuation produisant et attestant un sens d'être, et de l'étudier dans la concrétion de la vie d'expérience. La même chose vaudra ensuite pour l'effectuation qui est celle des sciences. Plus généralement, il ne faut pas dire seulement de la vie d'expérience mais de toute vie qu'elle ne peut être comprise qu'à partir d'elle-même, c'est-à-dire qu'elle ne peut être comprise qu'à condition que nos discours <ne> s'en débarrassent <pas> mais que nous lui demandions à elle-même dans quelle mesure elle porte en elle du sens à partir d'une effectuation constitutive de sens *sui generis*, que nous interrogions précisément son effectuation de sens et le sens qui doit y être effectué.

Pour cela, il nous faut quitter l'attitude naïve dans laquelle, en y vivant, nous accomplissons certes toujours une effectuation mais justement dans le but de l'accomplir de façon indivise, en demeurant pour nous-mêmes anonymes – et passer à l'attitude d'une réflexion théorique. C'est-à-dire que nous devons, pour ainsi dire en tant que spectateur désintéressé, réfléchir à la vie vécue, à l'effectuation que nous y accomplissons et dont il nous <faut> éventuellement poursuivre l'accomplissement, donc prendre en vue non pas ce qui s'est produit là d'objectif mais la façon dont notre effectuation elle-même, en tant que vie constituant sens et être par nous ou en nous, prend l'aspect de la réussite et de l'échec et se comprend en toute clarté dans la réussite comme dans l'échec. Telle est la tâche dans toute sa généralité ; que dans notre vie intentionnelle cachée, sens et être se constituent comme réalité, comme valeur, comme moyen et fin, comme formation mathématique, comme institution sociale etc. et quel que soit le mode selon lequel ils se constituent ainsi – c'est indifférent.

Mais cette *auto-explicitation de la vie* (et en particulier de la vie d'expérience du monde) n'est pas un simple démembrement, une simple analyse de quelque chose qui serait déjà là tout prêt. La vie est ce qu'elle est comme effectuation intentionnelle et effectuation toujours nouvelle ; et qu'elle soit cela constitue déjà une explicitation qui n'est pas à proprement parler une analyse. De même, où qu'elle en vienne à être saisie, la vie est déjà vie qui se poursuit, qui a de la vie aussi bien en arrière de soi qu'auprès de soi, non pas dans une extériorité simplement naturelle mais bien plutôt dans l'intériorité d'une tradition intentionnelle. Nous pouvons dire aussi que la vie est de part en part *historique* ; la vie qui se poursuit provient d'une vie d'où lui vient sa préfiguration de sens et d'être, mais une préfiguration dans laquelle, en tant qu'historique,
148 sa | descendance historique est elle-même intentionnellement incluse, donc comme quelque chose qui doit de nouveau être ouvert, dévoilé et interrogé en retour à partir d'elle. Le présent réel doit donc être explicité et interprété « historiquement », au sens le plus large du terme, c'est-à-dire que ce qui est intentionnellement en lui (mais non pas en tant que *datum* réellement analytique) doit être dévoilé, induit, doit être ouvert intentionnellement. Et ce n'est pas comme s'il s'agissait là d'hypothèses ni même de substructions métaphysiques : c'est déjà ce qu'a montré la brève analyse que nous avons pu conduire.

Si nous considérions une portion [*Strecke*] de perception continue selon sa teneur objective perçue de façon relativement propre, par exemple la perception qui englobe maintenant cette pièce, elle se résoudrait alors analytiquement en un tissu de composantes intentionnelles. Mais des composantes intentionnelles sont des composantes de visées (des vécus qui visent et qui le font en direction de ce qui y est visé) ; elles sont par conséquent elles-mêmes des visées dont chacune possède le moment d'objet qu'elle vise, des visées qui sont des anticipations pour une part non remplies et pour une part remplies[*]. Elles sont effectuantes telles qu'elles sont ainsi unies et elles se rassemblent dans l'unité d'une effectuation, une effectuation de sens et d'être – ladite pièce existante, apparaissant ainsi et ainsi. Nous ne comprenons la modalité opératoire de cette effectuation qu'à la condition que nous revivions la donation de sens, que nous la prenions en vue dans l'attitude de la réflexion phénoménologique plutôt qu'en considérant de l'extérieur les éléments comme éléments réels, réellement liés dans le flux temporel immanent.

Mais l'effectuation renvoie à l'effectuation et ce qui est réellement susceptible d'être prétrouvé renvoie, dans son intentionnalité spécifique (celle des horizons externes), à ce qui ne l'est pas réellement. Donc, ce qui est effectivement pour ainsi dire entre nos mains – à savoir cette perception présente accompagnée de son présent d'objet et telle que nous la percevons – conduit par sa propre explicitation au-delà d'elle-même. Que cette pièce <soit> une pièce de la maison et appartienne avec la maison au tout du monde, voilà qui pour nous va de soi, comme c'est à chaque fois le cas pour un existant mondain. Mais cette évidence allant de soi n'est pas encore la compréhensibilité phénoménologique car elle est bien elle-même déjà une effectuation dans notre vie de conscience
en tant que vie d'expérience. Comment pourrions-nous | présupposer un **149**
monde étant au sein duquel nous nous proposerions la tâche générale de comprendre la vie d'expérience dans son effectuation, son effectuation de droit, et en premier lieu par le moyen de son *auto-explicitation?* S'il y a plus dans la perception vivante du présent que la pièce ou l'aspect de la pièce qui viennent juste d'être perçus, si chaque pulsation de notre vie est habitée par une visée d'être prétendument « évidente » qui, sous le titre « monde », excède le perçu actuel momentané, alors il nous faut interroger la vie depuis ce présent, et donc depuis tout présent quel qu'il soit. Nous devons interroger la façon dont cette vie vise au-delà d'elle-même, la provenance d'une telle visée en excès, de sa puissance, ainsi que son extension. Il en résulte alors, à titre de moment méthodique fondamental, la « *réduction phénoménologique* » – comprise comme mise entre parenthèses du monde entier pour autant qu'il vaut naïvement comme allant de soi[**].

* À exposer plus concrètement!

** Sa présentation détaillée a été donnée librement par oral.

<§ 24. *La structure associative du présent concret du vécu*>

Si nous interrogeons maintenant le *présent perceptif* et si nous nous limitons au présent, alors il nous faut immédiatement tenir compte du fait que le présent concret de la vie s'étend plus loin que ce vécu présent grâce auquel nous sommes à chaque fois conscients du présent objectuel sur le mode perceptif. Chaque vécu que nous envisageons comme un dévoilement intuitif du passé ou du futur dépasse les données de la sphère perceptive originale.

La conscience horizontale vide d'un passé serait une faculté incomprise et toujours dormante si elle ne s'éveillait jamais dans le cours de la vie elle-même, dans le but de raviver son sens qui a sombré dans le sommeil, de le transformer en représentations bien détachées et de donner quelque clarté à ces dernières. Le dévoilement se déroule à la manière d'une production de distinction et de clarté. Par conséquent, il ne serait pas même possible d'accomplir la moindre prédication au-delà du présent
150 actuel, ni de vérifier cette prédication, si la perception passée et ce | qui a été perçu en elle n'étaient pas susceptibles d'être de nouveau éveillés, ni ce qui est ainsi réveillé d'être clarifié intuitivement.

Développons plus précisément ce point. La rétention qui se rattache immédiatement à la perception originale, la conscience dans laquelle quelque chose est « encore » vivant comme venant juste d'avoir lieu, ne s'explicite elle-même déjà, en dernière analyse, qu'à la condition d'être éveillée depuis le présent; et ce qui est ainsi éveillé se remplit par un ressouvenir clair. Il est aussi possible de considérer l'éveil comme une induction dirigée en arrière. De même que dans son déroulement, le semblable induit un déroulement semblable dans la direction du futur et que s'ouvre ainsi constamment pour nous un futur que nous attendons, de même une constellation présentement réalisée peut-elle aussi agir vers l'arrière et, du point de vue de la conscience, comme un éveil, une mise en relief inductive. Puisque cette dernière est elle-même, en tant que mise en relief de B par A, une mise en relief effectuée dans la contexture de la conscience, il s'agit donc d'une sorte de synthèse de deux intentionnalités en une. Nous disons par conséquent : « A me rappelle B »; du point de vue de la conscience, ce qui est éveillé et ce qui l'éveille sont dans une relation ou une liaison originaire, celle du « se rappeler quelque chose ». C'est ainsi que dans l'audition continue d'une mélodie une nouvelle phrase, grâce à une ressemblance particulière et nouvellement agissante, en rappelle éventuellement une qui a déjà commencé pour une part à sombrer rétentionnellement et qui se détache encore relativement, lui donne une puissance particulière de détachement, c'est-à-dire un caractère saillant et par là un attrait, une coloration affective, pouvant éventuellement se répercuter sous la forme d'une reproduction remplissante, d'un ressouvenir clair.

Mais il en va de même aussi pour le passé lointain et même pour le plus lointain, celui qui est complètement englouti. Ou plutôt : un « passé lointain » n'a comme tel de sens compréhensible pour nous qu'en vertu du fait qu'un tel éveil du lointain est possible. Il se dévoile pour nous précisément en vertu du fait que ce n'en est pas fini du présent vivant et qu'il y a pour nous quelque chose comme un passé, susceptible d'être attesté comme tel à tout moment. Dans le flux, il n'y a pas pour nous un monde passé et nous qui nous souvenons de lui ; mais le fait que nous nous en souvenons est ce qui donne à un monde passé son sens pour nous, et, conformément à l'essence complète du ressouvenir avec ses multiples propriétés essentielles, il s'agit alors à chaque fois du sens déterminé dont nous disposons comme d'une évidence allant de soi. Un événement | se détachant dans le présent, une constellation fortuite **151**
d'objets ou d'événements éveille un passé – cela signifie qu'au-delà de la teneur de la perception d'ensemble, un « je me souviens », un « ça me rappelle » (particulièrement net d'emblée malgré sa vacuité initiale) fait son apparition comme quelque chose de nouveau, et cette induction dirigée en arrière se remplit en tant que ressouvenir clair dans lequel « je l'ai de nouveau sous les yeux », mais tel que je l'ai vu alors. C'est ainsi qu'un tableau rappelle ici une vue de Dresde, qu'une mélodie rappelle quelque chose etc.

La *connexion inductive d'éveil* qui relie un présent original et un passé ressouvenu *n'est pas une hypothèse* ; à l'occasion de chaque ressouvenir (même si c'est comme fortuitement qu'il fait irruption dans notre conscience du présent) nous pouvons au contraire considérer cette connexion comme relevant elle-même du domaine de la conscience. Il n'est pas nécessaire qu'elle nous saute d'emblée aux yeux ; mais par la suite, nous pouvons à tout moment nous demander, comme nous le faisons si souvent dans la vie : comment se fait-il que ce souvenir me soit venu à l'esprit ? Ou encore : comment se fait-il que je me sois souvenu de ce passé ? Et nous voyons alors éventuellement se détacher la ressemblance efficiente entre la particularité de la constellation d'objets présente et celle qui est passée, si bien que nous trouvons aussi comme un moment spécifique le « souvenu *grâce à* », la liaison du *parce que – par conséquent*. Si nous ne trouvons rien de tel, un examen plus approfondi nous révèle éventuellement *une médiateté dans l'éveil découvrant*. Il faut

remarquer à ce propos que tout éveil ne se vit pas dans l'accomplissement d'un ressouvenir qui devient intuitif mais que les choses en restent d'abord souvent, du moins la plupart du temps, à un ressouvenir vide, inintuitif, alors même qu'une mise en relief partielle a bien eu lieu. Cette dernière peut elle-même agir inductivement et produire un autre éveil vide grâce à l'analogie de sa teneur de sens, puis ce dernier à son tour et ainsi de suite. La plupart du temps, cela signifie aussi qu'il a rempli sa fonction et qu'on ne s'en soucie plus : c'est-à-dire que le maillon qui est à chaque fois éveillé ainsi que la connexion inductive qui se détache de concert avec lui peut très vite sombrer dans l'indifférenciation, perdre son relief et replonger dans la généralité d'un horizon de vacuité indifférenciée, si bien que de toute la chaîne, seul demeure le dernier maillon. Le ressouvenir
152 se présente alors comme un cas isolé, bien que | dans tous les cas une connexion ait été là et soit dissimulée, une connexion qui ne peut être intentionnellement dévoilée, interrogée et interprétée que parce qu'elle existe.

Dans ce que nous avons vu jusqu'à présent, il y a l'idée qu'à partir de la teneur intentionnelle du présent, le *dépôt sédimentaire* universel provenant des incessantes retombées d'une rétention continue et ne cessant de s'enrichir (ou encore, pour ainsi dire, l'*intentionnalité dormante du passé*), « brisé » de multiple façon en des chaînes associatives et exerçant par leur biais une puissance d'éveil – ce dépôt <peut être> mis au jour en tant que souvenir. Tout souvenir est un présent rétentionnel éloigné ayant été éveillé. Puisque tout présent, du point de vue de la coexistence, est une unité simple, c'est toujours l'ensemble d'un présent passé qui est éveillé, même si ce qui en résulte, en tant qu'intuition, ne concerne qu'une partie (celle qui, en vertu de la ressemblance inductive particulière, reçoit une plus grande intuitivité). La même chose vaut *mutatis mutandis* dans chaque présent pour chacun des touts partiels et celles de leurs parties qui se détachent. En d'autres termes, une *induction associative* par *analogie* est nécessairement entrelacée à une *association* qu'on pourrait dire par *contiguïté*.

Il est impossible de fournir ici même un développement de l'élucidation intentionnelle de l'induction associative dans tous ses aspects et jusque dans tous ses fondements élémentaires. Qu'il vous suffise ici d'en apercevoir dans leurs grandes lignes quelques-uns des moments principaux et de saisir la méthode au sein de laquelle la vie d'expérience subjective se dévoile comme vie constituant ce qui est à chaque fois le monde de l'expérience. Ainsi, dans le cadre d'une explication intentionnelle systématique, on peut apprendre à comprendre,

d'une part, comment un présent, quelle que soit la façon dont il est déjà constitué, éveille de multiples manières des éléments passés, mais aussi, d'autre part, comment un tel éveil peut renouveler la détermination de sens du présent. Une nouvelle détermination de sens advient toujours pour le présent à partir d'un passé éveillé. L'induction associative va donc du présent vers le passé puis, du passé éveillé, s'en revient vers le présent. <Pour> le comprendre, il faut toujours considérer comme un aspect fondamental de l'induction associative le fait que toute similitude ou ressemblance constituée dans l'unité d'une conscience fonde déjà dans la passivité un recouvrement, au sens le plus commun du terme, de telle sorte que nous avons affaire non seulement à | une extériorité et à une 153
liaison mais aussi en même temps à un entrecroisement intentionnel, à une conscience d'un des deux membres à l'intérieur de l'autre en tant qu'il entre en recouvrement avec lui et se trouve éveillé par lui.

Si une succession de sons unitaire et présente de façon vivante nous rappelle (même si ce n'est pas au sein d'un éveil intuitif explicite) une succession typiquement semblable, déjà entendue précédemment et qui s'était poursuivie jusqu'à former l'unité close d'une mélodie, avec cet éveil s'annonce alors pour la présente succession son recouvrement avec la précédente; et puisque cette dernière s'est poursuivie avec le sens de l'unité d'une mélodie, alors surgit aussitôt, pour la présente succession, la représentation préalable quoique vide d'une poursuite semblable, attendue comme devant se produire selon la loi fondamentale de l'induction analogique. En d'autres termes : ce qui est à chaque fois effectivement entendu est aperçu comme un morceau de l'ancienne mélodie bien connue. Chacune des phrases qui se présentent à l'audition est un remplissement et pré-indique la suivante sur le mode de l'attente comme lui appartenant unitairement.

Mais ce n'est pas tout. La totalité de l'ensemble qui s'est à chaque fois déroulé est consciente rétentionnellement, *avec* tous les sons et toutes les phrases qui lui appartiennent, et elle l'est *avec* toutes les liaisons intentionnelles, les unités d'éveil associatives, en tant qu'induction pré-orientée d'élément en élément. Ce tout est rétentionnellement conscient comme l'unité d'un enchaînement qui se détache de façon unitaire. Il exerce sa puissance d'éveil toujours de la même façon, à partir de chacun des éléments présents jusqu'à celui qui est chaque fois atteint par le déroulement de la mélodie, et il n'exige pas seulement qu'advienne et entre dans l'existence l'élément singulier qui est à chaque fois le suivant, mais d'un coup l'ensemble cohérent de la suite de la mélodie, telle qu'elle s'était justement déroulée précédemment. Ce qui signifie qu'à chaque *totalité d'enchaînement rétentionelle* qui surgit comme *rétention unitaire* dans celui de ses éléments qui est présentement actuel correspond une *totalité d'enchaînement protentionnelle* surgissant à son tour comme *protention unitaire* à même cet élément. Ainsi, à chaque élément entrant dans l'actualité est joint d'une façon déterminante pour le sens un horizon d'avenir qui, même s'il est inintuitif, se détache, possède une structuration et une médiateté intentionnelle, de même aussi qu'un horizon de passé qu'on peut se figurer de la même façon. Il ne cesse donc pas de changer mais conserve le même style à chaque fois qu'un nouvel élément surgit comme remplissement, et ce jusqu'à la fin.

154 | On pourra bien dire qu'une telle *efficience de l'association* en termes de *constitution*, de *configuration de sens d'être*, s'impose et devient compréhensible avant tout dans le cas de l'aperception d'objectités *successives* du type de celles qui, comme des mélodies connues, se présentent dans un acte de perception remémorante [*in einem wiedererinnernden Wahrnehmen*]. Cela dit, on sera bientôt conduit à reconnaître à partir de là que l'association, comme puissance produisant inductivement et intentionnellement de l'unité, est déjà efficiente dans l'acte de *percevoir pour la première fois*, par exemple à l'occasion de la première audition d'une mélodie. Je fais volontairement abstraction du fait que toute mélodie nouvelle repose déjà pour nous sur un héritage musical et n'est aperçue, sur le fondement de notre éducation musicale, que comme un type particulier au sein de notre système musical européen et, plus spécialement, dans l'état présent de son développement historique. Faisons abstraction de tout cela et feignons d'entendre absolument pour la première fois la succession d'une pluralité de sons.

Dans l'attitude phénoménologique qui « met entre parenthèses » tout être objectivement présupposé d'une telle objectité unifiée comme succession, nous nous demandons naturellement comment comprendre que nous n'entendions *pas de simples sons singuliers* mais *une succession de sons comme une unité*. Nous entendons pourtant en même temps qu'elle de nombreux bruits qui se détachent et, dans chaque présent, nous percevons pourtant bien d'autres choses encore, des odeurs, des données tactiles etc. Comment se fait-il que nous ne fassions pas l'expérience d'un chaos des données individuelles de chacun de nos sens mais d'unités figurées, de successions dans l'unité d'une figure temporelle, déterminées par le tempo etc. ? Nous ne procédons donc pas en disant : des mélodies existent objectivement, comment sont-elles entendues unitairement? Mais avant même de poser la question, nous nous disons que des mélodies qui ont pour nous sens et existence en tant qu'étant objectifs, c'est là quelque chose qui repose soi-même sur notre effectuation perceptive intentionnelle ; et nous posons ensuite la question de savoir comment comprendre que des sons successifs s'organisent en des unités, en des figures temporelles de la succession dans l'unité de la conscience.

À cette question, nous répondrons à présent que c'est naturellement *grâce à l'association*. Les sons ont entre eux, en tant que sons, une *ressemblance concrète*. Si, dans le déroulement, le son qui vient précisément de retentir se détache encore rétentionnellement tandis que le suivant surgit, un *appariement* doit nécessairement avoir lieu. Car un appariement est un recouvrement associatif s'opérant pour ainsi dire *par distance*[1]. Simultanément, l'induction agit | en co-déterminant l'horizon **155**
préalable ; un nouveau son est attendu, et il l'est en unité avec celui dont il y a déjà conscience, et cela se poursuit de telle sorte qu'un enchaînement qui s'est déjà déroulé préfigure un nouvel enchaînement. Il n'est pas difficile, à présent, de continuer à suivre ce dont dépend, toujours selon la proximité et la distance en termes de ressemblance, la déterminité de l'association, et donc de l'horizon etc.

Si nous avons appris à comprendre selon ce style la *constitution associative des successions en tant qu'unités* des objets singuliers qui les fondent, nous sommes alors rapidement conduits à penser que les *objets singuliers concrets*, non composés, s'écoulant dans une continuité sans faille – donc les objets du type des sons pris dans leur singularité – sont eux aussi, relativement à l'unité de leur déroulement, des *unités constituées purement à partir des principes de l'association.* L'être temporel fluant du son qui résonne nous est donné de façon originale dans cette structure bien connue du présent momentané accompagné des horizons de la rétention et de la protention proches. Je pose la question : est-ce qu'ici, dans cette continuité, le règne de l'association peut faire défaut, et cette dernière ne doit-elle pas pourtant nécessairement, en tant qu'association la plus originaire et la plus immédiate, être en même temps néanmoins une association successive, régnant de façon médiate, dans une constante modification ?

Toute nouvelle phase sonore originale est tout autant une phase sonore que la modification rétentionelle de celle qui vient de disparaître ; un recouvrement doit nécessairement avoir lieu ici, et un recouvrement des plus intimes moyennant la continuité, laquelle signifie en tant que telle une progression dans la direction de la ressemblance la plus apparentée. Une

* Dans la leçon : au fond, nous sommes ici face au *phénomène originaire*.

1. *Sic* ; en français dans le texte – NdT.

rétention continue, cela ne signifie pas seulement que ce qui est nouveau reçoit continuellement le mode du « à l'instant » mais qu'à chaque instant, une série lui appartenant de rétentions continument unifiées des « maintenant » ponctuels passés a son terme dans l'élément perceptuel [*Perzeptionalen*] momentané du « maintenant » tout en appartenant, en tant qu'horizon unitaire, à son présent.

Du point de vue conceptuel, toutefois, et précisément d'après la loi de l'induction associative, une extension protentionnelle continue devra également appartenir à ce même présent. En voici la signification : ce que montre l'analyse de chaque exemple d'un objet temporel comme objet de la perception et qu'elle met en évidence comme sa spécificité nécessaire eu égard à la modalité perceptive de sa donation, tout cela se comprend
156 | grâce à l'association; tout cela devient intégralement compréhensible comme la nécessité d'une intégration continue d'effectuations intentionnelles dans l'unité d'une effectuation.

Il est vrai, cependant, qu'il y a ici comme partout un autre principe fondamental, déjà présupposé par l'association conçue comme éveil et induction anticipatrice. À savoir que ce qui se détache dans la conscience (que ce soit le fait d'un autre éveil par ailleurs ou de l'irruption d'une impression) se déroule rétentionnellement en s'affaiblissant et en constituant par suite, dans une pure association par recouvrement, un déroulement unitaire de l'affaiblissement. L'affaiblissement signifie une gradualité nécessaire de la mise en relief ayant pour limite le 0, qui sera lui aussi atteint si aucun véritable éveil n'intervient – cet éveil dont l'effectuation consiste à renforcer la mise en relief ou à en créer une nouvelle après que ce qui se détachait auparavant a sombré sous le 0* [1].

* Jusqu'ici : association. L'élaboration de la leçon s'interrompt-elle ici?

1. Pour la fin de l'ensemble des leçons, *cf.* Appendice XXIX : « Cours des leçons dans les dernières semaines du semestre » (p. 259); à titre de complément, *cf.* en outre les extraits I et II qui reproduisent les passages conclusifs des notes qu'Eugen Fink (p. 261) et Johannes Pfeiffer (p. 265) ont prises de ces leçons – NdE.

TEXTES COMPLÉMENTAIRES

A. APPENDICES

| APPENDICE III (AU § 2) 180

<L’>insuffisance des sciences positives et la nécessité de la « clarification » des concepts (ainsi que le sens de cette clarification)[1]

La *clarification des concepts fondamentaux* qui interviennent déjà, naïvement édifiés, dans le travail des sciences disponibles signifie la *réédification originaire* des concepts correspondants, qui sont dans un rapport particulier de recouvrement avec ceux qu’il s’agit de clarifier : ces derniers, visés d’une façon symbolique et vide ou portés à une clarté naïve (comme lorsque le chercheur en sciences de la nature se rend clair à sa façon ce que signifie la mesure, le nombre etc.) sont vus désormais comme « les mêmes » mais dans une clarté nouvelle, qui, pour une part, conduit à la clarté les moments de généralité qui étaient demeurés obscurs et, pour une autre part, donne à la clarté préexistante une plus grande pureté, une plus grande proximité.

Mais puisque la généralité est celle de possibles individualités qui se sont constituées dans l’une ou l’autre strate du procès de la constitution, la clarté peut aussi augmenter de telle sorte que ce cours stratifié soit dévoilé. Nous pouvons dire aussi que la méthode de l’édification ne se contente pas d’agir mais se trouve elle-même conduite à une clarté réflexive et sous des concepts absolument clairs. Ce qui est exemplaire et par là général voit son sens s’éclaircir au sein de la téléologie de la donation de sens, elle-même clarifiée ainsi que sa nécessité pour ce sens. Ce faisant, quelque chose du sens se trouve déterminé dans la mesure où il montre à présent son corrélat avec les concepts qui lui correspondent, quelque chose sans quoi il ne serait pas pensable et donc quelque chose qui, malgré sa relativité, lui appartient nécessairement.

1. Au plus tôt 1925, plus probablement 1926 – NdE.

Toute clarification de ce type conduit aux nécessités conceptuelles sans lesquelles ce qui doit être clarifié conceptuellement ne pourrait pas exister avec une clarté dans laquelle il se montrerait lui-même pleinement. Dans la poursuite de la clarification des corrélats (et des concepts corrélatifs) qui contribuent à le conditionner, nous nous occupons d'un *ensemble conceptuel nécessaire* en rapport au même quelque-chose-en-général, et il nous faut en venir dans ces conditions à l'être-*général* absolu, compris comme celui sans lequel aucun autre être ne peut être pensé et en rapport auquel tout autre être existe de façon relative. Une clarté dernière sur « un étant *x* en général », sur les concepts purs qui relèvent du type essentiel pur et général d'<un> tel étant (de sa possibilité eidétique), et dont la clarification reconduit à *tous* les concepts corrélatifs : c'est ainsi que toute clarification est en dernière instance *universelle*.

181 | Puisque dans les concepts fondamentaux d'une science, c'est le sens général de son domaine qui s'exprime, la clarification principielle conduit nécessairement à la clarification de l'idée de l'être universel dans sa cohésion systématique. Cependant, d'un point de vue pratique, il faut ici se restreindre. La science trouve son thème dans son domaine, de sorte que les concepts fondamentaux sont les concepts thématiques radicaux. Ils peuvent bien être dans une intrication nécessaire avec d'autres concepts, mais ces derniers n'appartiennent pas pour autant au thème, par exemple la nature physique ou l'espace pur. Je ne peux pas clarifier la nature physique sans clarifier aussi l'espace, mais pas non plus l'espace sans la nature physique. Car l'espace est un concept plurivoque, et il y a *a priori* de nombreuses possibilités d'idéalisation (un *continuum* de possibilités dépendant systématiquement les unes des autres) qui déterminent de façon correspondante différentes idées de l'espace. Puisque l'espace et la nature physicistes sont des produits méthodologiques et qu'il s'agit pour eux d'avoir prise sur l'espace factuel, il me faut ici nécessairement être au clair sur la méthode qui est constitutive pour l'espace physique, pour la forme conceptuelle par laquelle je veux le déterminer. Il me faut donc également gagner quelque clarté sur la méthode de l'expérience pure au sein de laquelle la chose de l'expérience est là pour moi et m'est donnée (ou me serait donnée) avec clarté telle qu'elle est ; à savoir la méthode de l'attestation par l'expérience, la méthode de l'expérience conduite à l'omnilatéralité, dans laquelle j'obtiens le sens intégral de ce dont je fais l'expérience, dans laquelle je l'obtiens lui-même dans tous les aspects de son sens. Cette méthode consiste à interroger la « visée » qui est vivante dans l'expérience et à l'interroger dans toutes les « orientations » de son remplissement possible. J'en ai fini avec chacune de ces orientations

si j'ai reconnu la possibilité de son itération. De même, la visée de la chose physiciste est celle qui s'est développée pour elle dans la pensée idéalisante, mais cette dernière ne prétend pas inventer quoi que ce soit ; elle prétend plutôt déterminer une limite de la nature dont la nature et l'espace s'approchent en vérité. Et c'est ainsi qu'il en va pour chaque chose singulière de l'expérience dans un progrès indéfini de l'approximation. Cette « pensée » idéalisante a donc aussi sa vérité et éventuellement sa fausseté ; en elle, l'infinité de la présomption est rapportée à la méthode de l'approximation dans l'expérience, que cette dernière soit prolongeable à l'infini ou elle-même présumée prolongeable. Une intention présomptive peut être vraie ou fausse, et de même une idéalisation. *Qu'*il y ait en vérité une limite peut bien être vrai et toujours se laisser vérifier, mais que l'idée soit précisément celle qui est supposée, voilà qui peut être faux. Ce n'est que si je domine *a priori* les possibilités de l'idéalisation et que je montre comment l'espace donné dans l'expérience se scinde, dans l'infinité de l'approximation, de telle et telle façon selon telle et telle idéalisation, c'est ainsi seulement que j'ai la possibilité d'atteindre l'effectivité et l'idée qui est la sienne. Par conséquent, toute espèce d'idéalisation exprime une présomption particulière ainsi | qu'une méthode particulière qu'il s'agit **182**
de formuler et de soumettre à l'épreuve de l'expérience elle-même.

La clarification des concepts fondamentaux de la science de la nature signifie donc la clarification des concepts qui font la structure théorique fondamentale de la nature telle que la physique la produit comme substruction, la *structure fondamentale de l'hypothèse de toutes les hypothèses physicistes*. Cette *nature comme substruction est le concept hypothétique de la nature*, la forme conceptuelle originaire à l'intérieur de laquelle se meuvent toutes les formes théoriques ultérieures de la nature, la forme originaire, la première amorce théorique, ce qu'il y a de plus général dans le sens ultime qui est celui de l'infinité d'une expérience possible de la nature, ce sens que la science de la nature cherche à connaître et dont <elle> cherche à déterminer la forme particulière jusque dans la doctrine explicite et universelle des lois de la nature et selon une adaptation par approximation à la nature donnée dans l'expérience, laquelle fournit à l'amorce hypothétique une vérification qui n'est jamais sans réserve mais demeure sûre d'un point de vue pratique.

Tout cela, cependant, est demeuré caché pour la première physique, la physique « classique ». Celle qu'on peut repérer comme la première idéalisation, celle que la mathématique antique avait déjà accomplie relativement à la forme espace-temps, se présentait dans une évidence naïve, une évidence qui résidait dans l'accomplissement intuitif et vague de l'idéalisation, dont l'arrière-plan était vague, lui aussi : on n'examina pas la question de savoir si le passage idéalisant de la proximité vers le lointain ouvrait ou non, dans une évidence explicite, différentes possibilités pouvant imposer différentes formes de régulation à la synthèse infinie de la chose proche et de la chose lointaine. Au fondement de la mathématique antique, il y avait une évidence, et même une évidence apodictique, mais pas une évidence saisie de façon conceptuellement pure et exacte. Cette mathématique ne prêta pas attention aux présuppositions qu'elle plaça exemplairement à son fondement comme des évidences allant de soi en suivant le style de l'expérience quotidienne et sa structure du proche et du lointain; elle ne réfléchit pas au fait que sont édifiées, à même les faits, des présuppositions de style à côté desquelles d'autres présuppositions, s'en éloignant peut-être, seraient recevables.

La géométrie, la doctrine apriorique de l'espace, est la science des types universels *a priori* possibles d'*un* espace vrai, lequel revient en propre à une science d'une nature infinie en général en tant qu'expérimentable à l'infini de façon approximative et concordante. Un espace vrai est toutefois un concept, une idée : il s'agit précisément de l'idée d'une forme-limite conceptuelle, celle dont tous les espaces proches et lointains, tous les espaces effectivement intuitifs d'une nature conçue comme unité d'une expérience infinie possible doivent nécessairement s'approcher dans une approximation concordante et conséquente. Il s'agit donc d'une idée qui confère à ces infinités de l'expérience cette unité de style dans laquelle seule un étant peut se constituer selon une conséquence concordante,
183 dans une présomption | constante et néanmoins dans une forme constante de confirmation. De même qu'une ontologie de la nature en général, la géométrie se rapporte au fait de la nature pour autant qu'elle est cet *eidos* qui doit être acquis par cette nature factuelle plutôt que mis au compte de la géométrie comme l'une de ses effectuations. Mais le fait « nature » et l'*eidos* « nature » sont d'abord « nature d'une expérience possible », une forme stylistique appartenant à l'expérience universelle de fait et qu'on exprime au moyen du mot « nature », qu'on peut et qu'on doit saisir dans le cadre d'une esthétique transcendantale. C'est ici qu'intervient la présomption de l'infinité. La présomption selon laquelle l'expérience universelle perdurera dans le même style conséquent que celui qui fut le sien jusqu'à présent (et de façon intersubjective) n'est pas une nécessité mais seulement le fait qu'à tout moment, le sujet de l'expérience doit s'attendre à ce qu'elle se poursuive dans la conséquence. Si l'infinité est présupposée, alors il doit y avoir une nature-limite qui soit toutefois

l'une de ses différentes configurations possibles : un espace, une spatio-temporalité, une unité de la causalité et tout ce qui en relève ensuite. Par conséquent, la géométrie se scinde disjonctivement en une pluralité de géométries possibles. Ou encore : le concept disjonctif de géométrie, le concept général de l'*a priori* spatial d'une nature possible en général (qui est justement un concept disjonctif), se scinde et avec lui par conséquent les systèmes théoriques correspondants.

Clarification des concepts fondamentaux ne signifie donc pas création de concepts par abstraction (idéation) à partir de simples intuitions exemplaires – si « intuition » désigne la « simple » saisie d'un élément passivement prédonné dans sa forme originale (l'intuition sensible au sens le plus large). Tous les concepts reconduisent médiatement à de telles intuitions mais en aucun cas à des concepts abstraits de façon immédiatement « sensible » et ensuite à de simples concepts médiats qui n'auraient été produits qu'en suivant la voie logique analytique, c'est-à-dire au moyen d'une définition (définition nominale langagière). C'est ce que nous voyons dans le cas de l'idéation propre à la géométrie et, plus généralement, à l'ontologie de la nature. La clarification des concepts est la mise au jour d'un élément général dans l'autodonation la plus originaire et, par là, de tous les processus méthodiques d'idéalisation concourant à la mise au jour pleine et entière de cette autodonation, ainsi que des autodonations qui leur servent de fondations. Pris dans son ensemble, et puisqu'il s'agit d'une méthode de formation de concepts, ce processus est, en tant que tout et en chacune de ses parties, un processus de généralisation de l'essence, partout accomplie ou donnée dans une généralité intuitive.

Or si *toute méthode*, et en chacun de ses pas, doit *satisfaire* à l'exigence d'une *justification principielle*, si mon évidence doit pouvoir à tout moment se justifier à mes propres yeux comme à ceux de chacun, et | se justifier de façon principielle, alors cette méthode doit être elle-même **184**
intégralement formulée, décrite au moyen de concepts purs, de même que les principes généraux de possibilité qui sont attachés à chacun de ses pas. Puisque cette exigence revient sans cesse, cela nous conduirait à l'infini s'il n'était possible d'apercevoir finalement dans ce progrès que les principes de la méthode se réitèrent et donc que leur fondation ne peut manquer de reconduire toujours aux mêmes méthodes et aux mêmes principes. Nous devons nécessairement en revenir à une sphère ultime de principes, à un fond [*Fond*] ultime de concepts et d'évidences auxquels tout se rapporte, y compris lui-même à lui-même. Il ne faut pas perdre de vue que l'intersubjectivité appartient à toute vérité, à toute méthode en vue de la vérité et par là aussi à tous les concepts vrais en tant que

concepts de la science, et que cette intersubjectivité elle aussi, tout comme éventuellement l'omnitemporalité [*Jederzeitlichkeit*] de la validité en tant que validité pour tout un chacun et non seulement pour moi qui juge présentement, possède sa méthode de connaissance et d'attestation qui doit être mise au jour. D'une façon naïve, nous nous savons toujours pris avec « tous les autres » dans des liaisons empathiques effectives et possibles, si bien que nous comprenons parfaitement (quoique selon une évidence naïve, si nous clarifions ce point à nos propres yeux) que des évidences que nous possédons, comme les évidences mathématiques, devraient pouvoir être produites de nouveau à tout moment par nous et par tout autre, et que la façon dont elles sont devenues évidentes pour eux doit être alors exactement la même que pour nous : elle ne devrait pas, par exemple, pouvoir se changer en son contraire. Mais du point de vue d'une justification de principe, cela ne suffit pas ; il faut que soit examiné principiellement dans quelle mesure toute vérité doit nécessairement être un bien commun, s'il serait par exemple possible de penser différentes sciences de la nature pour différentes communautés humaines (par exemple sur Terre et sur Sirius), puisqu'il semble bien que la nature physique soit essentiellement rapportée à la subjectivité, etc. Quoi qu'il en soit, il est nécessaire de rechercher si ne sont pas en jeu ici des pseudo-évidences qui proviennent de la factualité et n'ont d'autre valeur en fin de compte que celle de présuppositions empiriques.

Cependant, puisque la communauté des scientifiques se meut dans le contexte communautaire empirique et actuel d'un monde ambiant empiriquement commun, le manque de cette orientation vers une justification de principe ne sera guère pesant ; il le sera aussi peu que l'est la référence de la physique à une certaine normalité du physicien qui fait des expériences et qui pense, référence à laquelle on n'a globalement jamais accordé la moindre attention.

Dans quelle mesure une science objective peut-elle devenir évidente d'une façon qui soit objective et *pratiquement* suffisante – dans sa relation empirique au monde ambiant donné comme une évidence allant de soi et à la communauté historique des chercheurs dans son horizon ouvert ? Elle se rapporte alors aux plus communes des évidences allant de soi dans la
185 vie humaine normale, | par exemple celle selon laquelle nous voyons tous normalement, que, dans certaines limites, nous pouvons accomplir les mêmes estimations de grandeur etc. De façon générale (la mathématique moderne va ici bien plus loin), elle se contente du fait que nous pouvons tous, en temps normal, accomplir les actes de la pensée analytique sous une forme correcte, devant éventuellement être rendue évidente, que,

moyennant un examen plus poussé, nous pouvons reconnaître d'une façon semblable les confusions éventuelles et donc le droit d'une critique négative sans jamais nous engager théoriquement jusqu'aux principes qui commandent une telle procédure et les inférences elles-mêmes.

Ce qui est en question pour une fondation « radicale », par exemple des mathématiques et de la physique, c'est donc ce qui réside dans l'orientation vers ce qui est proprement le thème de la science, qui conduit à des concepts fondamentaux et à de nouvelles élaborations théoriques.

Jusqu'où le physicien, par exemple, doit-il aller ? La physique classique s'en est remise aux mathématiques là où les concepts fondamentaux de l'arithmétique et de la géométrie entraient en ligne de compte. Mais s'il ne fait plus de doute qu'il ne lui est pas permis d'accomplir les idéalisations géométriques à la façon naïve de la géométrie de la tradition (et que même les aperçus géniaux qui vinrent ultérieurement ne sont pas fondés de façon suffisamment originaire, comme le montrent les nombreuses controverses), alors le physicien doit reconnaître que la géométrie et la clarification du sens de son idéalité en rapport avec l'empirie dont elle doit partir dans sa démarche idéalisante sont une tâche qui lui revient en propre ; il doit reconnaître que la géométrie est elle-même une partie, quoique apriorique, de la science de la nature. Il en va autrement avec ce qui est mathématique et formel, pour autant qu'il en fasse également usage ; car la généralité de l'analyse n'est pas la généralité d'une simple nature possible. On peut aussi dénombrer et compter dans la sphère spirituelle.

Mais examinons à présent la façon dont notre physicien aurait à clarifier ses propres concepts relatifs à la nature et jusqu'où, alors, <il> lui faudrait aller. Pourrait-il faire autrement que de partir de la nature intuitive et de commencer par étudier sa structure en tant que nature d'une expérience effective et possible, et ce avant toute idéalisation relative aux structures présupposées de l'infinité ? Est-il possible de s'en tirer sans une doctrine de l'essence de la « chose des sens » – sans parler d'une étude de sa référence à une normalité de la connaissance présupposée comme allant de soi mais demeurant indéterminée – et donc sans une doctrine universelle de l'essence conçue comme doctrine de la structure de la nature dans la simple expérience ? N'est-il pas non plus nécessaire ici, par souci de rigueur, de délimiter correctement l'idée de nature par rapport au monde ambiant concret de la vie au sein duquel tout ce qui est réal dans l'environnement possède aussi ses couches aperceptives de signification spirituelle ou bien comporte lui-même un élément psychique, non-physique ?

186 | Mais pourquoi cela ne s'est-il pas produit ? La raison en est simple : c'est parce que la reprise naïve des concepts fondamentaux de la tradition et l'idéalisation naïve, fondée sur elle, du mécanique et de la causalité physique furent globalement couronnées de succès ; parce qu'une coopération, évidente du point de vue pratique, entre expérience et théorie conduisit à des résultats, à des énoncés prédictifs concernant l'expérience ne cessant de se vérifier ; et enfin parce que cette puissance exercée par de tels énoncés et le façonnage technique de la nature qu'ils rendent possible s'élargirent formidablement.

Mais la science n'est-elle qu'une *technique de pensée*, une mise en œuvre technique de méthodes évidentes du point de vue pratique destinée à formuler dans le monde ambiant des énoncés prédictifs utiles du point de vue pratique ? Son procédé est « technique ». Elle est un art de donner par la connaissance à la nature telle qu'on en fait l'expérience la forme d'un but pour une connaissance objective, devant être attestée intersubjectivement, de telle sorte qu'il devienne évident que chacun de ceux qui procèdent ainsi pourrait, d'un point de vue pratique, parvenir au même jugement. Un prodigieux talent d'invention s'active ici. Mais de façon identique à ce qui se passe dans la vie lorsque des buts pratiques doivent être atteints, la finalité est évidente pratiquement. Reste qu'elle ne l'est pas du point de vue des principes ; le procédé scientifique relève lui-même d'une rationalité technique bien que les formations soient en l'occurrence théoriques.

Si la science est chose purement « pratique », alors elle n'aura certes jamais à aller plus loin que ce qu'exige à chaque fois la « raison pratique » de l'« homme pratique », au sens où l'homme de la raison pratique, dans l'achat d'un champ, ne mesurera pas tout au millimètre près, ne pèsera pas le pain à la miette etc. Si la science élevait l'excellence des méthodes de mesure et, par conséquent, de toutes les méthodes, à l'encontre de la vie pratique préscientifique en rejetant inlassablement et par principe toute borne, si elle agissait effectivement dans l'esprit de la devise baconienne *scientia est potentia*, sa manière de procéder ne serait pourtant pas différente en principe. Car elle aspire à la puissance qui domine les infinités, laquelle ne s'ouvre *a priori* que moyennant les méthodes de l'approximation, ces méthodes qui ne cessent de s'affiner et qui, d'après leur sens même, ne peuvent pas demeurer en l'état. Mais ce serait aller à l'encontre de la pratique que de soulever des questions à propos de présuppositions qui, dans toute l'expérience écoulée jusqu'à présent et conformément à toutes les prévisions bien évidentes qui la traversent, ont toujours été remplies, le seront toujours et qui, précisément pour cette raison, ne sont pas, dans leur

constance, l’objet d’une conscience particulière de la part de la physique dans son activité globale de théorisation. Si celui qui étudie la nature ne veut rien d’autre que cette puissance exercée par la connaissance sur la nature, permise par une technique physiciste et chimique étendue le plus loin possible et correspondant à l’infinité de la nature, alors une logique et une phénoménologie universelles de | la nature se prolongeant en une **187**
doctrine ontologique universelle et absolue sont totalement superflues. Mais quel que soit le degré auquel, au sein des sciences, l’intérêt pour les applications utiles s’est entrelacé à l’intérêt purement théorique, le sens originaire du but d’une science pure n’a aucunement disparu, bien que la façon dont il demeure vivace dans le fonctionnement des sciences modernes l’empêche de déployer pleinement ses effets. Il a donné à ces sciences des figures évolutives [*Entwicklungsgestalten*] dont la valeur théorique est mal appréciée lorsqu’on mélange de façon aberrante les formes supérieures de la prévision empirique avec la technique édifiée sur celles-ci et avec la prestation (qui n’est pas du tout donnée avec cette prévision) de la connaissance véritablement scientifique – cette connaissance dont la production était le sens authentiquement originaire de la science.

Reste que la science est bien une espèce particulière de la *praxis* humaine : celle qui concerne le savoir. En outre, le savoir fournit une prévision et une prévision qui est ensuite profitable à toutes sortes de pratiques, pour lesquelles de nouvelles possibilités sont ouvertes. Mais le savoir lui-même est « une connaissance à partir du fondement », et <il n’est savoir> que pour autant qu’il est une telle connaissance ; tant qu’il contient des visées concomitantes manquant d’un « fondement » clair et distinct, il n’est pas un savoir – au sens de l’idée grecque de la science ou de la philosophie, qui a donné justement leur sens vivant à toutes les sciences européennes. Un savoir fort imparfait, un savoir fondé unilatéralement et incomplètement, peut conduire à une prévision qui se vérifie pratiquement. Un tel savoir peut donner lieu à une *praxis* de connaissance très élaborée [*kunstvoller*] ; dans sa généralité et sa portée, il peut dépasser de loin le savoir sans élaboration [*kunstloser*] du quotidien, de la vie humaine « préscientifique », il peut se confirmer dans l’expérience et l’expérimentation ultérieures et ne cesser de produire alors pour la connaissance même dont le style est élaboré une nouvelle présomption rationnelle relevant elle-même d’une prestation identique. Mais on ne trouve ici pas l’ombre d’une science véritable ni d’un savoir pris en ce sens, pas plus qu’on y trouve une fondation authentique, établie dans une clarté et une distinction exemplaires, une fondation du type de ce « rendre raison » en des énoncés formulés, réduits à un principe, que Platon et tous ceux qui l'ont suivi ont reconnu comme la première et la plus grande des exigences à remplir pour qu'une science authentique soit rendue possible.

Cependant, on objectera peut-être qu'une telle considération concernait exclusivement les sciences nomologiquement explicatives, ayant pris pour modèle les sciences de la nature, et n'a pas tenu compte des sciences historiques dans lesquelles la « *prévoyance*[1] » inductive
188 ne joue aucun rôle sérieux et où une technique correspondante | fait de toute façon défaut. Peut-être que ce qui s'est développé dans le cas de ces dernières, au lieu de la prévision inductive, c'est la prévision qui devient compréhensible à partir du dévoilement du passé.

C'est le même homme qui, ayant une nature, requiert, dans le cadre de la nature, une recherche du type des sciences de la nature, et qui, de façon correspondante, a un esprit, est inscrit dans des rapports personnels, est sujet d'une culture personnelle, et qui a en tant que tel une historicité. Lui, le même homme, il requiert la science de l'esprit et l'histoire de la même façon que par ailleurs, le même objet de la nature physique requiert une considération naturelle et une considération culturelle – et éventuellement, comme chair organique, une <considération> somatologique et psychologique. Ultimement, tout l'étant se tient [*hängt zusammen*] et se détermine dans cette liaison [*Zusammenhang*] universelle ; c'est de là que tout étant reçoit les aspects de son sens d'être, lequel n'est lui-même qu'un moment dans cet étant qui seul est pourvu de sens et concrètement autonome au plein sens de ces termes, dans le tout de l'étant. Toutes les sciences particulières sont unilatérales, abstraites ; toutes leurs fondations ont leurs dimensions d'indéterminité ouverte. En tant que sciences spéciales – ce qu'elles sont toutes devenues –, elles laissent leurs corrélats dans un anonymat complet (cela ne concerne pas *toutes* les disciplines que nous nommons aujourd'hui des sciences : ainsi les nombreuses disciplines relevant de la science de la nature qui se savent de simples rameaux de l'unique arbre de la science de la nature prise en un sens plus complet, ou encore toutes les disciplines historiques de l'unique science historique). Mais à l'intérieur de l'universalité close « nature », on peut pratiquer la science de la nature sans se soucier de la sphère spirituelle, sans même donner la moindre figure, ne serait-ce que dans ses traits généraux, à l'idée de ce qui relèverait de la science de l'esprit. Et inversement pour la sphère de l'esprit. On peut faire ainsi et c'est ainsi qu'on fait,

1. En français dans le texte

sans s'en trouver gêné dans la pratique de la pensée scientifique. Mais même si la naïveté principielle de la méthode scientifique connaissait une amélioration de grande ampleur dans tous les aspects sous lesquels elle exerce cette maîtrise sur l'expérience qu'on admire à juste titre, il resterait impossible d'atteindre ce savoir que cherche la science tant que demeurerait l'abstraction qui provient de la mise à l'écart des sciences d'ensemble.

Si la connaissance pouvait être définitive dans chacune de ces unilatéralités et si elle ne pouvait composer la pleine connaissance de ce qui est qu'à partir des connaissances unilatérales, alors tout irait bien. Nous saurions déjà ce qui est, mais pas selon tous ses aspects. Et de fait, il pourrait bien sembler que le tout du monde s'édifie selon des « aspects ». Le titre « nature » n'épuise pas tout ce qui est, mais il y a de la nature partout où quelque chose est. Si nous faisons abstraction de tout ce qui, à même l'étant, outrepasse la nature, nous nous mouvons alors dans un cadre cohérent infini, dans la « simple » nature universelle qui fournit le
thème | de la science universelle de la nature. N'en va-t-il pas de même 189
lorsque nous pratiquons les sciences de l'esprit ? Ne nous tenons-nous pas dans une abstraction corrélative en vertu de laquelle nous sommes orientés purement en direction du spirituel, de ses liaisons spécifiquement spirituelles et de ses effectuations spirituelles ? Ne pouvons-nous pas être orientés conséquemment d'une façon qui laisse hors-thème tout ce qui est naturel ? Pourquoi serait-ce là un défaut ? Pourquoi chaque science ne devrait-elle pas avoir son unilatéralité, avoir l'étant selon l'un de ses aspects, dont les spécificités doivent être circonscrites par la connaissance, tandis qu'un autre aspect demeure alors disponible pour une autre science ? Du point de vue pratique, une telle séparation s'est bien constituée et n'a-t-elle pas donné lieu à des sciences de bonne qualité ? Leur unilatéralité a donc été admise et avec elle leur manque d'une vision intuitive fondatrice. Nous n'avons pas le sens d'être dans son intégralité, c'est vrai, mais nous finirons par parvenir à l'omnilatéralité par le moyen de ces sciences rapportées les unes aux autres.

1) Jusqu'où s'étend la possibilité d'une science développant sa recherche alors même qu'elle est affectée par une relativité ne faisant l'objet d'aucune recherche ? Une science comme la science de la nature peut-elle jamais, dans sa méthode, devenir une science accomplie quoique unilatérale ? Si l'*universum* de l'étant s'articulait en aspects, en structures universelles, alors ils auraient raison ceux qui ne peuvent voir dans la philosophie autre chose que la mise en relation unitaire des résultats des recherches de toutes les sciences particulières universelles [*sic*] et, par

opposition à ces dernières, lui attribuent la simple tâche de surmonter la cécité qui s'est développée à partir de cette unilatéralité à laquelle on s'est habitué et d'exposer l'omnilatéralité dans sa complétude.

<[…]>

3) Mais dans la science mathématique de la nature, tout ne va pas comme dans les sciences descriptives de la nature. Typique morphologique du monde de l'expérience comme monde de l'homme normal. Ici, en particulier, les sciences des organismes. Formation de concepts pour les organismes en tant qu'objets de la nature physique. Ensuite, les concepts physicistes pensés sous les concepts subjectifs-relatifs. Mais : difficultés des concepts téléologiques. Pour la zoologie, la typique psychophysique : la liaison entre le physique et le psychique. Substitution des appréhensions ontologiques de la nature physique et application au psychique, naturalisation. Dès lors, problème de savoir dans quelle mesure des concepts téléologiques originaires de la sphère psychique jouent un rôle dans la considération physique biologique, ou encore s'il s'agit de concepts apparentés par analogie et pouvant provenir d'une méthode qui appartient en propre à la biologie. Fondement de cette obscurité : la naïveté de toute méthode dont l'évidence naïve ne se laisse pas communiquer tant qu'elle n'est pas elle-même un thème principiel.

190 | L'obscurité des rapports entre nature et esprit; tout ce qui est spirituel est-il psychophysique? Se rapportent-ils l'un à l'autre comme le font les choses? Comment faut-il saisir scientifiquement la façon dont la subjectivité personnelle se rapporte au monde ambiant et <comment> faut-il saisir, par opposition, les relations extérieures qui rattachent l'une à l'autre chair et âme?

4) De tout cela il résulte que les unilatéralités des groupes de sciences spéciales étaient aisées à maintenir dans les sciences physiques de la nature malgré les obscurités de la méthode et son défaut de principe. Les choses furent moins aisées dans la biologie. De nouveau elles furent aisées là où des sciences descriptives de l'esprit décrivent des faits ou bien là où l'histoire se veut une compilation d'annales et rien d'autre. Complète confusion là où le besoin de lois et les explications légales étaient intenses et là où l'on s'est mis en quête d'une psychologie censée répondre de façon satisfaisante au fait de la personne, de la téléologie personnelle et des liens personnels – puisque dans son attitude orientée vers la factualité inductive, cette psychologie achoppa sur une factualité d'une autre espèce, tombant sous des lois qui ne sont pas inductives, mais à laquelle elle était aveugle. Partout de la naïveté. À proprement parler, on ne *sait* pas ce qu'on veut. Toute praxis présuppose un but clair. Il est aisé

de se figurer par l'imagination un but fini, une chose nouvelle composée selon les formes de choses déjà connues. Mais un but infini tel que la science, voilà qui ne peut être préfiguré que comme une idée, comme la forme d'un procès infini d'effectuations, mais tout cela par une pensée. Il faut pourtant bien que la forme méthodique soit ensuite décrite avec exactitude.

Appendice IV (au chapitre premier)

Vue d'ensemble des divisions des sciences[1]

1) Sciences aprioriques – apostérioriques (« fait » par opposition à essence).

2) Sciences du quelque-chose en général (sont bien entendu *eo ipso* aprioriques) – sciences de la teneur réale. Donc subdivision concomitante des sciences aprioriques.

3) Sciences concrètes et abstraites – omnilatérales, unilatérales.

Quelles sont les divisions qui se présentent encore pour les sciences à teneur réale ?

191 | a) Sciences descriptives et sciences légales, expliquant selon des lois.

b) Sciences de l'individu, idiographiques – sciences générales, nomothétiques. Windelband.

c) Sciences des normes – sciences des faits (fait par opposition à norme, la vérité conçue en son sens le plus large comme norme).

d) Sciences axiologiques et téléologiques – par opposition aux sciences des « faits ». Ici, le simple fait s'oppose à la valeur et à la configuration finalisée.

e) Sciences intuitives – sciences transcendant l'intuition. Sciences qui déterminent dans l'intuition et à l'intérieur de la conceptualité « sensible » – qui outrepassent l'intuition et les concepts intuitifs (des degrés supérieurs) : sciences d'« idées » kantiennes, transcendant l'intuition, portant sur un élément « transcendant ». – Mais y a-t-il des idées dans tous les objets ?

La méthode de formation des « idées » est-elle une méthode logique générale ? N'outrepassons-nous pas ici les séparations qui s'enracinent dans la logique formelle comme doctrine formelle de la science ?

Des divisions principielles peuvent-elles être de toute façon des divisions de méthode ?

Qu'est-ce, au juste, qu'une méthode ? Du point de vue logique, il s'agit de la voie de la fondation de l'être et de l'être-tel de l'objectuel. Les objets sont soit à fonder immédiatement (c'est-à-dire qu'ils sont à connaître comme étant et étant-tel à partir d'une expérience directe), soit fondés médiatement quant à leur être et leur être-tel. Une fondation médiate est soit une fondation d'expérience inductive (c'est-à-dire

1. Sans doute printemps 1927 – NdE.

une fondation sous la forme : à circonstances identiques, attente de l'identique), soit une fondation ayant son principe dans l'*a priori* – elle repose alors sur une espèce de forme nécessaire de liaison se fondant dans l'essence de l'objectité, comme l'espace et le temps, ou sur une espèce de relation se fondant dans l'essence des objectités et ayant ses axiomes pour la dérivation nécessaire de relations médiates à partir de relations immédiates.

L'« inférence » est éventuellement analytico-logique : nous avons avons alors des liaisons nécessaires dans la forme pure. Certes toute fondation est précisément actuelle dans une action subjective, mais sa validité objective signifie qu'une relation d'objectités à objectités conduit à ce que des relations médiates soient contenues légalement et *a priori* dans les relations immédiates. Une induction est une inférence qui fonde
à condition qu'il y ait une loi causale qui exprime et inclue | dans sa forme **192**
particulière du médiat relatif et de l'immédiat. L'élément formel de la méthode ne fait aucune différence essentielle mais il exprime une forme pour certaines méthodes qui, de leur côté, renvoient à certaines objectités et à ce qui, en elles, fonde *a priori*.

Appendice V (aux § 4 et 14)

<Le monde subjectif-relatif de la description et le monde objectif des sciences idéalisantes>[1]

I. Que peut-il bien y avoir en fait de thèmes conséquents relativement au monde factuel comme monde de l'expérience ?

1) Objets individuels singuliers et groupes finis d'objets individuels ;

2) la typique générale ;

3) le général tel qu'il vaut pour tous les objets individuels en tout lieu et en tout temps ;

4) le tout du monde selon ses structures de totalité, selon sa légalité d'ensemble dans son style caractérisant le monde comme tout ;

5) ou 4[a]) à l'intérieur de la forme mondaine permanente « temps », l'individuel du monde non pas dans le détail mais pris dans son ensemble : l'histoire mondiale universelle qui, s'il s'agit nécessairement d'une unité, inclut en elle le devenir de tout individu, de toute liaison d'individualités.

Selon cette façon de considérer les choses, le monde est le *monde de l'expérience*, le *monde intuitif*.

Tous les concepts sont des concepts typiques, ils proviennent tous de la « *description* ». Même les concepts quantitatifs (nécessaires à une définition plus précise des déterminations spatio-temporelles et des déterminations de grandeur) sont simplement typiques. C'est aussi le cas, naturellement, des concepts du psychique et du spirituel, en quelque sens que ce soit. Science descriptive, description du monde.

« Histoire mondiale » ; en elle, la géologie en tant qu'histoire. Principalement : histoire de la Terre en tant qu'histoire physique. Histoire des étoiles, prise en considération des phénomènes célestes, leur description et, d'une époque à l'autre, une description toujours
193 nouvelle afin de suivre l'histoire des corps célestes pour | l'époque qui nous est accessible ; à l'intérieur de l'histoire de la Terre également l'histoire spirituelle, celle des hommes, l'histoire de la culture. Histoire de l'apparition et de la disparition des espèces et, en général, des êtres vivants dans le monde, plantes et animaux ; inférence à rebours depuis les hommes dans le monde – sur Terre. Sciences historiques de la nature – sciences historiques de l'esprit.

Le monde intuitif comme monde ambiant subjectif-relatif, le mien et le nôtre. Rapporté tout d'abord à une subjectivité normale dans une compréhension mutuelle normale. Le monde, jamais en question d'un

1. Sans doute semestre d'été 1927 – NdE.

point de vue pratique et toujours étant, étant dans l'aperception subjective telle qu'elle a lieu à chaque fois, dans la validité subjective. L'homme préscientifique ne connaît pas d'autre monde et le scientifique non plus, s'il vit dans un intérêt théorique simplement descriptif.

II. Par opposition :

Développement d'*une science ayant pour but une objectivité inconditionnée*, une science qui cherche à « surmonter » le relativisme des données subjectives-relatives, du monde de l'expérience comme monde ambiant. Elle part du fait que dans tout changement des personnes et de leurs appréhensions subjectives, les choses et le monde sont pourtant bien identifiables dans l'expérience, et donc que l'étant identique est un en soi antérieur à et indépendant de l'expérience factuelle et subjective-relative, devant nécessairement se laisser déterminer en des « vérités en soi ». Développement de la géométrie.

Idée d'une nature objective et, finalement, d'un monde objectif en tant que monde de réalités étant en soi, devant nécessairement pouvoir se laisser déterminer dans une induction pratiquée sur l'expérience, sur l'expérimentation, et en prenant pour fondement les idéalisations (formations-limites) qui se trouvent indiquées par là.

Toute considération descriptive du monde devient le moyen d'en venir à une considération du monde voulue comme « objective » au sens des sciences de la nature ou des sciences de la réalité, où l'idée de réalité est celle-là même de l'en soi, substrat de vérités en soi.

Face à cela, la question qui se pose à présent est de savoir si cette idée de sciences objectives orientées sur un étant en soi peut épuiser toutes les tâches scientifiques et si ces sciences, avec toutes les tâches qu'elles se fixent, ne comportent pas elles-mêmes une sorte de relativité subjective, renvoyant à de nécessaires sciences corrélatives, les sciences d'une subjectivité et de son monde ambiant subjectif avec ses formations subjectives, tout ce qui est simplement subjectif et mis hors-circuit par la science objective – les sciences de la subjectivité comme subjectivité, ou encore une science qui, en tant que fonction de | l'homme vivant, est **194**
orientée sur lui-même dans la plénitude de sa vie, sur lui comme sujet d'expérience, agissant de multiple façon, constamment rapporté à son monde ambiant intuitif et lui donnant sa configuration dans sa vie même.

Nous sommes ici au cœur du conflit des sciences de la nature et des sciences de l'esprit. La position des naturalistes est celle de la vérité « objective », l'attitude orientée vers le monde comme monde de réalités étantes en soi. Par conséquent, leur position consiste à affirmer qu'ils considèrent aussi les sciences historiques de l'esprit (et pas seulement l'histoire spécifiquement rapportée à l'humain mais aussi les sciences des formations culturelles) comme une simple étape transitoire en vue d'une considération objective du monde, une considération naturelle au sens le plus large du terme. C'est là précisément ce que les chercheurs en science de l'esprit se refusent à accepter, sans pour autant avoir davantage de clarté principielle que les naturalistes sur la véritable situation. Ils insistent sur le fait que leur histoire humaine et leur histoire culturelle, leur considération morphologique des formations linguistiques, artistiques etc. portent en elles-mêmes le but qui leur est propre et qu'il y aurait ici un royaume tout à fait propre à une fixation de buts scientifiques, cette dernière devant être soit complètement séparée de celle des buts de la science de la nature soit unie à elle de telle sorte qu'elle ne soit elle-même qu'un cas particulier de la problématique des sciences de l'esprit : un cas particulier n'ayant pas de signification universelle mais elle aussi seulement historique, quoique cette signification ne supprime pas le sens de sa validité omnitemporelle mais l'indique autrement. Mais peut-être en a-t-on déjà trop dit ; il suffit, dans un premier temps, d'insister sur le caractère absolument justifié d'une science de l'esprit. S'y trouve incluse la justification de toute science descriptive comme science qui s'inscrit dans la visée des sciences de l'esprit en tant que sciences du monde ambiant humain, de notre monde ambiant d'humains, déterminant toutes nos actions, de notre monde ambiant spirituellement commun, monde ambiant physique, biologique, astronomique etc.

On voit par conséquent le défaut fondamental d'une considération du type de celle de Windelband et de Rickert, ou encore de Becher et d'autres naturalistes : elle part d'une classification des sciences ayant cours sur un plan particulier sans voir le problème de la corrélation entre subjectivité intentionnelle et objectivité, ni donc la distinction entre subjectivité objectivée et subjectivité en fonction.

<Sciences intuitives inexactes et sciences idéelles exactes>[1]

Sciences descriptives, inexactes, et sciences exactes (« explication par des lois ») – sciences typifiantes (à même le sensible) et sciences idéalisantes – sciences idéelles et sciences intuitives :

a) Véritables sciences de l'expérience, c'est-à-dire des sciences qui s'en tiennent à l'intuition d'expérience. Des objectités individuelles sont données sur le mode de la perception dans leur présent ; dans le ressouvenir, elles sont reproduites comme ayant été perçues ; dans l'attente conjointe ou dans l'attente prospective, c'est par des indications inductives qu'elles nous sont données comme accessibles, perceptibles, nous parvenant au sein d'une perception active ou bien venant à notre rencontre d'elles-mêmes, sans que nous y soyons pour quoi que ce soit. Sciences à l'intérieur de l'expérience elle-même et qui déterminent leur objet par le moyen de concepts issus de l'expérience.

b) D'un autre côté : sciences qui présupposent certes une expérience et qui, cependant, ne déterminent pas leur objet par le moyen de concepts issus de l'expérience mais qui outrepassent toute expérience effective et possible dans la mesure où elles considèrent les données de l'expérience comme de simples apparitions d'un idéal ou d'une exactitude hors de portée de l'expérience mais qu'il s'agit de construire sur le fondement de l'expérience.

Les sciences empiriques de la nature dans l'expérience elle-même ne donnent lieu qu'à des vérités simplement relatives : elles se rapportent en effet à notre communauté humaine comme communauté d'individus dont la sensibilité est normale, tant qu'il s'agit justement d'employer des concepts effectifs qui sont produits à partir de l'expérience mais qui ne possèdent pas nécessairement un caractère commun pour tout sujet possible de la connaissance quel qu'il soit. Si quelqu'un est daltonien, alors les concepts typiques des couleurs qui sont ceux de la communauté normale n'ont pour lui aucune valeur, ni ses propres concepts typiques pour les normaux.

La relativité des concepts sensibles est d'un côté celle des concepts des qualités sensibles spécifiques comme la couleur, le son, l'odeur etc., et d'un autre côté une relativité des concepts sensibles de forme, de la pluralité et de l'unité sensible – bref, des concepts spatio-temporels.

1. Sans doute semestre d'été 1927 – NdE.

Or dans la science, la présupposition qui ne cesse de conduire la vie (celle selon laquelle le monde de l'expérience existe, par où l'être est rapporté de façon naïve à une normalité empirique présupposée) est presque involontairement saisie de façon inconditionnée, c'est-à-dire qu'on présuppose une vérité et un être vrai dépassant toute différence relevant de la normalité et de l'anormalité. Mais puisque toute expérience
196 individuelle ou communautaire effective est | inévitablement relative, alors la présupposition d'un être vrai ainsi que des déterminations supra-relatives, vraies en soi, de l'étant est d'entrée de jeu une présupposition idéale, transcendant toute expérience effective et possible.

Il m'est impossible ici de décrire la façon dont on a pu oser faire d'une telle transcendance un but scientifique et dont toute la science exacte de la nature depuis Galilée et Descartes a pu, sous la conduite de la géométrie, emprunter cette voie en développant une méthode aux performances effectivement impressionnantes pour déterminer ce monde idéal relativement auquel toutes les données de l'expérience, normales ou anormales, sont des apparitions. Je me contenterai de mentionner, sous le titre de « la conduite de la géométrie », le fait que la géométrie antique, déterminée tout à fait essentiellement par la doctrine platonicienne des Idées, traitait déjà non pas des figures sensibles mais des idéaux exacts, lesquels n'étaient pas des types approximatifs au sens où le sont les concepts de forme dans la vie courante. En partant de ces types, par exemple celui de la droite, du cercle et du point au sens courant, ils[1] ont pris en vue la gradualité de la perfection suggérée par cette typique (la droite plus ou moins parfaite, la forme circulaire plus ou moins parfaite) et ils ont édifié les idées de droites pures, de points purs, de figures pures en général par rapport auxquelles toute forme sensible n'est qu'une approximation imparfaite. La géométrie pure a donc affaire à aux idéaux purs qui transcendent *a priori* toute expérience, toute intuition possible et qui sont pourtant saisissables à leur manière par le moyen d'un acte spécifique de vision [*ein Schauen*], l'intuition géométrique ; mais cette intuition, comme on vient de le dire, est d'un type spécifique : il ne s'agit pas d'une intuition d'expérience mais, pour utiliser un terme kantien, d'une intuition pure. L'intuitionné est ici une idée, saisie intuitivement à partir d'une série de données sensibles, intuitives, qui se déroulent dans le sens d'une perfection croissante et qui, à défaut d'être données dans l'expérience comme progressant *in infinitum*, sont pensées ainsi. Mais il

1. Sans référent explicite dans le texte allemand, ce pronom renvoie vraisemblablement aux géomètres antiques – NdT.

y a ensuite un grand pas depuis cette science purement idéale jusqu'à la physique exacte dont le dessein est de connaître la nature et de surmonter le relativisme des perceptions sensibles par substruction d'une vérité idéale ou par substruction d'un monde idéel en tant que monde vrai en soi au fondement de toute relativité sensible. En outre, nous serions conduits trop loin si nous abordions ici le difficile problème de la façon dont la géométrie et les autres sciences d'une idéalité pure – bref : les sciences mathématico-idéales – rendent possible une méthode de détermination de la nature idéalement vraie, de la nature exacte, mais une méthode qu'il s'agit de développer effectivement sur le fondement de l'expérience. *Quoi qu'il en soit, deux choses appartiennent en propre à la science mathématique de la nature sous les espèces de la physique* : comme *strate inférieure*, l'*expérience* | dont les données ne sont cependant pas encore les données 197
physicistes, et, comme strate supérieure, la formation des idées – qu'on nomme aussi l'*idéalisation* – avec la méthode correspondante consistant à découvrir à partir des données de l'expérience les objets idéaux qui leur appartiennent ainsi que leurs déterminations idéales. La transcendance de la nature physiciste est donc certes une transcendance par opposition à l'intuition mais non pas quelque chose comme ce qu'on appelle une transcendance métaphysique, qu'elle soit fantasmée ou vaguement conjecturée : il s'agit plutôt d'une transcendance parfaitement accessible dans le cadre d'une pensée qui édifie les méthodes et les idées qui lui correspondent et qui met en évidence l'être des idées en tant qu'idées. Ce que la sensibilité ne peut atteindre, l'entendement ou la raison le peuvent – simple façon de parler qui doit tirer son sens de la méthode effectivement mise en œuvre et opérant de façon évidente.

C'est de ces considérations que procède le sens véritable de la distinction fondamentale entre *sciences intuitives* et *sciences idéelles* (les sciences exactes au sens prégnant) où, après que l'idée, le but d'une science exacte ont été découverts, se montre néanmoins partout l'exigence de questionner la vérité exacte dont les déterminations doivent éventuellement être mises au jour à partir des intuitions et des vérités intuitives.

Puisque le monde intuitif est notre monde ambiant pratique dans sa généralité et que la subjectivité pratique n'a affaire à aucune autre réalité que les réalités intuitives, la science exacte ne peut jamais rendre superflue la vérité relative des sciences intuitives. Sa fonction propre ne consiste pas, cependant, à accomplir une recherche dans un monde supra-intuitif d'idées ; mais, puisque sa méthode consiste à conduire de ce qui est intuitivement donné, vérifié et conçu jusqu'à l'idée irrelative, c'est plutôt, à l'inverse, chaque détermination exacte, idéale, qui indique en même temps à rebours le domaine des intuitions qui tombent sous l'idée. En termes populaires : quand le physicien lit une formule exacte, il sait immédiatement comment les faits physiques en question se présenteront à l'intuition sensible. Et de même, c'est ainsi que le technicien qui, sur la base de sa formation physique et mû par l'intérêt purement pratique de construire des machines à vapeur, des téléphones, des ponts etc., pourra user des résultats exacts de la physique qui se formule mathématiquement afin de donner une configuration satisfaisante au monde ambiant intuitif, au monde dans lequel nous, humains, vivons pratiquement.

Il ne faut pas confondre le concept d'idée avec celui d'un *abstractum*. Sur la base d'une intuition, nous abstrayons par exemple la couleur en général ou le rouge comme une sorte de partie, de moment non autonome de la chose intuitionnée. C'est ainsi que nous abstrayons également la
198 droite et la courbe, prises dans le | sens de la vie courante. Mais nous ne pouvons pas obtenir la droite pure, la droite au sens géométrique, par abstraction directe à partir de la chose intuitive, c'est-à-dire comme moment.

D'un autre côté, la distinction entre le concret et l'abstrait rentre également, par le biais de l'idéalisation, dans la sphère idéelle. Ainsi, si nous sommes parvenus par exemple à l'idée de l'espace pur ou du corps pur, nous pouvons pratiquer la distinction entre une différence de plus bas degré et un genre supérieur, voire le genre le plus haut. Ou encore, si nous avons l'idée d'un corps naturel étant en soi en tant qu'« idée », nous pouvons parler de la différence spécifique du plus bas degré qui inclut en elle en tant que *concretum* absolu toutes les directions abstraites de détermination, etc. L'ancienne logique, qui était dès le départ orientée mathématiquement, comprenait toute identité comme identité exacte, toute vérité comme vérité exacte, sans être elle-même parfaitement au clair sur les distinctions qui sont ici en cause ; elle procédait ainsi comme si les concepts étaient tous (ou ne pouvaient être autre chose que) fixes et non pas typiques, fluides – elle opérait donc au moyen de concepts idéaux. C'est ainsi que le monde s'est trouvé d'emblée logifié, ce qui signifie qu'un monde idéel fut placé à son fondement, alors même que le monde intuitif de la vie, dans sa relativité, ne sait rien des idées et que c'est seulement la physique moderne qui, à partir de Galilée, a élaboré une méthode de logification ou encore d'idéalisation de la nature.

Si la distinction conceptuelle entre des concepts concrets et abstraits, issue tout d'abord de l'intuition, est idéalisée de telle sorte que nous avons des concepts exacts au lieu de concepts typiques sensibles, alors la distinction entre des sciences concrètes et abstraites se transpose elle aussi dans la sphère idéelle. Autrement dit : les sciences idéales, qui traitent de l'étant en soi irrelatif, se séparent en sciences concrètes et abstraites. Mais la différence que représente le typique et, par là, la généralité approximative ne disparaissent pas pour autant dans le monde pensé selon l'exactitude ; c'est seulement la relativité du sensible qui est surmontée. Même le typique doit lui aussi, en tant que tel, se laisser mathématiser au sein d'une mathématique des espaces de jeu et moyennant les considérations probabilistes qui en font partie, moyennant une méthode systématique. Le monde en soi n'est pas un monde géométrique figé, mais tombe sous les idées de l'exactitude et sous les idées, qui en relèvent, de l'approximation et de l'être concret, au sein d'une typique des espaces de jeu. Le monde intuitif, dans sa typique intuitive, est un champ de vérités qui, dans une large mesure sont suffisantes [*zureichenden*] pratiquement, et pourtant pas tout à fait satisfaisantes [*genügenden*] parce que nous sommes pris en l'occurrence dans un relativisme qui, simplement, ne produit aucune gêne là où la vie se déroule dans un style normal tandis que du point de vue scientifique, il faut bien tenir compte de l'anormalité telle qu'elle ne cesse de venir rompre occasionnellement l'objectivité de la vérité.

| Mais voici alors le grand problème : dans quelle mesure la séparation 199
entre sciences idéelles et sciences intuitives est-elle universelle ? Dans quelle mesure faut-il placer sous chaque vérité d'intuition une vérité d'idée conçue comme vérité pure, ultime ? Les sciences intuitives ne sont-elles qu'un simple passage, un simple point de départ provisoire en vue d'obtenir la vérité idéelle propre aux sciences idéelles ? Une connaissance universellement achevée et universelle, pensée comme un but idéal quoique situé à l'infini, est-elle possible sous la forme d'une science du style de la science mathématique de la nature, c'est-à-dire comme science idéelle ? Par exemple : est-ce que la psychologie comme science idéelle est une tâche possible ? Les sciences de l'esprit peuvent-elles être des sciences idéelles, leur connaissance exige-t-elle la substruction d'un en soi idéal, d'une transcendance au même sens que dans les sciences de la nature ? Même ce qui est intuitivement réal porte en soi une déterminité infinie et ouverte sous le régime de la correction et, en tant qu'étant, est une idée, une transcendance en un certain sens. Mais

la transcendance mathématique est une transcendance de degré supérieur, une transcendance au sein de laquelle des concepts transcendants et exacts sont placés sous tous les concepts intuitifs de la sensibilité. Peut-on placer ainsi des concepts exacts même sous les concepts par lesquels la sphère spirituelle et, en particulier, la sphère de la subjectivité égoïque sont décrites ? Est-ce tout simplement possible ? L'identité de l'*ego* (l'identité polaire et celle de l'*ego* des déterminations égoïques de toutes sortes) est analogue à l'identité du pôle objectal de la nature intuitive en tant que pôle de déterminations intuitives. Y a-t-il donc des deux côtés des motifs semblables d'idéalisation au sens de l'exactitude ? Et, je le répète : cela peut-il avoir un sens ?

L'exactitude et sa transcendance n'appartiennent-elles donc pas, en tant que tâche scientifique, à la simple nature ?

| Appendice VII (aux § 7.3 et 18) 200

<Les différentes façons de décrire le monde. Le rapport entre singularités et généralités>[*][1]

La séparation des descriptions que nous avons accomplies conduit aux résultats suivants :

1) La description du monde ambiant, concrètement intuitif, de la vie humaine en tant que monde concrètement factuel, qui est là individuellement et accessible par l'expérience et l'induction actuelles. Il faut remarquer ici que les généralités que nous obtenons dans une orientation en direction de la connaissance du monde ambiant concret individuel ne sont pas moins individuelles que les particularités singulières décrivant les objets individuels dans leur individualité. Déjà lorsque, dans la vie pratique et sans être guidé par quoi que ce soit qui ressortisse à l'intérêt pour une connaissance théorique, nous progressons d'une expérience d'objets singuliers à l'autre, des généralités s'imposent à nous, si bien qu'indépendamment de notre volonté, les objets singuliers que nous rencontrons pour la première fois sont expérimentés selon leur type individuel (*Individualtypus*)[**]. Il n'y a, pour ainsi dire, rien de nouveau sous le soleil ; tout était déjà là, du moins selon son type général : la structure de similitude est une structure fondamentale de tout présent intuitif et de tous nos mondes ambiants. Nous ne pouvons pas voir un arbre individuel sans le voir comme un arbre, ce qui signifie que nous avons déjà fait l'expérience de nombreux objets concrètement semblables ; or cela n'est pas sans effet puisque dans la conscience, le semblable éveille ce qui est semblable dans le passé et produit une synthèse en vertu de laquelle ce qui est nouveau est immédiatement aperçu selon son type général sans pourtant qu'il y ait eu une quelconque mise en opposition explicite des cas précédents par un ressouvenir explicite ou bien une abstraction comparative de ce qu'ils ont en commun avec le cas présent, qui aurait permis de subsumer l'individualité présente sous la généralité saisie intuitivement dans sa généralité. D'une certaine façon, les généralités sont « dans la rue », et tout d'abord sous la forme des aperceptions typiques.

* Se rattache à la séparation des descriptions. Appendice aux p. 70 *sq.* <p. 139-143>, à la distinction des sciences descriptives et des sciences aprioriques des structures nécessaires du monde. *Cf.* également les classifications des sciences au début du cours (concret – abstrait) <*cf.* § 7.3, *supra*, p. 64>.

** Le singulier à partir de la pluralité ouverte du *similaire*, dans la similitude plurielle.

1. Sans doute été 1927 – NdE.

<2)> Cela dit, nous pouvons aussi à tout moment saisir intuitivement et de façon explicite les généralités en tant que généralités et, au sein d'un intérêt théorique, nous appliquer à les construire par induction et
201 abstraction ou à les décomposer dans l'attitude | de la généralité abstraite. Ces généralités qu'on avait manifestement en vue sous le titre de la « généralité empirique » sont pourtant des généralités individuelles, et en un sens tout à fait correct. En tant que généralités, elles s'élèvent au-dessus des singularités déterminées du monde ambiant, mais elles sont individuelles dans la mesure où elles se rapportent au monde ambiant lui-même, qui est bien manifestement individuel. Il n'est certes pas lui-même un objet mondain déterminé, ni un groupe ou un enchevêtrement déterminé d'objets puisque, comme nous le voyons bien, le monde ambiant concret est quelque chose de constamment changeant et fluant. Mais c'est le monde ambiant qui est notre monde factuel de la vie ; c'est à lui qu'appartiennent tous les objets singuliers individuels dont nous avons jamais fait l'expérience et auxquels nous en viendrons jamais, sur lesquels porteront nos inférences, que ce soit d'un point de vue pratique ou même dans la pratique expérimentale et l'induction.

De sorte que *le monde ambiant individuel* est susceptible de *deux sortes de descriptions* : celle d'*objets singuliers* individuels, expérimentés *de façon déterminée*, comme par exemple une description de la lune, et la *description générale du monde ambiant* selon la typique générale de ses objets ; cette dernière est donc une description des structures générales et factuelles des objets, structures qui appartiennent au fait unique de notre monde ambiant. Rien n'y est changé si nous finissons par saisir ce concept intégralement relatif du monde ambiant selon un degré de généralité tel qu'il rende thématique le monde ambiant humain omni-englobant, ou encore la structure universelle et concrète de ce monde ambiant.

C'est ici le lieu de la plupart des *sciences descriptives* bien connues, la botanique et la minéralogie descriptives, les sciences descriptives des personnes et de la culture. Elles sont toutes des sciences du monde ambiant et s'en tiennent au cadre de ce qui, de façon concrète et intuitive, est directement ou indirectement accessible du monde, lequel, en tant que tout du monde ambiant humain, est le théâtre de la *praxis* humaine.

N'allez pas objecter que, prise individuellement, toute science est science du monde. La science des structures universelles déterminant en totalité l'*universum* – et pas seulement l'*universum* ambiant intuitivement accessible – n'est plus individuelle en ce sens. Certes, cet *universum* factuel individuel possède toutes les structures en question mais il les possède à partir d'une nécessité d'essence : elles appartiennent au monde factuel en

tant que particularisation individuelle d'un monde possible en général. En outre, ces structures nécessaires ne sont pas du tout liées spécialement à ce fait particulier que, comme simple noyau mobile du monde, nous cherchons à caractériser sous le titre du « monde ambiant intuitif ». Dans cette perspective, nous aurons encore à connaître d'autres généralités, séparées par principe de celles des sciences descriptives – par principe, dans la mesure où, précisément, la distinction entre | monde ambiant et **202**
monde au sens plein désigne elle-même une structure apriorique fondée dans l'essence générale d'une expérience et d'un monde de l'expérience possibles.

Appendice VIII (aux § 7.3 et 14)

Simple expérience sensible et « expérience » de la réalité physiciste[1]

La méthode de l'individualisation est la méthode consistant à déterminer ce qui est individuel. On songera alors en premier lieu à l'expérience et à la description. Mais tout ce qui est individuel est-il susceptible d'expérience et de description ? Si l'on s'en tient au concept habituel de l'expérience, cela ne va pas du tout de soi. *L'étant physiciste ne peut pas être donné dans une expérience sensible* alors qu'il peut parfaitement être déterminé. L'étant physiciste, objectivement réal, est à sa façon « expérimenté » dans la méthode physiciste au sens où il y est « donné soi-même » dans l'évidence bien que cette donation de soi ait toujours lieu sur le mode de la présomption et de l'approximation. Si, selon cette méthode, nous sommes conduits d'approximation en approximation, alors la chaîne de ces évidences progressives, édifiées les unes sur les autres comme autant d'approches de la limite qui s'y trouve intuitivement anticipée et déterminée, représente précisément l'unique « expérience » pensable selon laquelle un tel étant peut être donné. Cette « expérience » présuppose l'expérience sensible et est donc un procès médiat, sans que cela signifie que ce qui est le but de la méthode physiciste pourrait être donné autrement qu'en elle-même, voire même finalement donné au sein d'une simple expérience ou d'une simple synthèse relevant de l'expérience. Il est foncièrement erroné de se figurer que le monde « vrai », et en particulier le monde de la physique, serait une substruction hypothétique au sens où dans l'induction, par exemple, s'opère sur le fondement d'objets d'expérience la substruction de nouveaux objets d'expérience n'ayant jamais été expérimentés dans leur individualité.

L'objet physiciste n'est pas une chose inconnue de l'expérience – seulement d'une expérience qui n'est pas notre expérience humaine – située derrière la chose donnée (ou pouvant être donnée) dans l'expérience humaine, la chose simplement subjective-relative, mais il n'est rien d'autre qu'une formation théorique, une formation de signification, un substrat
203 construit théoriquement* pour des prédications irrelatives, | irrelativement

* « Théoriquement », c'est-à-dire sur le mode du jugement ; il s'agit donc d'une forme analytique qui doit nécessairement avoir un monde pour <pouvoir> être, si elle doit pouvoir être connaissable comme forme identique. Cela va de soi. Dans la relativité de la donnée de
203 l'apparition, nous avons une relativité | – déterminée matériellement, dans sa teneur – de la structure d'identité. Dans l'intersubjectivité ouverte, il doit s'agir d'une structure théorique, d'une pure structure de proposition, de signification, mais que chacun doit pouvoir reconduire méthodiquement à sa propre multiplicité d'apparition et apercevoir intuitivement comme valide pour chacun.

1. Sans doute mai 1927 – NdE.

en rapport à la subjectivité déterminée quelconque à laquelle elle serait liée. Le but théorique consiste toutefois à produire méthodiquement un type de prédication que toute prédication d'expérience abrite en soi au sens où, dans sa situation subjective et sur la base de son monde ambiant tel qu'il en a actuellement l'expérience, chacun peut, en suivant la méthode formellement similaire et pouvant donc être mise en œuvre par chacun dans le même sens, obtenir la même détermination pour toute chose dont il fait l'expérience et dont chacun, malgré toutes les divergences subjectives, fait en même temps l'expérience comme la même (quoique déterminée d'une façon subjectivement autre) que celle dont chacun peut avoir ou a l'expérience. Et inversement : chacun de ceux qui la comprennent peut, à la lecture de la formule, savoir quelle expérience doit pouvoir être la sienne dans sa situation. L'expérience intersubjective porte en elle de l'identité, mais seulement à la façon de la connaissance d'expérience : ce que je décris ainsi de façon sensible, <…>

| APPENDICE XII (AUX § 10-12)

*Qu'est-ce qui appartient à la possibilité d'un domaine universel et à la possibilité d'une science régionale ?**

Concept universel, concept d'un domaine universel en tant que domaine d'une science possible au sens prégnant d'une science régionale.

1) Un domaine de faits qui est un domaine universel contient des objets dont l'ensemble se tient sous un concept pur.

2) Le domaine contient une quantité infinie d'objets, mais pas pour autant ni sans plus tous les objets de l'extension qui est celle du concept pur du domaine. Le domaine des faits est une totalité d'objets existants qui satisfont les conditions de possibilité de la *coexistence* qui résident elles-mêmes *a priori* dans le concept du domaine, ou bien, ce qui revient au même, des objets qui sont *a priori compossibles*. Mais c'est l'expérience et la possibilité de l'expérience qui pourvoient à la compossibilité. Je ne sais rien au préalable de telles conditions de possibilité. C'est seulement la considération eidétique de l'expérience et de ses données qui conduit aux conditions de possibilité dans le concept, c'est-à-dire aux formes nécessaires.

Quoi qu'il en soit, la temporalité appartient au concept pur d'un fait. Par conséquent, la compossibilité de la succession et de la coexistence temporelles au sens prégnant appartient aux conditions de la coexistence possible. N'est-ce pas un cas bien particulier qu'un domaine de faits soit omnitemporel, qu'il possède l'infinité dans la distribution temporelle et, en outre, une forme infinie universelle de la spatialité en tant que forme identique de la coexistence traversant tous les temps ? Mais ce ne sont là que des questions.

3) Si une totalité compossible doit pouvoir devenir le domaine d'une science, et donc être connaissable théoriquement pour nous qui sommes les sujets de la connaissance scientifique, il faut nécessairement que l'existence de cette totalité soit établie comme telle au préalable et non pas comme une visée vide. C'est avant toute activité théorique qu'elle doit être donnée, c'est-à-dire par l'expérience et donc dans une certaine orientation.

À l'unité d'une objectité correspondent l'unité d'une expérience possible et l'unité d'une théorie objectivement valide (d'une science au sens d'un système clos de propositions vraies, logiquement cohérentes, pouvant être produites et fondées comme vraies dans l'unité d'un agir

* Notes de 1926.

théorique). Si l'objectité est une multiplicité infinie et, malgré son infinité, une multiplicité étante, pouvant être expérimentée et soumise dans son unité à la théorie, alors elle doit nécessairement | – pour pouvoir former 211
une coexistence possible – posséder une forme universelle, laquelle doit <pouvoir> être exposée dans une donnée d'orientation quelle qu'elle soit et se laisser construire dans ses possibilités universelles et en tant que système formel de l'infinité à partir de toute sphère de donation. Dans l'abstraction de toute teneur donnant sa réalité à ce qui est factuel, la forme [*die Form*] doit être, dans la totalité de ses figures [*Gestalten*] compossibles, une multiplicité définie.

Sous le terme de « *forme* », on pensera ici à la forme spatio-temporelle unitaire ; mais dans le cas de la nature, ne faut-il pas non plus y ajouter la forme causale d'une légalité naturelle universelle devant être à son tour, en accord avec la forme spatio-temporelle, une forme définie ? La difficulté qu'il y a à « déduire transcendantalement » la différence entre ces deux degrés.

En outre, il faut faire attention au fait que si nous avons commencé ici par prendre en vue la nature, nous pouvons néanmoins faire intervenir pour cela le monde objectif concret, correspondant à une considération d'une généralité supérieure. La nature est la structure fondamentale nécessaire d'un monde objectif. Peut-être est-il possible de dire qu'une totalité infinie, une totalité possiblement coexistante, n'est pensable que si elle possède une forme légale universelle et constructible ; et tout d'abord une forme universelle d'expérience possible, « constructible » dans l'intuition en tant que système d'expériences possibles puis en tant que forme théorique constructible au sein d'une théorie déductive. Ensuite, pour les faits, cette forme est en même temps la forme des inductions auxquelles il s'agit de parvenir pour la totalité.

Une* totalité infinie doit pouvoir être pour nous 1) expérimentable de façon concordante, elle doit pouvoir être par l'expérience et avant la théorie une objectité en général en tant qu'objectité d'expérience possible et de vérités objectives (prédicatives) possibles. L'objectivité conduit à l'intersubjectivité, à une communauté de sujets connaissant effectifs et possibles, à une totalité de sujets coexistants qui, comme sujets d'une connaissance possible de tout étant qualifié pour eux d'objectif, ont dans cette totalité le *« monde ambiant » commun*. S'ils doivent être eux-mêmes objectivement connaissables les uns pour les autres et chacun pour soi, c'est donc qu'ils participent eux aussi, en tant qu'objets, à leur monde

* Reprise améliorée.

ambiant complet. Il faut pourtant remarquer que si des sujets (à l'essence desquels appartient la possibilité de la connaissance de soi) doivent pouvoir exister pour d'autres sujets, ils doivent nécessairement disposer d'un monde ambiant commun *et* spirituel comme moyen d'une empathie possible. Des sujets ne peuvent pas avoir l'expérience originaire d'autres sujets. Ils doivent avoir des objets dont ils font en commun l'expérience originaire.

2) Un sujet individuel ne peut expérimenter une infinité que comme infinité se présentant de façon orientée et accessible *in infinitum*. Dans la
212 forme de | l'orientation, ce qui est proprement expérimenté doit avoir un horizon infini accompagné d'une forme qui lui appartient; la totalité de ce qui n'est pas expérimenté et, en général, des possibilités inconnues doit pouvoir se laisser construire conformément à la représentation.

Constructivement : les choses de l'expérience effective et possible sont des corrélats de possibles « activités perceptives », de possibles kinesthèses, accompagnées d'apparitions modifiées de façon typique dans la mesure où elles en relèvent, etc. À partir de ce qui est constructif, et en définitive à partir de l'association universellement formatrice, sont préfigurées des lois d'essence de la forme d'une expérience possible et, par suite, de la forme d'objets possibles de l'expérience. On doit pouvoir suivre l'*a priori* à partir d'ici, et même à partir du fond le plus profond de l'association, donc la nécessité d'une forme du monde de l'expérience lui-même en tant que « monde des apparitions » ainsi que la nécessité d'une possible idéalisation, la constructibilité théorique de toutes les figures [*Gestalten*] possibles des formes [*Formen*] de l'extension (ou encore de la forme espace-temps dans sa liaison unitaire), ce qui signifie que le temps-espace doit être une multiplicité définie et que la théorie correspondante maîtrise l'infinité en tant que théorie déductive définie. Il y a en outre, s'édifiant là-dessus, la forme d'une légalité causale universelle de la nature pour les qualités primaires etc.

Pour qu'il puisse y avoir pour moi une subjectivité étrangère, elle doit se laisser saisir par l'expérience empathique, c'est-à-dire qu'elle doit être incarnée dans mon monde ambiant non spirituel. La possibilité d'un monde ambiant non spirituel infini contient en elle la possibilité d'une infinité de chairs pouvant être données dans l'expérience, par suite d'une infinité de co-humains pouvant être donnés dans l'expérience et par conséquent accessibles à une connaissance, etc.

Ensuite, la possibilité d'une connaissance intersubjective-objective de ce même monde pour nous tous et les conditions de sa possibilité. Tout ce qui est objectif, et en quelque sens que ce soit, doit avoir son incorporation naturelle.

Si le terme de « *forme* » désigne la configuration d'essence saisissable par des concepts purs ainsi que le système, qu'il s'agit d'y saisir par des concepts purs, des relations réales qui doivent conférer une légalité universelle aux conditions d'essence de la coexistence, alors un sujet personnel, ou, concrètement, une *monade* a elle aussi sa *forme*, de même que le *tout monadique* a sa *forme universelle* sans laquelle, dans la mesure où il s'agit de la forme d'un environnement, même une monade individuelle n'est pas non plus pensable.

À tout cela ressortit ensuite la nature et le monde se constituant nécessairement de façon commune, etc. Mais cela signifie-t-il qu'un système monadique considéré de façon transcendantale peut être une multiplicité définie ? La nature factuelle ne peut déjà pas en être une, à moins que ce ne soit dans l'abstraction.

| De quel type de *représentation directrice* est-ce que je dispose à 213
présent si c'est une science que je recherche, par exemple la science de la nature ? J'ai la représentation vide d'une détermination, un échafaudage vide, la représentation empirique vague « nature » et la représentation relationnelle d'« un » système objectivement multiple d'une connaissance qui la détermine. En dépit de sa vacuité, cette pensée pratique peut me servir de point de départ ; je demande comment, pour des choses, j'obtiens des énoncés que je peux attester, etc. Mais ne puis-je pas obtenir une représentation intellectuelle universelle, une pensée universelle de la nature qui soit d'une teneur déterminée et me rende clair par avance ce sans quoi je ne peux absolument pas me représenter la nature et, si je la suis dans ses possibilités intuitives et, au-delà, dans les pensées qu'elle motive, ce sans quoi je ne puis me faire de la nature la moindre idée au préalable, quelle que soit la détermination factuelle selon laquelle je la pense ?*

Avant d'en venir à l'étude de la nature factuelle pour laquelle, prise avec ses infinités, je ne dispose que d'une représentation tout à fait vague et de pensées vagues concernant les types de possibilités qui y résident, je laisse encore pendantes les questions factuelles et je pose les questions

* De façon plus explicite : la science veut étudier le monde de l'expérience, lequel <est> toutefois, selon son sens, le monde de l'expérience effective et possible.

relatives aux possibilités. C'est un fait que j'en rencontre beaucoup et que je peux en rencontrer encore beaucoup. Mais si dans une pensée libre, une pensée imaginante et catégoriale, je produis pour moi les possibilités et leur style et, poursuivant ainsi, je produis les énoncés possibles, les formes possibles de fondations ou de vérifications naturelles – et donc les types possibles de l'évidence, etc. –, j'obtiens alors l'*universum* de possibles natures, l'idée générale explicitée dans des concepts purs et des lois pures, et, par conséquent, la forme générale du but « nature vraie », celle-là même que je dois à présent déterminer davantage dans les faits.

La nature scientifique que je recherche comme substrat de la science en tant que théorie, la nature prenant forme théorique en elle, m'était complètement inconnue; je n'avais pas la moindre teneur représentative s'y rapportant directement : elle était inexpérimentable. Mais dès que je me plonge dans les déroulements d'une expérience possible et dans les nécessités d'une nature possible « elle-même », donnée dans l'expérience (nécessités qui me sont accessibles dans la poursuite de l'expérience possible et dans la considération de son style nécessaire à l'occasion de toute continuation pensable de l'expérience), j'obtiens en toute généralité et nécessité une teneur déterminée pour le but vide de la science, la teneur de ce qui lui est nécessaire, mais qui n'est pas toutefois une pleine détermination. Car c'est seulement sur le fondement d'une expérience effective que je puis connaître ce qu'est cette généralité que chaque nature individuelle qui se peut représenter a en commun, individualise, et
214 que la nature factuelle | particularise précisément de façon individuelle. Ce faisant, une nature possible est nature d'une expérience possible et chacune de ces natures possibles serait le but d'une science possible. Chacune fournirait la base de descriptions possibles, d'une idéalisation possible, de théories possibles.

On voit aisément que la méthode de construction d'une expérience *possible* et de sa détermination en pensée, selon une possibilité générale, désigne elle-même quelque chose de général et de nécessaire devant donner la marche générale à suivre pour réaliser la théorie d'une façon *déterminée* dans les faits.

Outre une *science ontologique générale* conçue comme science universelle de ce qui revient au monde comme tel – respectivement à tout étant mondain concret quel qu'il soit – (ontologie générale), viendraient ensuite des *sciences particulières* correspondant nécessairement à chaque structure universelle particulière, des sciences universelles de l'espace, de la nature concrète, de l'esprit, etc., mais qui auraient en même temps la signification de sciences déterminant davantage ce qui est concrètement mondain ainsi que le monde concret lui-même. (Séparation de l'ontologie eidétique et de l'ontologie factuelle.)*

Que pourrait-il <rester> du but posé à l'origine qui n'aurait pas encore subi la distinction entre l'universel et l'individuel ? Ou encore : dans quelle mesure pourrait-il encore <rester> quelque chose du but contradictoire (à strictement parler) d'une connaissance du monde d'après tout ce qu'il contient d'individuel, visant même l'intégralité et s'élevant au-delà de ce qui relève d'une légalité universelle (le structurel en son sens le le plus large) ?

On pourrait se fixer la tâche de partir de la sphère de proximité du monde, telle qu'elle est donnée proprement dans l'expérience, pour parvenir à des questions toujours plus lointaines en progressant *in infinitum* dans la connaissance des réalités individuelles**. Dans cette perspective, on pourrait élargir les concepts de « proche » et de « lointain », ne plus les réserver simplement pour l'infinité extérieure mais les utiliser aussi pour les infinités intérieures (horizon externe et interne) ; ainsi pourrait s'établir une connaissance et une science progressant dans ces deux infinités.

Il faut remarquer à ce propos que toute science, et même la science universelle du monde, est infinie et qu'en particularisant l'idée universelle
| la plus générale du monde, elle ne cesse de progresser vers de nouvelles **215**
structures spéciales (et non individuelles).

La science universelle du monde doit être considérée du point de vue d'une utilité pratique universelle pour les humains. L'homme cherche à obtenir une puissance universelle de la connaissance sur le monde tel qu'il est orienté autour de lui et qu'il s'étend indéfiniment dans l'inconnu – une science qui pénètre et progresse graduellement dans les infinités de l'unique façon pensable, à savoir, d'un côté, au fil conducteur de l'expérience orientée des individualités qui ne cessent de se présenter, et, d'un autre côté, sous la conduite principielle de la connaissance universelle de la doctrine eidétique des lois du monde (elle-même conçue comme ontologie) et de la science empirique des lois. Par ce progrès de la puissance de la connaissance, il veut gagner une puissance pratique sur le monde, une puissance en progrès et progressant *in infinitum* ;

* Ce sont là les *sciences de lois*. Une « loi », prise au sens strict, est une *loi universelle*. Les sciences de lois se divisent donc en sciences eidétiques et en sciences de la légalité factuelle du monde.

**Les sciences de lois trouvent une application dans le progrès de la connaissance individuelle, mais dans celle du monde factuel. Cela ne signifie pas que ce qui est individuel peut tout simplement être subsumé sous des lois et qu'il ne requiert pas, en tant qu'individuel, des sciences particulières.

par l'élargissement de la connaissance, il veut repérer des possibilités pratiques toujours nouvelles et y ordonner des moyens*.

Mais il faut encore ajouter un complément important. Les structures universelles du monde qui contiennent en elles la légalité universelle du monde se scindent elles-mêmes en les *structures aprioriques universelles* sans lesquelles ce monde ne pourrait pas du tout être pensé comme un monde, et les *structures factuelles universelles* qui appartiennent nécessairement à chaque monde possible dans sa singularité individuelle. Et c'est encore ici une nécessité *apriorique* que chaque monde possible, pris pour lui-même singulièrement, en tant que fait possible, possède universellement et au-delà de l'*a priori* « une » *légalité factuelle* ne se laissant déterminer qu'à partir de l'expérience factuelle et sous la condition d'une application constante des légalités structurelles aprioriques.

Pour la réalisation d'une science du monde, il en résulte les étapes suivantes : *ontologie apriorique* (doctrine apriorique explicitant les principes d'un monde possible en général), *science universelle des faits* en tant que science légale universelle des faits du monde en général, et *science universelle de l'individualité*, produisant des explications (mais aussi des déterminations) à partir de toutes ces légalités universelles, mais portant sur l'individuel à partir de l'expérience singulière individuelle.
216 À cela s'ajoutent | encore, à l'intérieur de l'universalité, les divisions en régions *abstraites* de l'universalité ainsi que les sciences correspondantes.

*L'induction de généralités légales factuelles suit l'élargissement des horizons d'expérience qui sont ceux du monde ambiant orienté. L'intérêt pratique se dirige de préférence vers ce qui est concret et individuel ; l'intérêt purement théorique ne s'en soucie pas moins (sous la forme du progrès de la connaissance individuelle), mais il porte en même temps sur la connaissance universelle.

Appendice XIV (au § 14)

<Sciences de faits descriptives et sciences de faits explicatives. Exactitude et typique morphologique>[1]

1) Descriptif et explicatif, 2) idiographique (individualisant) et nomothétique (généralisant) comme classifications des sciences de faits*.

Ad 1) On avait sous les yeux la différence entre les disciplines historico-naturelles et les disciplines physicistes.

Qu'est-ce qu'une science de lois ?

| a) La loi comme généralité de l'être et du se-produire réglés, du 217
devenir réglé, de la causalité réglée qui vaut partout dans notre monde ambiant – le monde est homogène.

b) Lois exactes par opposition aux régularités typiques. Lois exactes en tant que lois mathématiques formelles. Lois « exactes » en tant que lois aprioriques matérielles – lois exactes en tant que lois de la nature au sens usuel, en tant que lois rationnelles de l'expérience rapportées à des lois aprioriques matérielles qui, dans l'idéalité de leur relation à un monde possible, glissent déjà sous celui-ci, peu importe à quel degré, une structure idéale exacte : une idéalité-limite**.

Mais cela reconduit à la question de savoir où l'on pourrait glisser ainsi les idées de l'exactitude, et l'on en vient alors à la physique et à la psychologie (si toutefois la psychologie peut être exacte), c'est-à-dire à la séparation entre les faits physiques de la nature non vivante et les faits psychiques (prétendument exacts) de la nature animée, de la nature psychiquement vivante et par là même organique.

La différence entre lois exactes et lois morphologico-typiques est une différence générale, se rapportant au monde de l'expérience en général et contenant sous elle la différence entre objets dépourvus de vie psychique et objets ayant une vie psychique. Mais n'avons-nous pas encore une autre différence classificatoire – la différence entre les êtres organiques et non organiques – auquel cas ce seraient les êtres organiques qui se divisent (éventuellement) en ceux qui sont dépourvus de vie psychique et ceux qui ont une vie psychique ?

*Leçons de mai 1927. Bon.

**Double sens caché de l'exactitude : présupposition de l'identité des individualités dans les sciences aprioriques. Mais l'identité elle-même peut, selon le cas, être une identité « idéalement » exacte ou une identité typique.

1. Mai 1927 – NdE.

Mais les êtres organiques possèdent d'emblée une certaine identité morphologique, une identité typique ainsi qu'une constitution s'édifiant à partir d'éléments non-organiques changeants, mais ce seulement au sein d'un certain type d'ensemble rendant possible l'expérience d'une certaine identité à travers tous les changements, par exemple l'identité de la plante dans le changement matériel, dans la propagation etc. Tout revient finalement à certaines différences fondamentales.

Tous les objets tombent sous un double principe d'identité :

1) Identité comme objets étendus spatio-temporellement, en particulier comme ayant une durée spatio-temporelle et, dans cette durée, comme des touts concrets et persistant identiquement dans toutes leurs parties concrètes – qui elles-mêmes sont ou peuvent être à leur tour des objets concrets – de telle sorte qu'un objet n'est le même que tant qu'il possède identiquement les mêmes parties.

2) Principes de l'identité morphologique. L'appréhension des êtres ayant une vie psychique en tant qu'unité duelles [*Doppeleinheiten*]
218 composées d'un être concret | ayant l'extension physique et d'une vie psychique (laquelle est, parallèlement, une extension temporelle) conduit à l'intuition que l'unité de l'être animé [*seelischen*] est une unité à partir d'éléments psychiques [*psychischen*] n'ayant d'être temporel que fugitif, et, en outre, une unité par simple régulation causale. En ce qui concerne le versant physique : selon cette appréhension de l'identité, il n'a de consistance qu'à partir d'éléments spatio-temporels et les touts ne sont eux-mêmes que des formations causales fugitives, n'étant effectivement identiques que tant qu'aucun élément ne s'en sépare ou qu'aucun élément nouveau ne s'y ajoute.

Puisque l'interprétation de la façon dont le psychique conserve son identité et son objectivité est déjà la croix de toute philosophie et de toute psychologie, et puisque ce qui vint historiquement en premier fut la science physique de la nature, on sera d'abord tenté de faire abstraction du psychique pour considérer le monde comme simple nature. Cela signifie qu'on devra d'abord placer au fondement la connaissance selon laquelle tous les objets concrets du monde sont soit dépourvus de vie psychique soit vivants, et selon laquelle nous trouvons que le caractère fondamental d'un objet, qu'il soit l'un ou l'autre, est en tout cas la *res extensa*, que nous pouvons considérer dans l'abstraction de tout ce qui est éventuellement psychique. Ensuite, nous avons pour ces objets la séparation entre les unités morphologiques et les unités physicistes (en un premier sens), ces dernières conçues comme touts exacts, identiques dans l'identité de leurs parties et dans toute partition concrète tandis que les unités morphologiques sont identiques sans identité dans la partition et demeurent identiques dans le changement matériel, lequel ne conserve que la totalité typique. Puis se développe de nouveau l'idée d'une identité du tout comme tout de ses parties, pour autant qu'une unité morphologique peut avoir elle-même à son tour une structure morphologique constituée de parties morphologiques.

Mais la séparation entre unité morphologique et unité physiciste dépasse la sphère de la simple *res extensa* dans la mesure où les êtres psychophysiques pleinement concrets se tiennent eux aussi sous ce point de vue, à la seule différence près qu'ils tombent tous sous le concept de l'unité morphologique puisqu'un être psychique a de toute façon un côté matériel, lequel est nécessairement organique et possède comme tel une unité issue d'une identité non physiciste.

En premier lieu, donc, pour la nature physique, la « simple » nature, le problème de la détermination physiciste – et seulement alors le problème d'une psychologie, problème encore plus difficile et n'ayant jamais été pensé jusqu'au bout, <ne serait-ce que> dans sa possibilité : dans quelle mesure répond-elle aux tâches d'une recherche de l'identité s'élevant au-delà de la typicité morphologique ?

Ensuite, les pensées qui se rattachent nécessairement à tout cela :

| a) L'expérience ne donne de toute façon qu'une typique, et tout **219**
ce qui est identique d'une façon prétendument stricte et non pas seulement en un sens morphologique s'avère, à l'examen, saisissable morphologiquement[*].

b) Mais cela conduit à des « *idées* », à des *formations-limite de l'exactitude* et corrélativement, pour la physique pure, aux idées de l'approximation ; d'après elles, on peut, en se laissant constamment conduire par la question de l'identité dans la division, transposer tout donné physique concret (et donné d'abord morphologiquement) en séries d'unités typiques s'approchant de plus en plus de l'idéal de l'identité physiciste – mais cela du point de vue d'une causalité naturelle homogène dont les lois sont elles-mêmes des lois idéales valant d'autant plus parfaitement pour les types qu'elles s'approchent de la limite qu'il s'agit de glisser sous eux.

c) Cette façon de considérer les choses, qui glisse à la manière physiciste une homogénéité sous la nature typique, ne dispense pas d'une considération universelle de la morphologie. La réduction à des éléments

*C'est en particulier le cas de toute expérience extensionnelle concernant la spatialité et sous <le> point de vue de la partition.

partiels absolument identiques ainsi qu'à des lois élémentaires au sein d'une idéalité-limite est la réduction à une édification de l'ensemble des événements physiques effectifs et réalement possibles, à ce qui est partout identique, à une structure d'homogénéité du monde selon l'espace-temps et des éléments réaux.

Mais il est nécessaire d'apprendre à connaître la typique concrète du monde ambiant dans sa concrétion et de faire d'elle, dans son caractère de fait mondain universel, le centre de l'intérêt. C'est une connaissance universelle (et qui ne découle pas déjà des lois élémentaires) que celle selon laquelle le monde est de fait traversé aussi par une édification typique qui, quoique non absolument homogène[1] et bien qu'elle se différencie selon les domaines singuliers du monde, se tient néanmoins elle-même sous une légalité typique.

d) La recherche morphologique se rapporte au monde *intuitif* de façon tout d'abord directe. Les concepts exacts transcendent l'intuition dans les méthodes de l'« idéalisation ». Mais la substruction des idées exactes, avec leur façon spécifique de se vérifier par le succès de la science de la nature, produit alors une connaissance nomothétique universelle du monde, celle d'un être vrai au sens physiciste, qui attire dans son cercle la morphologie intuitive elle-même. Cela conduit aux problèmes
220 de l'« *explication* | *physiciste* » de la morphologie, de sa traduction en des termes physicistes qui ne changent rien, toutefois, à sa spécificité morphologique. L'intuition devient partout l'*index* d'un élément intersubjectif absolument identique. Ici entrent aussi en considération les problèmes du relativisme et la question se pose de savoir comment les intégrer. Les concepts formés de façon intuitive et sensible sont dépourvus de l'objectivité intersubjective absolue.

1. Dans le manuscrit on lit « peut-être » avant « non absolument », et, à ce propos, la remarque marginale suivante de Husserl : « Je dis "peut-être non absolument" – À vrai dire, seule est indubitable la connaissance générale et formelle selon laquelle une typique traverse tout monde ; plus précisément encore, tout monde ambiant personnel est un monde typique, ce qui a aussi une signification dans la considération de l'en-soi. D'un autre côté, la typique n'est pas la même en chaque point du monde ». – NdE.

Appendice XV (aux § 14 et 16)

La nature de la perception normale (des images perceptives). La nature de l'expérience intersubjective. La nature de la théorie physiciste[1]

La science vise la théorie – elle vise un système propositionnel. On y opère avec des acquis de connaissance ; ces acquis sont des significations d'énoncés – mais quelle que soit la vacuité dans laquelle elle émergent, elles peuvent être « fondées », attestées, justifiées aussi souvent que nous le voulons, nous scientifiques, par l'appel à notre capacité acquise de réactiver la preuve, la fondation intuitive. Les acquis de connaissance ne sont donc pas simplement des significations d'énoncés, mais nous disposons potentiellement aussi de nos connaissances originairement fondatrices ainsi que de leur méthode, à tout moment actualisable et qui est elle-même une connaissance, un chemin de connaissance.

Science et idée d'une objectivité pure eu égard à la nature simplement relative.

A) Perception et images perceptives, donnée originale du réal rapportée à une exposition, à des images perceptives, mais n'étant pas elle-même « exposition ». Relativité de l'expérience. Relation du sens de l'énoncé portant sur la réalité à l'expérience, à une vérité relative, pour le sujet singulier, à une vérité intersubjective de premier degré, à des énoncés qu'il s'agit de vérifier par le recours à l'« intuition » et à la description.

1) *La nature* comme unité de l'expérience concordante, et d'abord de *mon* expérience, dans le cadre de *mon* activité perceptive « *normale* ».

2) Le *devenir-anormal*, perception anormale et identification de l'objet à travers le donné anormal. L'horizon des anomalies relativement à leur motivation, qui en fait des anomalies déterminées, est un horizon ouvert de façon indéterminée et non, comme c'est le cas pour les possibilités normales, un horizon fermement réglé, un horizon à structure
| déterminée, un horizon de possibilités qu'on peut librement parcourir **221**
et dominer de la manière suivante : « je peux, d'une façon qui m'est bien connue, parcourir mon système cinétique oculaire bien défini etc., et les perspectives etc. "doivent" alors entrer en jeu continument de la façon bien connue qui y correspond ». J'ai ici une contingence, que je peux néanmoins apprendre à connaître par l'expérience et l'expérience montre que même ici, il peut y avoir des relations fixes. Cela produit la présomption générale et indéterminée suivante : il y a ici, entre le système

1. Sans doute printemps 1927 – NdE.

normal des apparitions et ses transformations anormales (en rapport avec la « charnellité s'altérant de façon anormale ») un ordonnancement psychophysique réglé inconnu, mais qu'on peut apprendre à connaître par une expérience entrant ou n'entrant pas en action. Même si c'est de façon plutôt indéterminée, j'ai pourtant ici encore un sens d'expérience (en tant qu'unité-substrat entrant ensuite dans un possible jugement prédicatif) qui possède, au-delà de ce qui est à chaque fois l'expérience matérielle, un horizon renvoyant à une « multiplicité infinie », à une « étendue » de possibilités à réaliser et librement accessibles jusqu'à un certain point, possibilités à travers lesquelles le sens d'identité se maintiendrait.

3) La normalité et l'anormalité *intersubjectives*.

Ce dont je fais l'expérience, de quoi qu'il s'agisse, possède aussi un horizon « infini » rapporté à l'intersubjectivité, une étendue de possibilités rapportées à l'indéfinité ouverte des possibles co-sujets de l'expérience, c'est-à-dire à tout un chacun.

L'unité de multiples expériences; dans l'expérience actuelle et au niveau de la sensibilité normale, il y a une unité d'exposition continue; il s'y constitue l'unité d'une *image perceptive* et dans des degrés d'« image » différents. Dès que je prends en compte l'anomalie, ne serait-ce que dans la perspective du sujet individuel, je n'ai plus simplement des « *images perceptives* » ni une simple exposition, je n'ai plus cette façon la plus originale de s'annoncer au travers de perspectives dans une vision continue. Au lieu de cette « *induction interne* », j'ai une *induction externe*, mais toujours encore une identification inductive, une connaissance du même objet s'exposant de telle façon dans des conditions normales, autrement dans des conditions anormales, alors même que ces expositions ne se rassemblent plus en la continuité d'une unité de l'exposition en tant que perception continue, cessent de constituer en elles l'unité d'une *image perceptive*. Il y a néanmoins, ici aussi, une constitution originaire que rien ne peut remplacer. Toute position de substrat, toute position quelconque ayant lieu dans l'expérience (état de choses, liaison, ordre) est par conséquent rapportée *a priori* à cette multiplicité infinie et à la subjectivité accomplissant la position, subjectivité qui se meut plus ou
222 moins librement dans ces multiplicités et possède | *dans ce mouvement la conscience originale de l'existant identique*, et ce dans les modes de l'identité de l'étant comme repos ou comme mouvement etc. Toute description doit suivre ce processus, de même que tout énoncé devant porter sur du réal, avec son sens d'énoncé déjà situé dans la perspective d'une attestation possible. S'étant originairement développé comme

sens à partir de ce genre d'expérience et de son énonciation, il comporte aussi *eo ipso* – s'il s'agit d'un sens effectivement compris – la puissance, la capacité d'une attestation. Les substrats ultimes sont des réalités présumées ; quelle que soit la vacuité dans laquelle les énoncés sont accomplis, il y a à leur fondement l'*anamnesis* de certaines aperceptions de réalités en tant que fondements originaires du sens de la réalité, qui se conservent (et conservent leur puissance de détermination du sens) de façon analogique dans toute application, quel que soit son degré d'arbitraire, ou dans toute refonte associative fortuite.

Tout ce qui est réal, en tant qu'unité identique de sens, possède en un certain sens son « extension » – nous disons aussi que tout concept a son extension. Ici, dans le cas du concept, il s'agit d'une extension d'individualités singulières qui réalisent en elles de façon identique le même élément général, qui y ont une « *methexis* ». Dans le cas de la réalité en tant qu'unité d'un périmètre infini et idéal d'individualités exposantes (que ce soit sur le mode de l'expérience directe ou bien sur le mode de l'empathie et accompagnées supposément de modifications intuitivement irréalisables), l'identique est « réalisé » différemment : pour moi qui suis présentement celui qui perçoit dans cette perception, il est réalisé comme « donné là en chair et en os », comme ce aux côtés de quoi je me trouve moi-même et comme ce en tant que quoi il est lui-même à mes côtés. Je pourrais dire que toute exposition originaire (exprimé de façon ontique : l'exposé en tant que tel) a une « *methexis* » relativement à l'étant identique. On peut poser la question de savoir si la *methexis* conceptuelle est autre chose qu'une simple *methexis* de degré supérieur.

B) Par opposition aux énoncés descriptivement vrais (à attester par simple expérience), les vérités exactes.

Or, peut-on dire que ce qui est vrai du point de vue physiciste n'est qu'une « simple construction théorique » ? Une théorie ne peut pourtant rien construire qui ne soit saisissable dans une vision intuitive ni susceptible d'attestation. La physique, avec toutes ses propositions générales, dans son attitude dirigée vers ce qu'il y a de général dans toutes les données physiques de l'expérience, n'établit donc rien qui vaille pour un individu singulier, ou encore : elle ne développe pas systématiquement sur l'individu singulier l'expérience inductive qui s'y rapporte dans le but d'en rester à ce niveau. Elle s'oriente plutôt vers ce qui est général. Cette généralité est celle d'une « expérience générale » comme modalité variée d'une expérience singulière. C'est seulement ainsi que sa théorie est une connaissance, et même une connaissance générale de l'expérience.

223 | Il n'en reste pas moins que la <connaissance> théorique physiciste accomplit une objectivation supérieure à celle de la vie courante, laquelle demeure toujours rapportée au royaume de la normalité intersubjective même si les anomalies courantes conduisent à des positions d'identité qui outrepassent ces limites. Mais la vie ne suit pas de telles positions et ne le peut pas, puisque aucune composante d'identité pleinement suffisante ne se fait jour ici. La *praxis* de la vie est et demeure liée par les concrétions de la normalité intersubjective. C'est ainsi que la physique a devant elle un monde sensible, un monde qui se maintient objectivement et qui est totalement familier ; c'est à lui que se rapporte son objectivation supérieure. Sa « construction » théorique consiste en la mise au jour, par la connaissance, d'un monde d'être [*Seinswelt*] supérieur et irrelatif (ou surmontant du moins certaines relativités systématiques) en tant que monde s'exposant dans le monde des sens, « apparaissant » en lui. C'est là une transcendance sous laquelle aucun sens métaphysique incompréhensible ne doit être supposé.

Le système propositionnel de la théorie est le sens identique de ce monde sensible, le sens identique de ce monde dans toutes ses variations anormales, résidant en lui comme sens de vérité. Toutes les propositions, pensées dans leur vacuité et issues de cette théorie par libre variation (et devant être formées à partir de ses « concepts fondamentaux »), ont pourtant une relation au monde sensible – elles doivent pouvoir être attestées comme vraies ou fausses. Les concepts ne peuvent pas être « sensibles », ne peuvent pas être rapportés à une sensibilité particulière, normale ou anormale, par production directe. D'un autre côté, ils ne peuvent pas non plus être des concepts analytico-formels vides ; il s'agit plutôt de concepts ayant un sens qui se rapporte au monde, ce même monde qui traverse tous les mondes normaux et anormaux et dont il s'agit de produire l'identification à partir d'eux (dans le commerce des sujets de ce monde). La physique crée donc dans sa méthode la possibilité de former de tels concepts de façon déterminée, de juger de façon déterminée moyennant de tels concepts, et ce de telle sorte que les jugements en question se développement comme des jugements de connaissance et que, d'un autre côté, se développent conjointement certaines méthodes destinées à attester « au contact de l'expérience » la validité ou l'invalidité de ces jugements.

| APPENDICE XVII (AUX § 15 *sq*. ET 20) 224

Contribution à la critique de la présupposition « évidente » qui régit l'opposition entre science des lois et science des individus. Contre Rickert-Windelband[1]

Point de départ dans l'*a priori* matériel. Il en découle une universelle conformité légale du monde mais pas encore une légalité des faits. L'exigence de connaître les lois naturelles du monde présuppose que nous sachions déjà qu'il y a de telles lois. Pouvons-nous présupposer de telles lois simplement comme des faits ? Où résident les motifs de présupposer de telles lois ? Ce n'est qu'en suivant la voie systématique que nous devons y parvenir. Nous savons certes qu'il *existe* une science de la nature comme science légale pour des faits [*Tatsachengesetzeswissenschaft*], ce qu'une nature physique semble exiger. On l'exige également pour ce qui est animal-psychique, mais peut-être est-ce là un préjugé ; peut-être que tous les efforts pour parvenir à des lois naturelles psychiques et pour construire une science parallèle manquent leur but précisément parce qu'il s'agit d'un préjugé. Pouvons-nous donc commencer d'emblée à construire | des idées méthodiques alors que nous ne savons pas si, en 225
définitive, le type essentiel du monde les exclut ou non ?

Des *lois* – des règles valides de façon inconditionnelle et universelle pour des faits. Mais qu'en est-il des généralités empiriques, de la structure typique du monde ambiant proche, structure dont nous ne pouvons connaître d'emblée l'extension ? Que signifie au juste qu'elle ne soit qu'une étape pour passer à une science de lois ? Le type d'expérience exact qui est celui des sciences de la nature est-il effectivement édifié sur la base d'une description ? N'est-il pas manifeste que les sciences biologiques disposent d'un tout autre concept fondamental de l'étant concret (du réal), du substrat identique de propriétés constantes, que la physique ? Cela influence alors essentiellement l'idée de l'âme comme âme d'une chair. Factuellement, la chair est quelque chose d'organique, c'est-à-dire un individu d'un tout autre type que ce qui est simplement physique, et peut-être cela même est-il un *a priori*. *La psychophysique n'est donc pas la science de simples liaisons entre le physique et le psychique*. La *science* générale *de ce qui est typique*, et spécialement des individualités biologiques, est elle-même une science de ce qui est unique dans le monde, c'est-à-dire une science qui porte sur l'individuel ;

1. Semestre d'été 1927 – NdE.

et dans la mesure où il nous faut bien dire que notre monde ambiant de l'expérience, sur Terre, montre précisément cette typique, c'est là un trait individuel qui appartient à la Terre.

Ce qui est individuel peut être simplement matériel ou bien animé, ou encore un État, un peuple, l'art allemand du XVIIIe siècle, une œuvre d'art singulière etc. ; il peut donc s'agir d'un objet singulier, unique, ou bien de groupes d'objets liés – mais cela constitue-t-il une différence essentielle par rapport aux espèces animales (par rapport au monde animal) prises dans leur ensemble, lesquelles sont pourtant elles-mêmes un fait terrestre unique ? Nous ne disposons donc que de l'unique distinction suivante : le général en tant que loi rigoureuse valide pour le tout du monde mais soumis à la question de savoir dans quelle mesure le monde le permet et l'exige *a priori* ; d'un autre côté, l'individuel dans sa typique, qu'il <s'agisse> d'une typique dans l'être singulier concret pris singulièrement ou d'une typique à même une pluralité cohérente, d'un tout au sens le plus large du terme. Et où cesse la pluralité ? Où cesse le tout ? Ce que nous appelons une chose singulière n'est-ce pas déjà quelque chose de multiple ? L'objet de la nature physique n'est-il pas quelque chose de divisible, etc. ?

Autre objection : l'*individuel* identifié à l'*intuitif*. La description de l'individuel comme description le conduisant à son intuitivité sous des concepts serait donc une description au moyen de concepts tirés de l'intuition – de concepts sensible, au sens le plus large du terme.

226 | Mais alors les *lois* devraient être elles-mêmes des généralités inconditionnées *de type sensible*. Mais cela vaut-il pour les lois physicistes, les seules et uniques lois de fait dont nous ayons une connaissance déterminée, quoique présomptive ? Leurs concepts sont non-sensibles. Ce sont des lois mathématiques de la nature, <qui> opèrent avec des concepts intégralement mathématiques, et pas seulement avec les concepts de l'analyse formelle : même les concepts géométriques sont non-sensibles quoique renvoyant d'une façon déterminée à la sensibilité. L'idéalisation comme processus de pensée construisant, en relation à une sorte de sensibilité (les αἴσθ<ητα> κοινὰ), des idées non-sensibles qui, de leur côté, sont indiquées par des idées mathématico-formelles. *La considération idéalisante de la nature est donc une considération de degré supérieur*, en vertu de laquelle des singularités individuelles idéalisées et méthodologiquement mathématisées se trouvent déterminées comme inintuitives et avec elles les lois qui s'y rapportent.

Les sciences qui typifient dans l'intuition – ici, les sciences de la nature matérielle, les sciences personnelles et les sciences de l'esprit sont à égalité. Mais pour ce qui est de la nature matérielle, la science mathématisante « exacte » de la nature s'extrait de l'intuition et dès qu'elle existe, il en résulte (y compris pour la science intuitive et morphologique) les tâches de la réduction des formes intuitives aux formes exactes qu'il faut supposer sous elles, c'est-à-dire une construction de l'idée de l'individualité morphologique transposée dans le domaine mathématique.

Mais cela est-il *transposable* à la sphère des sujets, des communautés de sujets ainsi que des formations subjectives issues de leurs effectuations subjectives ? Y a-t-il un sens à exiger là des lois factuelles exactes ? L'exposé de Windelband montre clairement que c'est la psychologie qui l'a conduit à la construction de ses idées méthodiques distinctes comme autant de distinctions prétendument principielles. Quant à sa posture méthodique, cette psychologie ne serait pas autre chose qu'une science de la nature. Mais c'est là une manière très superficielle de voir les choses. La science de la nature a une méthode très différente selon l'idée qu'elle se fait de la nature, selon qu'elle est conduite par les idées de l'individualité physiciste ou celles de l'individualité morphologico-biologique, et selon qu'elle est ou non idéalisante et mathématisante, qu'elle suit ou non une motivation à l'exactitude issue de la spécificité de l'expérience de la nature [*naturalen Erfahrung*]. C'est une erreur que de prendre en considération exclusivement la physique.

L'expérimentation, l'induction, l'analyse, la considération causale – rien de tout cela ne caractérise la science de la nature ; cela appartient *à toute science de faits* en tant que science procédant de l'expérience, et cette méthode n'est pas quelque chose comme le caractère méthodique d'une science légale spécifique | qui serait la physique, mais elle appar- **227**
tient primordialement à toute science intuitive de l'expérience et à toute science de l'individu. L'induction est pratiquée par la géographie, par la biographie scientifique, par la zoologie etc., qui s'occupent toutes d'individualités. De même pour la science de l'art. Même la psychologie, en tant que psychologie empirique de l'humain relativement à sa vie psychique, pratique donc l'induction. Bien entendu, nous parvenons partout à des généralités, mais *des généralités empiriques ne sont pas des lois* et n'expriment quant à elles que de l'individuel. Car comment pourrait-on décrire ce qui est individuel lui-même (au <sens> le plus étroit d'un réal saisi dans sa singularité) autrement que par des concepts généraux ? En outre, toute inférence de ce qui n'est pas expérimenté à partir de ce qui l'est a sa nécessité empirique dans la généralité de la règle selon laquelle il faudrait inférer de façon semblable pour tout qui est semblable.

Comme psychologie personnelle concrète, comme caractérologie, la psychologie humaine devrait procéder de façon analogue à la science concrète de la nature, pour ainsi dire comme biophysique ; elle aurait à décrire de façon morphologique les types des individus, mais aussi des peuples, des positions sociales etc., les types de personnalités mûres, d'évolutions qui conduisent à la maturité et les séries évolutives elles-mêmes. De même que la biophysique là où elle procède de façon analytique comme anatomie, histologie, etc., la psychologie analytique devrait être, en tant que psychologie empirique, une anatomie des âmes, c'est-à-dire qu'elle devrait étudier la typique élémentaire intuitive qui traverse empiriquement et intuitivement toute vie psychique humaine. Elle n'aurait pas, bien entendu, à imiter extérieurement l'exemple de la zoologie orientée biophysiquement ; mais, conduite par l'intuition de l'unité d'une âme, elle aurait à étudier les éléments qui se trouvent au sein de cette unité qui n'est donnée concrètement que comme unité (éléments qu'il s'agit de faire ressortir intuitivement), ainsi que les formes élémentaires et les modalités selon lesquelles le tout psychique s'édifie à travers elles dans la généralité, de même aussi que dans les particularités des formes d'unité concrètes particulières. Il est fondamentalement erroné de procéder par substruction en cherchant ici des lois factuelles exactes du type des lois physicistes tant qu'aucun motif particulier ne l'exige par analogie avec l'intuition de ce qui est matériel, et donc d'en ignorer les raisons particulières ainsi que le sens de la tâche qui conduit, par-delà l'intuitivité physique, à l'idée transcendante, mathématique.

Si les motifs erronés de naturaliser la psychologie dans le sens de la physique disparaissent, alors disparaissent aussi ceux de déformer le problème « nature et esprit » par un recours aux idées méthodiques de généralisation et d'individualisation. Une *clarification vraiment radicale* doit partir du monde de l'expérience et l'interroger lui-même quant à ses traits essentiels, son *a priori*, les démarcations que ce dernier prescrit,
228 les | tâches nécessaires qui doivent être fixées pour tout monde possible et qui, pour le monde donné, deviennent ensuite les tâches déterminées dont la nécessité repose sur les fondements les plus radicaux. Par la mise en œuvre d'un procédé vraiment radical, toutes les sciences nécessaires *a priori* doivent se dégager : non seulement des tâches destinées aux sciences positives singulières comme la physique, la biologie, la science de la nature descriptive et idéalisante, la science descriptive de la culture et de la personne – mais les disciplines philosophiques au sens spécifique doivent elles aussi trouver leur place. Il faut bien voir par

avance l'impossibilité de se passer de l'universalité de la considération apriorique du monde pour la raison que tout ce qui, sous le titre du « tout du monde », peut bien être le tout de l'étant en général n'est pas et ne peut pas être un amoncellement d'être, mais qu'il doit s'agir ici une d'uni-totalité – et d'une uni-totalité indissociable pour des raisons d'essence – qui interdit tout clarté ultime pour des buts singuliers et des sciences singulières si tout cela n'est pas ressaisi dans l'unité d'une tâche gnoséologique complète où ces buts et ces sciences sont mis en lumière comme ses simples composantes.

Mais le plus significatif, dans cette perspective, c'est que toutes les sciences sont des configurations de la connaissance et que la subjectivité qui connaît opère d'une double manière : premièrement comme subjectivité connaissante qui, formulé universellement, a devant elle un monde étant dont elle s'occupe comme de celui dont elle a conscience, qu'elle se représente etc. ; deuxièmement comme subjectivité connue, c'est-à-dire appartenant elle-même au monde connu. La subjectivité connaissante agit sur le mode de la connaissance, ne cessant de produire de nouvelles formes de connaissance à partir de ses effectuations propres. Une subjectivité agissante en général est productive et toutes ses effectuations sont subjectives, sont proprement son affaire. Mais une subjectivité agissante a toujours devant elle un monde déjà étant, pour ainsi dire déjà prêt, un monde qui l'affecte, qui la motive en tout premier lieu à l'agir. C'est également le cas de la subjectivité connaissante. Un monde de l'expérience est déjà là et c'est en rapport avec lui qu'elle met en jeu un nouveau type progressif d'expérience, qui est une nouvelle effectuation donnant lieu à de nouveaux résultats en vertu desquels le monde de l'expérience du prochain moment d'expérience et du nouveau développement de l'expérience reçoit pour ainsi dire un nouveau visage : il est certes conscient comme le même monde, mais comme déterminé par de nouvelles teneurs.

Et *a fortiori* lorsque nous y ajoutons la pensée et la connaissance conceptuelles et judicatives. Les produits de pensée ne sont pas quelque chose qui se trouverait à côté du monde de l'expérience, mais ils appartiennent à ce monde même, ils sont des figures marquées de son empreinte bien qu'ils ne soient pas eux-mêmes des nouveaux traits intuitifs et sensibles à même ce monde. Tout autre agir, toute manière d'exercer une activité en étant affecté par le monde ambiant qui est à chaque fois devenu tel ou tel crée par là en même temps des moments qui s'insèrent eux-mêmes dans ce monde ambiant et deviennent **229** expérimentables à leur manière, | aussi bien par un sujet isolé que de façon intersubjective. Une recherche plus approfondie montre que ce qui vient d'être dit doit encore être considérablement élargi. On ne peut pas dire de toute la vie subjective qu'elle aspire volontairement à ni qu'elle est de toute façon dirigée sur quelque chose, au sens particulier de l'orientation de l'*ego*. Même lorsque cette orientation est en jeu, il ne manque jamais d'un vaste milieu d'arrière-plan qui, bien que ce ne soit pas en ce sens remarquable, est pourtant bien en un sens plus large une vie de conscience, une vie intentionnelle, « dirigée » sur quelque chose. Et même sous cette forme, une objectivation [*ein Objektivieren*] s'accomplit en elle, une effectuation objectuelle [*ein Gegenstandsleisten*]. Mais quelle que soit la façon dont cela peut bien avoir lieu, nous avons toujours dans la vie mondaine l'opposition entre la subjectivité dans une activité actuelle de la conscience (la subjectivité qui, vivant sa vie, n'a ni cette vie ni soi-même thématiquement dans son actualité, ne les a pas comme objets) et, d'un autre côté, la subjectivité comme vis-à-vis, comme objet. Par exemple : pendant que je pense, que j'évalue de telle ou telle façon, que je me trouve de telle ou telle façon dans une motivation affective (et que je sois dans l'aspiration ou le rejet), pendant que je fixe des buts et les réalise, – je vis ainsi mais ce vivre n'est pas pour moi objectivement conscient. D'un autre côté, vivant ainsi, il y a de multiples façons pour moi d'avoir des sujets comme objets : ainsi l'homme qui est là-bas et qui est un étant pour moi qui perçois des vivants, dotés d'une chair dans un espace environnant, que je me représente comme régnant dans leur chair et agissant grâce à elle dans le monde ambiant que nous avons en commun eux et moi, qui me font éventuellement face comme objets de ma sollicitude, comme des personnes vers qui je veux me tourner, que je veux interpeler, déterminer activement comme « toi », comme « vous ». Mais je peux aussi, enfin, m'orienter vers moi-même : je deviens alors mon propre objet ; ce faisant, le moi comme sujet vivant de telle et telle façon, qui, dans une attitude objective, ne sait rien de lui-même mais seulement des objets, – ce moi se distingue bien alors du moi-homme en tant qu'objet, dans la considération concrètement intuitive duquel cependant, à chaque moment de l'expérience, tombent précisément les moments égoïques, les actes égoïques, les expériences, les significations etc. dans lesquels, en tant qu'ils sont mes actes vitaux, mon moi comme objet était justement objectif pour moi. Il est impossible de développer une considération du monde effectivement universelle sans se prendre soi-même en considération et, par suite, la subjectivité mondaine en général, dans cette énigmatique bilatéralité, comme subjectivité opérante et comme subjectivité objective, ni sans accorder d'attention au fait que tout ce qui, dans la considération naïvement oublieuse de soi, se tient face à moi comme un monde pour ainsi dire tout prêt renvoie à moi-même et à ma vie de conscience dans laquelle ce monde, en tant que ce monde expérimenté, pensé ou agi de telle et telle façon, reçoit son sens à partir de moi-même et de cette vie d'actes qui est la mienne ; c'est à partir de mes effectuations de conscience qu'en chaque moment, il est pour moi ce monde en tant que quoi il vaut pour moi.

233 | Appendice XIX (au § 16)

<Les manques méthodiques de la déduction rickertienne.
La limitation des paradigmes dualistes et naturalistes
et leur cécité quant à l'intentionnalité>[1]

Pour* parvenir à la clarté, considérons la situation qui est la nôtre, dans la simple expérience, relativement à la connaissance. Plongeons-nous de façon totalement intuitive dans un acte d'expérience *avant* toute pensée conceptuelle et tout élément conceptuel qui en provient. L'expérience (et, de façon tout à fait originaire, la perception) est conscience de la saisie du soi en chair et en os, de la saisie de l'objet comme soi-même en chair en os. Mais là où elle doit être *expérience objective* (c'est-à-dire expérience d'une objectité dont non seulement moi mais quiconque pouvant possiblement partager l'expérience avec moi doit pouvoir faire l'expérience comme objectité une et identique), l'expérience est *nécessairement présomptive*, et de plusieurs manières :

1) Par exemple de façon tout d'abord individuelle pour moi : quel que soit ce dont je fais l'expérience comme objet, je peux éventuellement y revenir grâce au souvenir et le reconnaître comme le même ; une autre fois à nouveau et ainsi toujours à nouveau.

2) Si je me tiens à présent dans l'expérience en face d'un autre, il va de soi pour moi qu'autrui peut tout aussi bien se rapporter sur le mode du souvenir au même objet, et il est implicitement contenu par là qu'il pourrait toujours y en avoir d'autres, que nous pourrions toujours nous rapporter en commun au même objet, que ce soit perceptivement ou sur le
234 mode du | souvenir, etc. Sans cela, nous ne pourrions pas avoir conscience du moindre objet comme existant ou ayant existé de façon persistante, ni comme étant pour tout un chacun.

3) Dans toute expérience objective – dans l'expérience d'un objet [*Gegenstand*] se tenant pour nous objectivement [*objektiv*] dans une expérience effective et possible – il y a de même, croisant tout cela, la présomption que le « simple côté » selon lequel nous en avons l'expérience (c'est-à-dire le complexe de ses déterminations effectivement perçues) n'est pas l'objet dans son être-soi intégral. Le cas échéant, l'intention de l'expérience nous pousse plus loin : la présomption de ce qui est encore non-perçu mais qui appartient à l'objet et est perceptible se remplit dans

* 53-59 <p. 234-243> écartées, mais de bonne qualité.

1. Première moitié du mois de juin 1927 – NdE.

une perception effective de ce qui, précédemment, était encore non-perçu – ce par quoi, cependant, une présomption se prolonge *plus ultra*. Il va de soi que nous pouvons ainsi toujours aller plus loin et que si nous ne le faisons pas, les autres le peuvent au sein d'une expérience à l'intérieur de laquelle, dans l'expérience partagée [*Zusammenerfahrung*], nous pouvons pourtant avoir et nous avons un regard. Nous distinguons ici :

1) ce qui, dans l'expérience, tient *actuellement* à des présomptions, au sein de ce qui est à chaque fois la situation d'expérience : par exemple l'orientation anticipative en direction de l'arrière de l'objet que nous voyons de face ;

2) une présomptivité potentiellement close, à savoir la connaissance du *toujours-de-nouveau* dans sa multiplicité : dans l'expérience, je peux toujours faire l'expérience de quelque chose de neuf, je peux toujours en revenir de nouveau par le souvenir à ce dont il y a eu expérience, je peux toujours faire entrer en ligne de compte de nouveaux co-sujets d'expérience et nous pouvons toujours accomplir de nouveau l'expérience en commun dans les différents modes du toujours-de-nouveau. Sans cela, il n'y a pour nous aucun monde à attester ni à attester intersubjectivement, un monde qui existe pour chacun comme le même et qui existe de façon attestable comme le même.

Mais à y regarder de plus près, il apparaît que dans l'expérience actuelle, dans la vie qui est elle-même chaque fois celle de l'expérience telle qu'elle s'écoule actuellement, nous n'avons aucun *savoir* d'un toujours-de-nouveau. À proprement parler, donc, on ne trouve pas dans cette vie d'expérience pure l'idée de l'être en soi du monde des objets en tant que monde étant pour chacun identique conformément à l'expérience et accessible pour nous comme pour chacun dans les modes du toujours-de-nouveau, ou encore comme monde devant toujours être vérifié de nouveau par nous dans des expériences possibles, c'est-à-dire comme une effectivité étant effectivement. L'expérience pure et simple ne connaît pas la conscience du toujours-de-nouveau. Elle ne connaît pas la conscience du « en général » [*des Überhaupt*], de la généralité [*der Allgemeinheit*], pas même sous cette forme première et la plus primitive sous laquelle nous obtenons la première idée d'un étant qui soit pour nous, pour chacun, véritablement en soi et sous laquelle nous l'obtenons comme but d'une connaissance se déployant dès lors sous des figures toujours nouvelles du
« en général » | – bref, de la connaissance conceptuelle. Le premier « en 235
général » se trouve dans la transformation de l'expérience vivante et fluante quoiqu'aveugle (c'est-à-dire aveugle relativement à ses propres horizons

« infinis » de présomptions implicites), à savoir dans sa transformation en une présomption voyante, mais voyante seulement « en général ». Plus clairement : la conscience du « en général » dévoile la présomption qui, au sein de l'expérience, est celle du monde de l'expérience, elle la dévoile comme présomption d'<un> monde toujours de nouveau accessible et attestable pour chacun en général et pour nous au sein d'une expérience diversement possible en général, comme présomption d'un monde qui soit en soi. Reste que ce n'est bien là d'abord qu'une présomption mais qui, devenue le thème de l'intérêt théorique, pousse alors à une connaissance toujours plus déterminante et fondative.

Pour le comprendre, réfléchissons à ceci : l'expérience, notre expérience communautaire, a été concordante jusqu'à présent mais la possibilité de la non concordance appartient aussi à l'expérience ; en tant que présomption d'un passé, un souvenir, même s'il se fait d'une grande clarté, peut encore tromper. Ou encore : la présomption selon laquelle ce qui est perçu présentement, dont on présume qu'il s'agit de la silhouette blanche d'une personne, se confirmera précisément comme telle dans la poursuite de l'expérience, peut être une présomption trompeuse : c'est un drap blanc agité par un courant d'air… etc. Cela n'a pas de fin. Même l'expérience concordante demeure une présomption. La connaissance veut déterminer fermement ce qui est en vérité, elle veut établir ce qui, dans ce flux de la présomption, peut être conduit à la certitude comme quelque chose de constamment certain, et donc ce qui peut toujours être vérifié de nouveau. Elle fixe tout d'abord de façon descriptive le donné dans ses déterminations d'expérience qui, en tant qu'accessibles et partageables par chacun, doivent nécessairement être saisissables sous la forme du général, du « en général ». Mais chaque objet dont il y a expérience possède pour lui-même une teneur essentielle qui doit nécessairement être élevée à la généralité. Les mots qui assurent la communication et leurs significations se règlent sur cette teneur, se règlent dans leur généralité sur les généralités appartenant elles-mêmes à l'objet et pouvant être trouvées d'avance en lui-même (en adoptant l'attitude dirigée vers le « en général »). Mais si, décrivant et vérifiant par son expérience, le sujet connaissant établit telle et telle connaissance dotée d'une teneur générale et en même temps, par suite, communicable, alors leur validité, leur vérifiabilité est encore une présomption pour les autres. S'il veut fonder ces connaissances présomptives comme valides de façon contraignante pour chacun, alors cela conduit au relativisme sensible. Par conséquent, la connaissance cherche et finit par trouver des

voies intégralement conceptuelles, que chacun peut emprunter comme des voies de fondation à partir de l'expérience et de la détermination d'expérience ; elle décrit la généralité de ces voies, elle en fait ainsi pour le sujet connaissant individuel des voies fixées une fois | pour toutes en 236
même temps qu'elle en fait des voies que chacun peut communiquer et auxquelles chacun peut accéder par la communication.

Cette réflexion montre donc que *la simple expérience ne donne pas encore un monde véritablement étant* et que, si c'est pourtant à bon droit que nous disons que nous y faisons déjà l'expérience d'un monde, cela se justifie dans la mesure où il est possible par essence que sur l'expérience se fonde une pensée s'élevant graduellement avec ses formes du « en général », et même une pensée moyennant laquelle seulement (et dans une unité inséparable avec l'expérience) un monde étant est véritablement conscient pour nous nous comme étant, quoique seulement comme telos *idéal d'une fondation conceptuellement conforme à la connaissance* ainsi que *d'une détermination conceptuelle* toujours plus riche *dans le cadre d'une telle fondation*. Nous sommes donc *justifiés* à dire que *le monde est*, qu'il est tel que nous l'avons connu et qu'une connaissance ultérieure continuera à le dévoiler – ce en quoi toutefois c'est seulement le succès d'une connaissance intuitivement évidente et ne cessant de s'élever dans des degrés d'évidence intuitive qui confère à la présomption d'être du monde une valeur véritable. Tant que la connaissance est inachevée, l'être du monde demeure toujours une présomption – d'un autre côté, une connaissance comme celle du monde ne peut être totalement achevée. *L'être du monde n'*est donc *pas un être au préalable* suivi d'une connaissance ; mais l'être du monde est l'être d'une présomption de l'expérience, d'abord aveugle et ensuite explicite et lucide, puis d'une présomption scientifique recevant une valeur relative de vérité toujours plus grande dans la relativité des degrés d'accomplissement de la fondation. La nécessaire validité empirique et gnoséologique que possède la croyance en l'effectivité du monde pendant que ce projet intersubjectif s'accomplit donne au but de la connaissance (le monde présumé comme monde à déterminer infiniment) la nécessité de sa prétention légitime à la vérité. L'idée-limite idéale, bien qu'elle soit inatteignable, est celle d'une connaissance absolument intégrale ayant pour corrélat le monde lui-même, lequel, en son sens le plus propre, ne serait rien d'autre que le simple corrélat de cette connaissance.

D'après ces considérations, il nous est donc impossible de suivre la déduction transcendantale développée par Rickert, compte-tenu du type de méthode qui est le sien dans son ensemble. Rien que sa manière d'engager le questionnement butte déjà sur la relation principielle, évidente pour la théorie de la connaissance, entre l'être du monde de l'expérience (et d'un monde de l'expérience possible en général) et sa connaissance objectivement valide dans la mesure où elle fait apparaître l'acte de connaître par concepts et par lois comme une nécessité pratique fortuite pour les humains finis.

Je ne rejette pas pour autant l'importante idée d'une déduction
237 transcendantale, ni même l'idée d'une modification | de cette déduction (à commencer par la question qui la commande) en une déduction formelle. Simplement doit-elle vraiment être alors une déduction purement formelle et apriorique, libre de toute présupposition non clarifiée et empirique quelle qu'elle soit. Les expositions déductives de Rickert sont de *style formel* mais nous voyons qu'elles ne sont *pas pures*. Si nous opposons le questionnement *purement* formel au questionnement de Rickert, vous comprendrez immédiatement ce que je veux dire.

Voici comment l'on considère *a priori* les choses dans la logique formelle : si nous pensons, dans une généralité formelle, des jugements quels qu'ils soient, des jugements d'une forme quelconque comme « un A est b », « quelques A sont b », « tous les A sont b », ou bien un jugement qui les combine en paires (de façon groupée), comme « tous les A sont b et quelques A ne sont pas b » etc. – alors la logique pose la question de savoir quelles sont les conditions aprioriques que des jugements (qu'ils soient individuels ou accomplis ensemble, en groupe) doivent nécessairement remplir s'ils doivent pouvoir être en eux-mêmes dépourvus de contradiction, s'ils doivent, d'après leur sens judicatif pur, pouvoir être effectivement jugés ensemble. C'est ainsi, par exemple, qu'il est impossible que soient jugés ensemble « tous les A sont b et quelques-uns de ces A ne sont pas b », si du moins on a quelque clarté sur ce que l'on vise ainsi ; c'est une contradiction. Il est impossible d'inférer « tous les A sont b, tous les B sont c et seuls quelques A sont c ». C'est ce qu'on voit de façon purement formelle et *a priori*, et toute saisie intuitive de ce type fournit une loi logique, une loi purement formelle de la conséquence, de l'inconséquence, mais aussi de la compatibilité, différente des deux précédentes.

De même qu'on a donc ici un questionnement formel déterminé et susceptible d'une réponse méthodique (que nous pouvons aussi ressaisir de la façon suivante : *à quelles formes de propositions sommes-nous liés* a priori si nous ne voulons pas en venir d'emblée à juger de façon contradictoire ?), de même le *questionnement* suivant est-il déterminé et susceptible d'une réponse méthodique : étant posé qu'une sphère ontologique infinie nous est prédonnée sous la forme d'une « expérience » se poursuivant de façon concordante et que par suite, comme nous pouvons *a priori* le voir immédiatement, elle l'est sous la forme d'une présomption constante*, quelles conditions aprioriques une telle sphère ontologique présomptivement infinie devrait-elle nécessairement remplir, quelle structure conceptuelle devrait-elle nécessairement avoir <pour pouvoir> véritablement être et donc – ce qui n'est qu'une expression corrélative – pour pouvoir être connaissable comme étant véritablement ?

Il n'est pas plus question ici du monde donné, de ses infinités intensives et extensives, que, dans le questionnement de la logique, il est question de nos jugements factuels (chacun ayant son jugement particulier) ni même des jugements portant sur le monde donné ou encore des sciences positives existantes et relatives au monde. De même que la | logique **238**
formelle de la non contradiction traite de tout jugement pensable *a priori* pour tout sujet jugeant pensable *a priori*, et ce dans une possibilité pure, de même s'agit-il, dans notre questionnement opposé à celui de Rickert, d'« expériences » pensables *a priori* et conçues comme concordantes *in infinitum* pour une communauté de sujets d'expérience en général, pensée *a priori* ; la question est alors de savoir quelle forme une telle multiplicité infinie se présentant dans une expérience présomptive devrait nécessairement recevoir pour être véritablement, pour pouvoir être le champ d'une science.

De tels questionnements peuvent se rapporter à une *sphère ontologique individuelle*, conçue dans une généralité pure : y sont alors inclus le monde factuel et tout monde possible. Mais ces questionnements peuvent également se rapporter à des *sphères ontologiques idéales*, par exemple à des multiplicités mathématiques infinies, lesquelles, naturellement, sont alors bien définies au préalable comme formelles et ne sont pas prédonnées comme expérimentées au sens courant du terme. Bien définies, non pas seulement de la façon courante : elles sont définies par des formes propositionnelles, par des « axiomes » qui sont déjà dépourvus de contradiction au sens de la logique formelle du jugement. Mais dans toute multiplicité mathématique (et déjà dans la teneur qui les définit), certains *modes itératifs de production* sont formellement présupposés, par exemple la productibilité itérative d'une somme *in infinitum* : je peux *toujours et encore* trouver de nouveaux membres sommatifs pour une somme déjà formée et les ajouter à la somme, si bien que la proposition

* Celle d'un toujours-de-nouveau ? Précisément en tant qu'infinité prédonnée.

« a + b = b + a » est *toujours et encore* valide. Le problème est alors le suivant : si une multiplicité est définie comme multiplicité infinie par des propositions, c'est-à-dire sous la présupposition de modes de production absolument itérables (itération présupposée qui, rapportée à des productions itératives, définit la multiplicité comme infinie), à partir de quand cette infinité est-elle, possiblement d'après sa forme, une multiplicité étante ? Ou bien, ce qui revient au même : quand est-elle, à partir de sa définition et de quelque composante que ce soit – à chaque fois présupposée comme déterminée mais laissée dans une variabilité vide – connaissable conceptuellement (= constructible) d'après sa simple forme dans une progression déterminée à partir d'individualités singulières conçues comme prédonnées ? C'est-à-dire encore[*] : à partir de quand est-elle *pensable sans contradiction*, relativement à sa forme définie, comme infinité véritablement étante (multiplicité infinie) ? Quelles conditions de forme doit-elle nécessairement remplir, à titre de conséquences résultant de la forme qui la définit, pour pouvoir recevoir en tant que multiplicité infinie un sens non contradictoire[**] ? Pour parler avec Kant : la non-
239 contradiction « analytique » | des axiomes, leur non-contradiction au sens syllogistique, ne garantit pas encore la non-contradiction synthétique, la possibilité logique de la multiplicité infinie comme telle en un sens supérieur, au sens de la *mathesis universalis formelle*.

Ainsi y a-t-il un lien profond entre les questions transcendantales d'un monde possible et les questions fondamentales de la mathématique, lesquelles ne sont rien d'autre que les questions des fondations mathématiques, ces questions qui, dans la période contemporaine, animent si passionnément les esprits des mathématiciens. Quels dangers comporte cependant la pensée pratiquée dans la formalité pure, avec quelle facilité on s'y empêtre dans d'absurdes paradoxes, renvoyant à des présuppositions non clarifiées auxquelles, dans les hauteurs aériennes de l'abstraction, on n'a pas prêté attention – c'est précisément ce que montre la littérature mathématique, quand bien même ses représentants sont des hommes de la pensée scientifique la plus exacte et d'une exceptionnelle sagacité. Et sur le versant philosophique, Rickert en fournit à sa <manière> un exemple (bien qu'il n'ait pas vu la tâche d'une déduction purement formelle) puisque son procédé déductif se déroule bien pour l'essentiel de façon formelle et générale.

* Ce n'est pas encore net.

** Mais ces conditions, en tant que connaissables *in infinitum* – ne doivent-elles pas nécessairement être *constructibles* à l'infini ?

Comment peut-on se libérer de telles difficultés ? Comment peut-on conduire vraiment ces problèmes d'une immense portée, et qui sont manifestement des problèmes nécessaires, à l'évidence intuitive [*Einsichtigkeit*] ultime et les conduire à leur résolution dans une telle évidence ultime ?

Il me semble que toute pensée accomplie dans une abstraction apriorique (même la pensée ayant une teneur matérielle comme celle de la géométrie) ne comporte une garantie, une véritable évidence susceptible de fonder ultimement, que si elle est tirée de la concrétion dans toute sa plénitude. La pensée perd son sol si ce n'est pas précisément le sol de l'actualité tout à fait concrète de la vie, avec tout ce qui peut bien faire sa plénitude, qui forme le point de départ, si elle ne se réfère pas constamment à ce sol et si elle n'a pas la conscience la plus claire qui soit de la façon dont toutes les abstractions sont issues de cette source vitale. Et ce n'est que si elles sont ainsi produites [*geschöpft*] (et ainsi à épuiser [*erschöpfende*] par une vérification incessante) qu'elles peuvent avoir une valeur.

La réaction des diverses philosophies de la vie – des bonnes mais aussi de la part de celles qui sont erronées – contre la science rationaliste a sans doute son fondement le plus profond dans le fait qu'on a pris conscience avec un véritable malaise du fait que la rationalité de la pensée hautement abstraite des sciences exactes n'était pas cette rationalité, cette pleine et ultime compréhensibilité (*Verständlichkeit*) qu'on espérait d'elle et par le moyen de laquelle on avait espéré une compréhension du monde qui fût vraie et, par suite, éthiquement féconde pour l'humanité. Cette rationalité <s'avéra> donc incompréhensible et se révéla même, en fin de compte, une irrationalité. Cette irrationalité résidait déjà dans le fait que | d'un côté,
on devait bien reconnaître une certaine évidence, une certaine rationalité **240**
effective mais que d'un autre côté, on ne pouvait donner aucune précision sur le sens correct et la portée de cette évidence. Et cette irrationalité résidait par suite inséparablement dans le fait que l'application d'une science rationnelle, de ses concepts abstraits et de ses jugements, au monde concret donné semblait conduire à des conséquences inévitables en vertu desquelles, comme ce fut le cas avec le déterminisme causaliste, le monde se présentait comme ayant perdu tout sens d'un point de vue éthico-religieux. Si nous nous tenons dans la pleine concrétion et que nous la parcourons du regard, nous ne disposons certes pas alors d'une connaissance légale exacte ni de quoi que ce soit comme une science rigoureuse ; mais dans ce regard d'ensemble, dans cette considération intuitive de nous-mêmes, de notre monde humain, de nos valeurs et de

nos buts vitaux, de notre monde ambiant matériel en tant que sol dont nous disposons en commun pour notre travail, de notre histoire avec ses grandes catastrophes mais aussi nos grands hommes, nos grands objectifs et nos grands exploits – c'est, dis-je, dans cette *immersion visionnelle dans le monde de la vie* que *tout a bien en fin de compte un sens*, et c'est ainsi que nous gagnons *sinon une science, du moins une sagesse*. D'où la réaction récente de quasi hostilité à la science.

Mais c'est peut-être ici qu'une grande tâche, et la plus grande des tâches, nous attend. Car *la science* n'est-elle pas *elle-même une fonction de la vie* – et non pas d'une vie individuelle fortuite au sein d'un présent fortuit, mais de l'*une des plus grandes productions d'intentions historiques et d'un travail accompli durant des millénaires ?* N'est-elle pas *un morceau même du monde de la vie dans son unité*, une grande et constante fonction d'élévation de la vie humaine, ayant donc ou devant s'attribuer à elle-même une grande signification ? C'est donc peut-être seulement aux niveaux supérieurs que l'unilatéralité dont elle souffre, qui freine la vie au lieu de la favoriser, est dangereuse et que cette unilatéralité n'appartient pas à son sens véritable et authentique. Peut-être que cette unilatéralité consiste précisément en une absolutisation abstraite, et par conséquent en un éloignement de la vie, et peut-être que tout s'améliorera si la science se renouvelle dans une configuration qui alimente toutes les abstractions aux sources originaires de l'intuition et qui ne s'en laisse jamais séparer.

C'est *le caractère fondamental de la nouvelle phénoménologie* – qui ne se nomme pas elle-même une « philosophie de la vie » mais qui est une philosophie de la vie par le maintien dans son authenticité du sens antique de la philosophie comme science universelle – de n'être rien moins que tentée de sacrifier la science, ce grand héritage millénaire, mais au contraire d'exiger de nouveau la science (mais une science universelle à partir de la fondation la plus radicale qui soit pensable, l'auto-
241 responsabilité du sujet | connaissant) et de vouloir la rendre possible grâce à sa méthode. Par là, il va de soi qu'elle veut rendre possible une conservation mais aussi une reconfiguration des sciences que l'histoire nous a transmises et qui sont à l'œuvre, une évaluation critique ainsi qu'une refondation radicales de ces sciences qui les dégage [*enthebt*] de tous les paradoxes comme de toutes les controverses de fondation et qui supprime [*aufhebt*] toute tension contradictoire entre science et vie. Dans son caractère fondamental, la phénoménologie est donc une philosophie *scientifique* de la vie, une science non pas sous la présupposition et sur

le soubassement des sciences prédonnées, mais une science *radicale*, ayant pour thème scientifique originaire la vie universelle concrète et son monde de la vie, le monde ambiant concret effectif; partant de ce point et tirant purement son contenu de l'intuition la plus concrète, elle conduit la typique structurelle de ce monde ambiant à des concepts rigoureux, qu'il faut toujours contrôler, et acquiert par là systématiquement une conceptualité fondamentale devant servir toutes les sciences possibles, de même qu'elle montre d'un autre côté que toutes les sciences possibles ne peuvent avoir de sens que par leur rapport aux structures originaires de cette effectivité vitale.

C'est donc dans la phénoménologie que se développe cette *science fondamentale* qui doit être exigée à tout prix. *Car toute théorie et toute science pensables proviennent de la vie et se rapportent au monde préthéorique, au monde de l'expérience pure, au monde dans lequel nous vivons en hommes pratiques*. Toutes les sciences positives que l'on peut concevoir ne sont ce qu'elles sont, n'ont de sens et de validité qu'en tant que *rameaux vivants de la science une*, dont le tronc qui pousse ses racines directement dans l'intuition est la science fondamentale. Des concepts, des vérités, des problématiques, des théories, des disciplines qui se développent systématiquement dans cette liaison universelle ne peuvent jamais tomber dans le vide ou bien dans des spéculations dont le sens est obscur; ici, toute formation de pensée, déposée d'après sa teneur et sa fondation dans une expression langagière qui la caractérise en toute rigueur, comporte avec elle le souvenir du contexte concret d'origine et de l'orientation de l'abstraction qui a été pratiquée sur cette base. Or cela ne vaut pas seulement pour les sciences apriorico-matérielles mais aussi pour les disciplines vides et formelles de la *mathesis universalis*, et donc pour toutes les déductions formelles, y compris des déductions transcendantales du type dont nous avons discuté le style en lien avec Rickert.

Parce que Rickert ne suit pas une telle méthode, il tombe dans des constructions qui vont bien au-delà de tout ce qui est sensément possible. Il est pourtant manifeste que la physique la plus moderne a rompu complètement avec l'idéal d'une considération mécanique de la nature ainsi qu'avec la physique classique. | Bien que nous n'ayons pas à chercher **242**
chez les physiciens une clarté principielle de type philosophique, il nous faudra bien, pourtant, reconnaître sa valeur à l'instinct scientifique qui a résulté d'un travail de plusieurs siècles. Peut-être l'idéal mécaniste n'est-il donc pensable que dans d'étroites limites et sous des présuppositions abstractives demeurées inaperçues.

Voici le point sur l'importance duquel je ne saurais trop insister : il est impossible d'obtenir le moindre idéal d'une portée déterminée pour la connaissance et l'être du monde corporel sans examiner si un monde « seulement » corporel ne doit pas être pensé comme une simple abstraction. Et de fait, une étude plus approfondie, conduite par l'intuition, fait apparaître qu'un monde corporel et seulement corporel (et donc dépourvu de tout être spirituel) est tout aussi peu pensable qu'est pensable comme étant individuellement réal un monde géométrique, un monde de figures corporelles pures.

C'est[1] un héritage funeste de la philosophie *cartésienne* que le succès triomphant de sa doctrine dualiste ait conduit à l'habitude séculaire de considérer les réalités corporelles et psychiques comme des réalités en un sens similaire, séparées les unes des autres et mises en relation mutuelle d'une façon seulement empirico-factuelle, par la causalité. Conformément à cela, l'intuition dominante fut celle d'un monde divisé en deux types de sphères de réalité fondamentalement différentes, ou encore en deux mondes, chacun des deux pouvant tout aussi bien, de fait, être pensé comme étant pour soi séparément. Ainsi serait pensable un monde de simples corps sans aucune essence [*Wesen*] psychique, et inversement. D'où la tentation de traiter le physique et le psychique de façon totalement parallèle, sous des méthodes principellement semblables et selon des buts principiellement analogues, et donc comme des sciences relevant d'un idéal scientifique formellement semblable. Par suite, la physique, dans son magnifique épanouissement, n'a pas seulement agi de façon formelle, comme idéal de rigueur méthodique, mais elle devint également, selon la structure d'ensemble du type de science qu'elle représente, le modèle de la doctrine de l'esprit. Telle fut la conviction commune aux doctrines du parallélisme et de l'action réciproque psychophysique dans leur opposition mutuelle. D'après la première doctrine (un avatar de la doctrine métaphysique de Spinoza), il n'y a aucune véritable action réciproque entre le physique et le psychique, aucune véritable intervention de facteurs psychiques (par exemple de la volonté humaine) dans la sphère, fermée en soi, des événements physiques, mais de même aussi dans l'autre sens. Un monde physique est un monde pour soi, parfaitement ordonné et ne devant
243 être expliqué que selon une légalité proprement | physique. De même pour le monde psychique. Mais tout événement physique est accompagné de façon parallèle par un événement psychique et inversement, de telle sorte

1. Pour le contenu des pages suivantes, *cf.* les développements semblables dans le § 20 du texte des leçons, *supra*, p. 149 – NdE.

que nous aurions aussi des causalités et des lois causales parallèles. C'est à coup sûr une doctrine absurde et totalement impensable, même dans les limites qui sont habituellement les siennes.

De l'autre côté, ceux qui défendaient le point de vue de l'action réciproque psychophysique demeurèrent pourtant eux aussi sous l'emprise de la tradition dualiste et naturaliste. Voici quelle est l'intuition qui découla pour eux de leurs convictions de fond. L'action réciproque est un fait, mais si nous commençons par en faire théoriquement abstraction, nous pouvons alors concevoir l'édification d'un monde purement physique : nous ne concevons que de simples corps et nous nous en tenons à eux dans l'expérimentation, nous laissons hors-jeu les sujets psychiques dans le monde, chez lesquels le physique est toujours entrelacé causalement au psychique. Nous obtenons par là une connaissance du monde purement corporel ainsi que des légalités qui sont les siennes. Si, comme nous le pouvons, nous écartions du monde en pensée toutes les réalités animées, les doubles réalités psychophysiques, nous aurions alors un monde dans lequel tous les événements seraient préfigurés de façon univoque, déterminés de façon rigoureusement mécanique, et donc explicables de façon univoque par des lois causales purement physiques. La même chose devrait nécessairement valoir pour la sphère psychique ; elle est un monde de réalités d'un nouveau type, auquel appartiennent des lois purement psychiques et auquel appartiendrait une légalité causale semblable, produisant une explication univoque, si le psychique se présentait seul et pouvait être traité de façon expérimentale par exclusion du physique. Ce n'est malheureusement pas le cas; d'où la difficulté de trouver les lois purement psychiques. Mais quoi qu'il en soit, à ces deux mondes entrelacés – et entrelacés sous une forme telle que partout où il y a charnellité animale [*tierische*] il y a aussi, et là seulement, vie psychique – appartiennent des légalités spécifiques particulières auxquelles s'ajoutent les lois psychophysiques, les lois qui règlent la vie animée [*animalische*], bilatérale.

Reste que si l'on ne suit pas les préjugés traditionnels, si l'on refuse d'arranger les faits spéculativement, depuis le haut, mais qu'on tire tous les jugements <de> l'intuition concrète elle-même – tout cela est un contresens.

Chez Rickert, on peut voir à l'œuvre les préjugés de la tradition en ce qu'il ne déduit pas seulement l'*idéal dépassé du mécanisme* comme idéal de la science des corps, mais le même idéal *également pour la psychologie* et qu'il y recourt par conséquent comme à un idéal valide pour le monde tout entier, un idéal également déduit comme allant de soi par la généralité

formelle de sa déduction. Il est certes vrai que la tradition psychologique a effectivement donné lieu à des tentatives pour édifier une psychologie
244 selon cet idéal. C'est un fait | qu'elle a vécu captivée par l'exemplarité de la science moderne des corps et de son exactitude. Mais il est tout aussi vrai qu'elle a payé le prix <de> ce faux idéal par sa stérilité qui, à presque chaque génération, produisit de nouvelles psychologies, ce à quoi même la méthode expérimentale généralement acceptée n'a rien changé. Les instituts psychologiques, partout semblables dans le monde, furent bien loin d'impliquer une psychologie partout semblable, c'est-à-dire un fonds de résultats théoriques réellement capable de développement, réellement évident et contraignant. L'idéal d'une science légale de la vie psychique, cet héritage de la tradition classique, l'idéal d'une science légale en un sens semblable à celui de cette science légale qu'est la physique, cet idéal est bel et bien devenu chancelant de nos jours. Mais on est bien loin de l'intelligence des raisons pour lesquelles au juste cette mise en parallèle est un contresens, c'est-à-dire des raisons pour lesquelles de telles déductions transcendantales aprioriques de ce qui était donné dans la tradition historique ne peuvent être que des évidences illusoires. Lorsque Lotze, dans les célèbres formules qui concluent sa *Métaphysique*[1], désignait comme la tâche imprescriptible de la philosophie non pas de calculer le cours du monde mais de le comprendre, il y avait là la conviction que le monde possède un sens spirituel qui passe tout calcul.

Mais il est vrai que cette proposition se trouvait dans la *Métaphysique* de Lotze et malheureusement pas dans une psychologie, et qu'elle ne s'y trouvait pas comme résultat d'une considération du monde sur son versant spirituel qui soit concrète et totalement dépourvue de préjugés. Lotze lui-même n'a pu s'élever à cette absence de préjugés ; captivé, comme ensuite toute la modernité scientifique, par l'exemple des sciences de la nature et simultanément par le dualisme cartésien, il a manqué la voie conduisant à une authentique psychologie, à une psychologie qui, sans discourir sur l'expérience psychologique, se serait engagée sérieusement dans l'entreprise de suivre l'expérience psychologique et de prendre ce qui y est donné tel qu'il s'y est donné.

Ce n'est pas la bonne volonté qui a manqué depuis l'époque de Locke, mais le préjugé naturaliste a agi comme un écran et en même temps comme une lunette déformante. Si le matérialisme de Hobbes, avec

1. *Cf.* H. Lotze, *Metaphysik. Drei Bücher der Ontologie, Kosmologie und Psychologie* [*Métaphysique. Trois livres : ontologie, cosmologie et psychologie*], Leipzig, 1879, p. 603 *sq.* – NdE.

sa façon de glisser directement sous tout ce qui est psychique quelque chose de matériel comme son être prétendument vrai, ne donna lui-même aucun résultat durable et si, dans le sillage de Locke, on a reconnu que pour chaque être animé il fallait distinguer de son extériorité physique, réale et spatiale (de la corporéité animale) une intériorité psychique radicalement spécifique et close sur soi, et la distinguer comme un champ d'expérience spécifique, accessible à une auto-expérience | directe, il **245**
n'en reste pas moins qu'on en est rapidement venu à considérer ce champ de données psychiques selon une évidence allant prétendument de soi comme un champ de réalités de type chosiques à ceci près qu'elles sont psychiques, c'est-à-dire comme un *analogon* de la nature physique, si bien que l'homme serait pour ainsi dire à prendre dans un double sens, correspondant à deux réalités reliées causalement et pour lesquelles il irait de soi que, de la façon la plus générale, les mêmes tâches devraient être fixées : analyse jusqu'aux éléments ultimes, les *data* psychiques élémentaires (l'*analogon* des atomes physiques) et, outre une étude classificatoire et descriptive concrète, la tâche d'une recherche des lois, d'une explication légale du complexe de *data* qui est à chaque fois donné factuellement – ces lois étant les *analoga* des lois de la nature.

Ce* qui caractérise ce naturalisme, c'est la cécité, produite par le préjugé paralléliste, à l'égard de la distinction entre l'*ego* et sa vie psychique – distinction donnée pourtant telle quelle dans l'expérience interne malgré les grandes difficultés que présente sa description –, la cécité à l'égard de tout ce que nous saisissons aujourd'hui sous le vaste titre d'« intentionnalité », la cécité à l'égard des multiples phénomènes dans lesquels un monde de l'expérience m'est donné à moi-même comme à tout *ego* dans l'« intériorité » de sa vie psychique propre, etc.

Ce qui manque fondamentalement à la psychologie des derniers siècles ne peut pourtant pas être pleinement clarifié ici puisque l'évidence réellement intuitive ne peut être fournie que par une mise en opposition concrète de la véritable expérience psychique et du travail dans l'expérience avec cette expérience construite de façon naturaliste et qui n'est que prétendument positive. Le manque qui se fait jour ici sera bientôt comblé.

Il me faut toutefois indiquer par avance que *même la doctrine de Windelband et de Rickert repose sur le préjugé naturaliste*. C'est ainsi seulement qu'on peut s'expliquer que Windelband accepte d'emblée comme un fait légitime que la psychologie soit une science relevant de la

* *Cf.* 45_1 <p. 104-105 ; *cf.* toutefois p. 105, note>.

même méthode que la science physique de la nature (ce qui signifie : une science se fixant des buts tout à fait analogues). Et c'est de là que provient aussi le préjugé rickertien selon lequel c'est une tâche dont la légitimité va de soi que de surmonter la multiplicité infinie du monde, et donc aussi la multiplicité psychique, par où se manifeste par avance…

| APPENDICE XX (AU § 16) 246

<L'infinitisation du monde et de la subjectivité>

Par opposition 1) au monde ambiant intuitif, – relatif à « nous » – 2) le monde idéalisé, « absolument *infini* », le monde dans une infinité spatio-temporelle extérieure, le monde dans une infinité spatio-temporelle intérieure.

3) Conditionné par tout cela, le problème de l'*identité possible* du mondain et du monde lui-même : de quelle façon cette identité doit-elle être une possibilité pour la connaissance? comment doit-elle être *déterminable de façon concordante ?*

4) Avec cette infinitisation, l'*infinitisation de la subjectivité opérante* va main dans la main. À titre de conséquence, il y a au minimum la possibilité d'une infinité actuelle de sujets dans le monde et pour le monde, et la possibilité que cette infinité soit connaissable. À quoi ressemble la possibilité de la connaissance – l'idée d'une connaissance accomplie de cette subjectivité?

Dans la *praxis* quotidienne, l'homme connaît l'« infinité » comme indéfinité ouverte : dans le progrès répété et devant toujours être accompli de nouveau, aucune fin n'est préfigurée. Le pas en avant d'une grande nouveauté est celui de la constitution de l'infinité absolue – la position de l'infini transfini comme position de l'« etc. » le plus pur et conçu absolument – *in infinitum.*

Tels sont donc à présent les thèmes :

1) infinité absolue (le monde en tant qu'absolument infini);

2) les exigences d'essence adressées à des objets (individualités réales) d'un monde absolument infini, qui doivent eux-mêmes, en tant que tels, comporter en eux par conséquent une infinité absolue; donc la condition de possibilité de l'être d'un monde infini et, incluse en elle, celle de l'être d'objets absolus;

3) la subjectivité qui opère nécessairement à titre de corrélat en tant que subjectivité d'un tel monde, en tant que subjectivité connaissante : question portant sur la « constitution infinie », pour le sujet individuel, omni-subjectivement (totalité infinie des sujets);

4) en rapport avec cela : par opposition à la relativité de l'objectivité du monde ambiant et du monde lui-même, l'« irrelativité » = l'objectivité a un « en soi » relativement à « tout un chacun » au sein de l'infinité absolue des sujets. Caractère fortuit de la relativité du monde ambiant, caractère nécessaire de la relativité absolue. C'est seulement avec l'infinité absolue que le monde commence à devenir logifiable.

249 | APPENDICE XXII (AUX § 18 *sq.*)

*L'*a priori *matériel du monde*[*][1]

Le monde doit avoir une *structure d'homogénéité*. – Si je pose la question des conditions de possibilité d'une connaissance du monde comme multiplicité infinie, cette question est conduite par la représentation vide de la multiplicité, c'est-à-dire depuis l'*a priori* analytique vers l'*a priori* synthétique. Mais la considération de l'expérience même qui donne au monde son sens montre, dans la variation libre de cette expérience et du monde de l'expérience, que le lointain doit nécessairement être semblable au proche. La présomption est induction et toute induction est préfiguration de sens et d'être par analogie. Il est donc évident que si ce monde est (et si un monde en général est), il est un monde homogène. Plus précisément, il appartient aussi à l'expérience qui donne sens au monde la possibilité idéale du « je peux toujours et encore progresser d'une expérience en propre à l'autre » et du « je peux attester toute présomption comme une présomption d'expérience ». « Je fais l'expérience », c'est bien aussi un agir, un agir à poursuivre librement, un agir expérimental [*experimentierendes*]. Il présuppose une homogénéité et, indissociablement, une plus grande déterminité. Il présuppose une structure d'accès dans laquelle, en tant que structure intersubjective d'accès, des éléments supplémentaires sont nécessairement présupposés.

En premier lieu, *chaque présent actuel* doit avoir une certaine *structure de présent*, qui doit être, dans son style général, la même pour tout présent. – Tout passé est un présent passé, tout passage d'un passé à un autre est
250 un | passage du type d'un recouvrement et reçoit, dans une libre variation, une nécessaire communauté de structure, un style morphologique qui lui correspond. En outre, un tel style doit aussi appartenir à la synthèse des présents passés dans l'unité du temps rempli. Et un mode de l'orientation subjective est également préfiguré conformément au style[**]. Donc une morphologie dans le comment et une morphologie objective. *Le monde doit nécessairement être morphologique, aussi bien dans le passé que dans le futur.*

*Porte sur 68-75 <p. 137-147>. Pour le cours de l'été 1927 ; bon.
**S'y ajoute l'intersubjectivité.

1. Sans doute été 1927 – NdE.

| APPENDICE XXVIII (AU CHAP. VI) 256

<*L'induction lointaine et la relativité de sa puissance de justification. Le problème de la connaissance générale des faits*>[1]

L'induction, dont on a couramment parlé dans la logique comme d'une inférence prédicative empirique, a des motifs et des justifications similaires à ceux de l'induction immédiate – ou anticipation – qu'on trouve dans la perception (ce qui est demeuré complètement caché à la psychologie et à la théorie de la connaissance jusqu'à présent). L'inférence prédicative d'expérience renvoie à une situation antéprédicative, c'est-à-dire à une anticipation (induction) médiate de ce qui est co-existant mais qui n'est pas soi-même perçu, de ce à la venue ou au devenir de quoi il faut s'attendre. Ce dont à chaque fois il y a effectivement expérience « induit » du non-expérimenté, par exemple* le signal de l'arrivée d'un bateau, l'indication d'habitants et d'habitations dans les parages. Cette induction franchit la continuité de l'expérience : elle ne se porte pas sur ce qui advient continument ni sur ce qui est co-présent et qu'il faudrait attester en se portant immédiatement sur lui. Nous pourrions donc aussi la nommer « *induction lointaine* » : elle induit un futur éloigné et un co-présent lointain. Comme toute induction, elle provient de l'efficience du recouvrement (ou de l'association) par analogie, le fondement qui produit l'éveil se trouvant ultimement dans l'expérience effective, dans la perception et le souvenir. Plus précisément : de même que la perception immédiate est déjà remplissement et simultanément, en tant que perception s'écoulant incessamment, vérification constante, et de même qu'elle relève de la forme « ce qui n'a jamais cessé de se remplir jusqu'à présent de la façon dont c'était attendu doit de nouveau être attendu et l'être comme se confirmant indubitablement » – de même cela vaut-il pour l'induction lointaine. L'attente prospective [*Vorerwartung*] selon l'analogie est éveillée sur le fondement d'une expérience accomplie antérieurement et pleinement donatrice d'un contexte objectif semblable. Un élément objectif semblable éveille aussitôt de façon associative un contexte tout à fait semblable. Si ce dernier s'est confirmé à maintes reprises – des éveils semblables avec des remplissements semblables –, cela ne saurait être sans effet. Il est évident que la puissance de justification qui est celle de l'attente doit nécessairement croître avec le nombre des inductions et des vérifications antérieures, étant présupposé qu'en vertu de l'analogie,

*Passage n'ayant pas été lu, jusqu'à ~~90~~ <p. 252, l. 12>.

1. Sans doute été 1927 – NdE.

ce ne sont justement pas seulement les perceptions analogues antérieures mais aussi leurs attentes prospectives et leurs remplissements qui sont co-éveillés et parviennent au recouvrement fusionnel.

257 | Reste que l'*association lointaine*, l'efficience de l'analogie à partir des lointains, est une source de visées anticipatrices [*Vormeinungen*] qui certes, comme leur origine le montre, ne peuvent jamais être totalement dépourvues de justification, bien qu'elles soient pourtant des visées anticipatrices dont le droit relatif peut avoir le caractère d'une absence relative de droit, requérant quoi qu'il en soit une fondation ultérieure qui satisfasse à la relativité du droit. Mais tout cela par opposition à l'induction immédiate sous la forme de l'expérience continuellement fluante, se légitimant « d'elle-même » dans la fluence*, ou encore par opposition au ressouvenir de l'expérience passée qui, en tant qu'expérience vécue il y a longtemps et s'étant développée antérieurement de façon justifiée, exige seulement que soient réveillés dans la clarté les enchaînements antérieurs de l'expérience, et qui ne peut devenir illégitime que s'il s'avère qu'au sein du ressouvenir obscur, des séries perceptives distinctes et séparées se sont mêlées les unes aux autres.

Ce n'est donc pas de ces manières que l'induction lointaine se légitime. Les analogies qui deviennent efficientes peuvent être très différentes ; dans la mesure où elles proviennent d'obscures reproductions de cas antérieurs, des analogies extérieures qui ne sont pas fondées dans les choses mêmes mais issues des situations subjectives contingentes peuvent, dans cette absence de clarté, agir de concert au sein de l'anticipation associative (c'est le cas par exemple lorsque, comme souvent, l'intention anticipée qui conduit l'activité judicative est une analogie contingente due aux expressions langagières dont les significations elles-mêmes n'entrent en jeu que dans leur vacuité, c'est-à-dire sans que leurs données intuitives aient été interrogées). C'est un fait que selon la situation subjective, des analogies très différentes peuvent devenir efficientes et éveiller des anticipations mutuellement incompatibles. Puisque ce ne sont plus ici la perception, la rétention et la protention originairement légitimes qui jouent leur rôle mais, à leur place, un éveil de souvenir découlant d'un ressouvenir pour sa part largement obscur et franchissant de vastes intervalles d'intuition, l'essentiel est donc de produire une conscience claire du ressouvenir pour l'ensemble des expériences antérieures dans leurs liaisons et pour la répétition des cas antérieurs d'attentes prospectives analogiques ainsi que

* 89, 2ᵉ page, ~~90~~, ~~91~~ jusqu'à ~~93~~ <p. 251, l. 10-258> ont été éliminées mais doivent être prises en considération. Nouveau commencement, p. 90 *sq.* <p. 165 *sq.*>. Induction lointaine – le problème de la *connaissance générale des faits*. Fragment.

de leurs remplissements. D'un autre côté, pourtant, il faut maintenir une vision surplombante concernant la suite de l'expérience d'ensemble du passé (ou bien encore celle des autres) dans la mesure où l'expérience n'a pas non plus supprimé de telles anticipations inductives. Car la puissance de l'induction, en tant que croyance anticipative portant sur ce dont on n'a pas encore fait l'expérience, repose sur | l'intégration de remplissements 258
répétés. Un cas isolé a peu de force parce que trop souvent, et dans les domaines les plus divers, nous avons été contredits par l'expérience ultérieure. La certitude issue de nombreuses expériences ne peut être une certitude sans faille que s'il n'y a aucune « instance contraire » dans le champ de la conscience. Une certitude inductive pure se fonde dans la concordance de l'expérience telle qu'elle a eu lieu jusqu'à présent. Une instance contraire ne se contente pas seulement d'affaiblir cette certitude mais elle la transforme en une simple présomption qui ne supprime pas à côté d'elle une présomption contraire – à ceci près qu'une présomption en faveur de laquelle il y a un plus grand nombre d'éléments possède une puissance présomptive supérieure. Non pas une certitude prédominante mais une vraisemblance prédominante, conservant intacte à ses côtés une possibilité contraire, en faveur de laquelle parle également une puissance, une puissance qui n'est pas tout à fait supprimée mais qui, précisément, n'est que dominée. Un poids demeure pesant même lorsqu'il est excédé, et c'est justement dans le fait d'être excédé que se révèle son être propre en tant que poids.

D'autres éléments sont clairs dans toute cette affaire. Considérons une induction lointaine quelconque, par exemple une attente prospective de quelque chose que, à partir du présent actuel dans lequel nous nous tenons précisément et en vertu de notre expérience antérieure éveillée par là (que ce soit obscurément ou dans la clarté, de façon incomplète ou complète), nous attendons pour le lendemain. Une telle attente peut se confirmer de différentes façons, par exemple par le fait que des analogies toujours nouvelles dotées d'une puissance intuitive ne cessent de parvenir à notre connaissance à partir de notre expérience antérieure (et de celle des autres) et confèrent à notre attente de façon concordante la puissance d'une certitude. Reste que toute confirmation de ce type n'est elle-même encore, par induction, que celle de l'induction. Une telle confirmation peut alors avoir différents degrés de puissance : tantôt, si l'une ou l'autre instance contraire est là, la puissance d'une présomption, tantôt celle de la certitude complète pour autant que rien, précisément, ne vient élever la voix à son encontre. Les différents degrés de la puissance de justification proviennent par conséquent des différents groupes de cas semblables d'expérience effective, éveillés et rendus efficients par l'ouverture de l'expérience antérieure dans son ensemble. Chacun de ces groupes apportera alors sa contribution particulière et la préfiguration des horizons qui sont ceux du co-présent et du futur tels qu'ils sont anticipés pourra s'enrichir d'autant. Si c'est ainsi que les anticipations inductives s'étayent et se renforcent les unes les autres, elles conservent néanmoins toujours leur caractère fondamental d'anticipations lointaines et laissent toujours ouverte la possibilité que l'éveil ultérieur d'une expérience passée rabaisse la certitude en présomption ou bien, en vertu de nouvelles instances contraires, ce qui était déjà vraisemblance en vraisemblance moindre.

259 | De même, le cours actuel des expériences nouvelles ultérieures peut intervenir et ce de telle sorte qu'il produise la confirmation d'une façon complètement neuve, à savoir sous la forme d'un remplissement qui achève pour ainsi dire ce qui était intuitivement anticipé (et, éventuellement, de mieux en mieux induit), dans la mesure où ce dernier se trouve à présent perçu et <se> manifeste avec <le> caractère du « soi-même en personne ». C'est ainsi que l'anticipation d'une attente ne s'achève, quel que soit le bien-fondé de l'attente en question, que moyennant l'entrée en jeu effective de ce qui était attendu ou bien que l'anticipation d'un co-présent ne s'achève que moyennant les actes correspondants de se tourner vers lui et de le voir en personne. – Cela ne change pourtant rien au fait que l'expérience elle-même contient de nouveau en elle une anticipation, que, selon une diversité de manières, elle ne peut produire l'achèvement que relativement puisqu'elle requiert elle-même à son tour le remplissement.

Ce que je viens d'exposer n'est certes qu'une contribution partielle à l'élucidation de l'essence de l'induction et de sa fondation en droit. Mais la préfiguration qu'on en a tirée se laisse aisément compléter pour ce qui est des inductions de niveau supérieur, à savoir celles qui ont leur place dans la conscience de généralité, qui concernent donc des anticipations générales ayant une expressivité prédicative, des énoncés généraux, et qui, dans leur généralité, dépassent la sphère de l'expérience effective et des généralités qui se limitent à elle. L'induction est tout d'abord induction à partir de ce qui est individuel, à partir d'une individualité dont il y a expérience. Ainsi se trouve également préfiguré, à chaque moment de notre perception dans son ensemble, un horizon d'ensemble individuel qui change naturellement d'un moment à l'autre.

L'indéterminité conceptuelle de cet horizon (conceptuellement : en vertu de l'entrecroisement des analogies efficientes qui ne laissent, en guise d'invariant, que le style général) laisse une grande latitude à

la liberté de le peupler d'intuitions conformes au style, de figures, de couleurs etc., qui lui conviennent. C'est par analogie avec avec des choses semblables que je vois une chose inconnue comme une chose, et toutes les innombrables choses que j'ai vues sont semblables au moins en tant que choses spatiales; par conséquent, ce que je vois en propre, je le vois comme l'avant d'une multitude d'arrières possibles qu'il me serait loisible de compléter selon les formes et les couleurs les plus diverses, et de même pour ce qui est des autres propriétés sensibles. Il m'est donc tout à fait possible d'embrasser du regard des possibilités de l'expérience en tant que possibilités motivées sans qu'elles soient pourtant motivées de façon déterminée, de penser de façon intuitive des généralités dont il n'y a pas effectivement expérience mais dont l'expérience est possible, donc aussi de penser des généralités inductives | à partir d'inductions données **260**
et moyennant la généralisation correspondante, et d'obtenir ainsi une vision évidente des lois générales de l'induction*.

Qu'en est-il à présent des *connaissances factuelles générales*, ou encore, ce qui est équivalent, des connaissances générales issues de l'expérience?

1) Aucun véritable problème n'est posé par ces généralités que nous <obtenons> en embrassant du regard des objets qui sont donnés ensemble dans l'unité d'une expérience actuelle, donc dans un champ perceptif (ou bien qui refont surface dans le souvenir comme ayant été perçus ensemble), et qui se laissent unifier en tant qu'identiques ou semblables, ou encore qui présentent des caractères identiques. Dans le parcours et dans le recouvrement du même, se développe aisément la conscience selon laquelle ici, en général, tous les objets ont les mêmes propriétés – par exemple dans des jugements comme « toutes les maisons de cette rue ont un toit rouge ».

2) Mais qu'en est-il des connaissances générales telles que nous les présentent toutes les sciences descriptives de l'expérience et telles qu'elles sont également les plus courantes dans la vie, c'est-à-dire des jugements sur les tous hommes en général, toutes les chose en général (par exemple que toutes les choses sont pesantes), etc.? Il s'agit ici de généralités qui dépassent la sphère de l'expérience actuelle et disposent des horizons indéfiniment ouverts. Une synthèse de tous les horizons momentanés traverse toute expérience actuelle de telle sorte que quel que soit le champ d'objets donné comme actuel dans l'expérience, il se tient pour

*Cela appartient à vrai dire au thème « libre représentation de possibilités réales », fondé pourtant sur l'induction.

nous, conformément à la conscience, au sein d'un horizon d'ensemble, au sein du monde un, avec le temps objectif universel, l'espace universel, et pourvu ainsi d'un type qui demeure identique dans tous les changements de l'expérience objective.

Dans chacun des moments de l'expérience, nous avons un champ actuel de l'expérience. L'horizon du monde, dans sa vacuité, est un titre pour des éveils involontaires mais aussi volontaires, pour ainsi dire des dévoilements. À partir de chaque maintenant, nous avons l'infini d'un passé non dévoilé : ce passé peut éventuellement être dévoilé dans une libre activité, de même que le co-présent et le futur spatio-temporellement éloignés. Le dévoilement du passé s'accomplit dans l'enchaînement de ressouvenirs toujours nouveaux ; quant à celui du futur dont il n'y a pas encore eu expérience et du co-présent, il s'accomplit dans des intuitivations préalables [*Vorveranschaulichungen*], dans des prévisions. C'est ainsi que nous obtenons une déterminité et une clarté toujours plus grandes là où nous avions auparavant l'indistinction d'un horizon vide. Mais nous n'épuisons jamais par là l'infinité (indéfinité), l'ouverture indéfinie de l'horizon du monde qui, à chaque déterminité, se rétablit à nouveau dans une ouverture indéfinie.

261 | Mais nous pouvons néanmoins disposer de ces infinités, en prendre conscience et nous les rendre claires sous la forme d'une généralité intuitive. Un ressouvenir reconduit à un ressouvenir, et de ce dernier de nouveau à un autre : dans la synthèse et moyennant une induction dirigée en arrière, se développe intuitivement la conscience intuitive de ces passés qui ne cessent de se rattacher les uns aux autres ni de devoir se rattacher les uns aux autres. Un temps indéfiniment passé devient intuitif comme tel à sa manière. De même le futur. Et simultanément, dans le toujours-de-nouveau intuitif d'un libre parcours, c'est aussi l'espace qui devient intuitif comme forme du monde indéfiniment ouverte. Toute expérience faite objectivement – qu'il s'agisse de percevoir, de se souvenir, d'attendre de façon prospective, d'anticiper de quelque manière que ce soit – se rapporte au monde tel qu'il est formé, lequel doit également être élevé dans son intégralité à la clarté consciente moyennant la forme de généralité qui est celle du « toujours-de-nouveau » et du « en général ». Il en va également de même, à un niveau supérieur, pour la pensée générale, laquelle se rapporte, tantôt comme pensée obscure, tantôt comme pensée claire, au monde multiplement infini et dispose de ses infinités dans des concepts et des jugements généraux.

De quelle façon cela se produit, de quelle façon la pensée dépasse l'expérience actuelle et ses multiplicités, c'est ce que nous pouvons typiquement clarifier de la façon suivante : si, dans un ressouvenir actif, nous éveillons le passé (<celui> précisément <que> notre liberté peut atteindre) et si, en embrassant à présent du regard l'ensemble de ce passé qui nous est accessible, nous trouvons que quoi qu'il arrive, ce sont constamment certains faits semblables qui se produisent, toujours de la même façon et dans les mêmes circonstances, ou bien encore si nous trouvons que selon certaines modifications circonstancielles similaires, des modifications similaires sont survenues dans les faits qui sont donnés – alors l'attente se constitue pour nous dans la conscience de généralité, et à vrai dire sous la forme de l'attente générale que les choses soient de toute façon ainsi, que telles circonstances produisent de toute façon telles conséquences, etc. Plus précisément : puisqu'il en a toujours été ainsi (au sens où si nous pouvions ouvrir les passés plus éloignés, encore voilés, c'est ainsi que nous les trouverions), alors c'est ainsi également qu'il en ira dans l'avenir, c'est-à-dire qu'il est légitime de s'attendre à ce qu'il en aille ainsi, etc.

Ce sont là des généralités qui tirent leur droit originaire de l'expérience générale, saisie dans une généralité intuitive, ainsi que de sa structure inductive. Toute expérience déterminée d'une solidarité répétée entre des circonstances et des conséquences doit recevoir de façon univoque la forme d'une généralité inductive ; ainsi obtenons-nous, à propos d'états de chose déterminés, des connaissances inductives générales et s'étendant bien au-delà des « infinités » ouvertes. Et ce que nous exposions dans le domaine de l'induction rapporté à ce qui est individuel est ici de nouveau parfaitement valide : les certitudes ainsi produites, en tant que certitudes inductives, possèdent leur source de droit limitée dans les expériences individuelles fondées et les généralités qui s'y rapportent individuellement le plus étroitement. Par exemple : « aussi loin que je
m'en | souvienne, il en a toujours été ainsi » – comme soubassement **262**
pour l'induction ultérieure. Tout droit est ici un droit relatif, qu'il s'agit de renforcer par une nouvelle expérience fournissant ultérieurement une confirmation dans la concordance. Mais même là où il y a le droit d'une certitude n'ayant été affaiblie en vraisemblance (en probabilité prédominante) par aucune instance opposée, même là où il s'agit d'une certitude légitime, et quelle que soit la puissance qu'elle a accumulée par des vérifications aussi nombreuses qu'on voudra, ce droit demeure présomptif, toujours susceptible de perdre au bout du compte sa puissance

relative. D'un autre côté, tant que l'expérience actuelle conserve son style inductif – c'est-à-dire qu'elle ne se contente pas de l'avoir eu mais, dans la poursuite vivante de l'expérience, qu'elle en prolonge la confirmation et donc la permanence –, les certitudes générales sont hors de portée de notre arbitraire et, en vertu de leur puissance de justification, sont déterminantes pour nous de façon légitime, précisément. Mais cette puissance de justification doit aussi être mise en évidence et soumise à examen. Elle peut alors voir son sens et ses limites de droit changer de façon essentielle par élargissement de l'expérience, de telle sorte, par exemple, que l'infinité de la validité qui était éventuellement motivée en premier lieu se change en une validité pour un temps indéfini quoique fini, c'est-à-dire pour une période très longue mais indéterminée. En ce qui concerne les généralités biologiques, l'expérience géologique et astronomique conduit certes à accorder qu'il faille compter sur elles *in infinitum*, mais peut-être seulement pour des centaines de milliers ou des millions d'années – un temps qui n'a pas à être déterminé davantage mais qui, au regard des bouleversements terrestres antérieurs, ne doit justement être présupposé que comme fini*.

* Comment ces feuilles se rapportent-elles alors à 90-99 ? <p. 165-180>.

Appendice XXIX (À la conclusion)

Cours des leçons dans les dernières semaines du semestre[1]

1) La structure la plus générale de la vie comme vie d'expérience. Vie éveillée en général et rapportée nécessairement à des objectités – la forme temporelle, le champ temporel actuel et le temps indéfiniment ouvert, concordance de l'expérience et totalité objectuelle – la constitution la plus générale des objectités temporelles : unité et pluralité, temps et modes temporels, objectités et modes subjectifs des modalités de la donnée.

2) Le monde – l'*universum* des objets [*Objekte*]. Objets en tant qu'étant « en soi », étant dans le temps objectif, coexistence objective comme coexistence spatiale. Forme universelle : espace-temps. Le monde des objets dans l'expérience | universelle, les conditions de possibilité 263
de l'expérience en tant qu'expérience objective : quelle doit être la structure de l'intentionnalité de l'expérience pour qu'ait lieu en elle de façon compréhensible l'expérience d'un monde d'objets, pour qu'un tel monde puisse être attesté en elle de façon conséquente par l'expérience ? Comment l'étant en soi, pour lequel l'accession à l'expérience doit être contingente, peut-il s'attester par une expérience actuelle ? Ici, l'examen se fait de façon tout à fait générale[*].

3) Si, à l'intérieur de la subjectivité qui opère (transcendantale), nous avons la distinction entre l'unité et la multiplicité, entre le monde et le subjectif qui en est le corrélat, nous pouvons alors nous laisser porter par la concordance de l'expérience et, comme dans la naïveté, prendre en vue le monde purement, mais en tant que monde de l'expérience ; structure du monde dans sa nécessité d'essence – l'invariant.

La catégorie de l'objectivité, l'édification catégoriale du monde comme possible monde d'objets. La nature comme structure universelle le traversant. Puis, les problèmes systématiques de corrélation. Élucidation des effectuations intentionnelles qui, dans la subjectivité transcendantale, « rendent possible » la nature, et ce en général.

* Ne vaut pas grand-chose.

1. Sans doute été 1927 – NdE.

B. EXTRAITS DES NOTES D'AUDITEURS DES LEÇONS

| EXTRAIT N° 1 (POUR LA CONCLUSION) 264

<Partie conclusive des notes de cours d'Eugen Fink>

<...>

L'acte, jusqu'alors anonyme, d'effectuer l'expérience (la subjectivité phénoménologique) devient expressément un thème : cela vaut de toute sorte d'expérience, de quelque objectité qu'il s'agisse (nature, psycho-physique, personnalité, etc.). Cette tâche requise d'une thématisation compréhensive de la vie dans son effectuation, nous pouvons la désigner comme une « auto-explicitation de la vie ». La vie n'est pas un tout de parties sommatives qu'on pourrait démembrer analytiquement mais une « tradition intentionnelle » continue, car c'est toujours déjà historiquement que la vie est ce qu'elle est. Historiquement – cela signifie qu'elle est vie à partir d'une vie antérieure, son caractère de descendance historique est contenue en elle en chaque moment. C'est précisément à même son renvoi intentionnel que ce caractère, qui est un héritage intentionnel, peut être dévoilé.

Pour rendre compréhensible la constitution d'un présent perceptif, l'analyse statique cherche à résoudre en une multiplicité de composantes ce qui est donné comme unité pour le regard thématique naïf; l'unité naïve est conçue dès lors comme une effectuation de la vie intentionnelle. L'analyse statique repose donc sur des présuppositions dont elle ne peut mettre elle-même le droit à l'épreuve : l'indéfinité ouverte, dans le passé et le futur, de la vie d'effectuations, corrélativement, l'existence d'un monde étant en soi. Ce n'est que si, à l'intérieur de la vie qui effectue l'expérience et par dévoilement des horizons pouvant être éveillés, nous avons mis en évidence la constitution de ces anticipations dans leur droit le plus originaire que l'intégrité méthodique de l'analyse statique se trouve garantie.

Nous nous trouvons donc présentement devant la tâche de la réduction phénoménologique. Comment se caractérise le dévoilement des horizons vides, et au premier chef celui de l'horizon du passé ? Des horizons vides ne se mettent à parler que si on les « éveille » dans le présent actuel. Déjà dans la rétention nous voyons la plénitude du présent sombrer dans l'horizon rétentionnel vide, dont l'éveil se produit déjà par association. Dans l'éveil de l'horion rétentionnel, des « saillances » se font jour, le retour dans la sphère rétentionnelle est inductif. Une illustration exemplaire : un objet successif comme une mélodie : seule une brève
265 phase sonore est présente, perçue originairement, au sein de laquelle | une rétention articulée s'achève encore et une phase rétentionnelle ultérieure est déjà là, vide. Un moment sonore (par exemple un accord) dans la sphère d'originarité éveille dans la rétention un moment semblable, qui se trouve dès lors mis en relief. Cette liaison associative est une espèce de liaison constituant une unité des deux moments : unité par ressemblance. L'association au sein de la sphère rétentionnelle dans une pure passivité, soustraite jusqu'à un certain point à l'arbitraire de l'*ego* (la transformation rétentionnelle comme autoconstitution du temps).

Qu'il y ait de toute façon un passé, cela repose sur l'effectuation de l'association qui éveille et dévoile. Dans son ensemble, le titre de la « temporalité » est, au sein de la sphère subjective réductive, un thème pour des dévoilements associatifs. Nous faisons tout d'abord abstraction du temps « objectif », qui est lui-même un temps qui s'« annonce » dans le temps immanent. Nous nous enquérons à présent des conditions de possibilité relatives à la constitution d'une temporalité. Comment le temps peut-il être attesté comme la forme structurelle la plus générale de l'objectité immanente ? La subjectivité comme unité d'une effectuation et d'une conscience qui effectue. L'effectuation, nous la désignons du terme kantien de « synthèse ». La transformation rétentionnelle comme synthèse d'intentionnalités, synthèse de recouvrement dans une pure passivité. L'association est la condition de possibilité d'une identité qui se maintient dans la transformation temporelle. L'association n'effectue pas seulement l'éveil de ressemblances englouties, temporellement éloignées, mais, *qua* synthèse intentionnelle, elle constitue toute saillance, toute figuration, toute objectité, aussi bien simultanée que successive. L'association est la condition constitutive de toute objectité prédonnée (passive), quelle qu'elle soit.

Nous commençons par distinguer la sphère des objets comme sphère purement immanente, pré-objective, et la strate constitutive supérieure de l'« en soi », de l'objectivité mondaine (l'espace, le temps et la causalité

qua objectifs). (Naturellement, l'objectivité mondaine n'est elle-même le thème phénoménologique que noématiquement). La différence entre multiplicité subjective réelle et identité intentionnelle ne suffit pas pour caractériser la différence entre sphère subjective et sphère objective. Un objet [*Objekt*] est ce qu'il est avant que je le perçoive et il le demeure quand je ne le perçois plus : cela ne vaut naturellement que pour des objets [*Objekte*] transcendants (car les objets [*Gegenstände*] immanents ne consistent que dans l'être-perçu, « *esse* = *percipi* »). Les objets [*Objekte*] transcendants sont des « choses en soi ». Comment se constitue ce caractère de l'en soi ? Peut-être que cet avoir-déjà-été et cet être-encore-ultérieurement [*dieses Vorhergewesen und Nachhernochsein*] par-delà la sphère perceptive actuelle est concevable dans son sens intentionnel comme un pouvoir-être-expérimenté motivé, comme une expérience possible. Quelles sont les conditions de possibilité des | objets [*Objekte*], **266**
l'*a priori* de la structure ontique des objets, et comment <se rapporte>-t-il à l'*a priori* des modes subjectifs de donnée dans lesquels l'objectité ontique s'expose ?

Méthode variative de l'intuition d'essence de l'« objectivité » : l'identité invariante donne l'être-structuré de l'objet, son style, l'idée régionale de l'objet, laquelle peut fonctionner dès lors comme « fil conducteur transcendantal » pour la problématique constitutive. Une telle phénoménologie constitutive (dans la corrélation noético-noématique), une telle « esthétique transcendantale », peut être développée tout d'abord de façon transcendantale-factuelle mais il n'y a pas à décider du point auquel conduit ici une méthode inductive ; en tout cas, une connaissance apodictique ne peut être atteinte que par le moyen de la méthode apriorique de la variation : il en résulte en l'occurrence l'idée d'un « monde en général », provenant d'une formalisation du monde factuel (une méthode apriorique est inconditionnellement liée au point de départ qu'elle prend dans le factuel : l'exemplaire [*das Exemplar*] seul est prédonné, jamais le concept apriorique ; ce dernier n'en vient à se détacher que dans la série variative).

Dans l'attitude transcendantale, une ontologie est possible qui soit orientée « mondainement » (mais non pas accomplie sur un sol mondain comme une eidétique mondaine naïve). La typique la plus universelle de toutes, celle des domaines ontologiques, des structures universelles, se détache (par exemple : espace, temps, altération, substantialité, causalité etc. – choséité matérielle, animalité, personnalité, choses signifiantes). La nature comme strate fondamentale abstraite du monde concret ; le psychique fondé dans la strate naturelle et par là « spatialisé » et

« temporalisé » dans l'espace et le temps « objectifs ». L'idéation de la nature donne l'idée régionale « nature en général », tous les moments d'essence nécessaire de toutes les natures possibles, qui sont elles-mêmes, sous forme de strates, des moments de tout monde possible. « Nature » signifie en premier lieu la nature telle que la donne tout d'abord une attitude abstraite dirigée sur la strate fondamentale de l'objectité réale, et non la nature « exacte », idéalisée par construction des limites. « Être organique » est un type, unique en son genre, d'objet naturel qui s'éloigne du type de la chose physiciste, qui possède une autre sorte d'identité propre (identité dans le devenir) et montre aussi en lui une quasi-téléologie. « Être biologique » : encore un nouveau type qui, fondé naturellement, est primordialement spirituel. Choses signifiantes, formations culturelles (« productions », formes finalisées, « esprit objectif ») = accessibilité interprétative. *Animalia*, subjectivité « mondanisée », dont il y a originairement expérience dans l'empathie.

Seule une telle ontologie orientée sur le monde à l'intérieur de l'*épochè* fournit les fils conducteurs transcendantaux pour la véritable problématique constitutive. Seule la réflexion phénoménologique, c'est-à-dire la thématisation compréhensive de la vie d'effectuation qui demeure sinon
267 anonyme, seule cette | réflexion qui, dans l'effectuation intentionnelle de la subjectivité, découvre l'« esprit » en un sens bien plus originaire que ne peut l'être n'importe quel esprit « mondanisé » est susceptible de fournir une compréhension radicale de toute objectité ontique ainsi que, par ce biais, la fondation de toute science rapportée au monde. Toutes les sciences reçoivent leur ultime détermination de sens et leurs fondements aprioriques dans la science fondamentale universelle de la philosophie transcendantale, dont les précurseurs les plus significatifs sont Descartes et Kant et que la phénoménologie représente aujourd'hui.

EXTRAIT N° 2 (POUR LA CONCLUSION)

<Partie conclusive des notes de cours de Johannes Pfeiffer>

<…>

c) *La praxis intentionnelle de la vie comme procès historique de l'« institution » d'une « typique de sens » universelle (typique du sens d'être)*

Cette position du problème (le caractère dévoilable des horizons vides) requiert tout d'abord des descriptions supplémentaires du style inductif de l'expérience vitale, et en particulier dans la direction de cette effectuation du procès de l'expérience qui se laisse formuler comme « institution » d'une typique universelle d'appréhension régnant sur l'aperception du monde et la rendant possible. Dans le progrès que nous avons décrit, au sein duquel continuellement, et dans des synthèses d'identification toujours nouvelles, des visées anticipatrices sont conservées et de nouveaux horizons présomptifs ouverts, la concordance s'établit (également à travers des discordances biffées) ; dans ce procès qui relève de l'historicité de la vie se développe un *héritage en « structures aperceptives »* qui ne cesse de s'accroître et de gagner en légitimité.

Une typique de l'appréhension du sens d'être s'édifie, qui se renforce dans toute nouvelle synthèse de recouvrement et qui s'étend tout à fait au-delà de la composante qui est à chaque fois présente à la conscience, saisie comme se détachant : c'est ici que se trouve le sol phénoménal du *concept* mythique *de la « disposition inconsciente »* ; on a là l'état de choses remarquable selon lequel dans chaque aperception actuelle d'une objectité, entre en jeu une *typique d'appréhension* qui n'est pas actuellement consciente, pas même représentifiée par et dans le ressouvenir mais simplement « *éveillée* » à l'occasion de | cette aperception actuelle ; **268**
cette typique de structures aperceptives fondamentales peut bien être désignée comme « apriorique » au sens où elle ne se déploie pas « à partir de » l'expérience qui est à chaque fois actuelle, mais où elle entre en jeu comme « toujours déjà » présupposée seulement « à l'occasion » de ce qui est à chaque fois l'expérience et comme ayant de la valeur pour de possibles aperceptions d'une objectité en général. – Ce n'est justement pas qu'une objectité toujours nouvelle se trouve projetée à l'intérieur d'une conscience « vide » (étant pour soi), mais l'aperception d'une objectité nouvelle, inconnue, se produit à partir de l'enchaînement d'une *tradition intentionnelle*, et ce d'une manière telle que la *typique d'appréhension* qui s'est développée dans l'histoire de la vie (ne cessant de sombrer mais pouvant toujours être de nouveau éveillée) *rend possible* l'*aperception*

de cette objectité en même temps que, de son côté, dans la synthèse de recouvrement qui s'y accomplit, elle fait l'expérience de la vérification et *gagne en puissance de justification*. Tout aussi peu que l'avoir intentionnel en général, la « typique apriorique du sens » qui la régit est un avoir fixe, statiquement identique ; elle est bien plutôt un avoir fluant, génétiquement identique, c'est-à-dire se constituant en tout premier lieu dans le progrès continuel de synthèses d'identification toujours nouvelles.

En guise de résumé, et pour pointer du même coup l'essentiel, on peut donc dire que *tout « sens d'être » est un corrélat noématico-ontique de l'« habitude »* [*Gewohnheit*], à savoir de l'installation habituelle [*Eingewöhnung*] dans une typique (s'étant elle-même développée progressivement dans l'histoire intentionnelle de l'institution) de structures aperceptives dont l'éveil, à l'occasion d'aperceptions à chaque fois actuelles de l'objectité, est une *effectuation de l'« association »*. Nous accomplissons donc ici une refondation et une nouvelle sanction phénoménologiques de ce concept désavoué par l'empirisme anglais (Hume); c'est-à-dire qu'« *association* » et « *habitude* », lorsqu'elles sont interrogées d'après leur sens susceptible d'être exhibé phénoménologiquement, *ne forment plus un titre renvoyant à des mécanismes aveugles*, régnant au sein d'un conglomérat d'éléments « derniers » (psychiques), *mais* à des liaisons *motivées de façon intuitivement évidente*, caractérisées par une genèse pourvue de sens au sein de la vie intentionnelle (fondatrice de sens) de la subjectivité « historique ».

Avec le cours de pensées esquissé à l'instant (et il s'agit désormais de l'exposer aussi expressément que des principes doivent l'être), se trouve accomplie la conversion réflexive du regard qui ouvre la *position de la phénoménologie transcendantale*. Lorsque, par opposition à la fondation [*Begründung*] formelle-analytique de la connaissance théorique, nous avons commencé à accomplir des descriptions qui devaient servir à la fondation [*Fundierung*] de la théorie dans l'expérience vitale, nous avons commencé par faire deux présuppositions naïves : premièrement, celle selon laquelle le monde perçu serait donné immédiatement, par-delà
269 le cercle de la perception véritable et autodonatrice, | en tant qu'ayant été perçu et en tant que perceptible dans l'avenir; deuxièmement, celle selon laquelle cette perception donatrice de monde serait elle-même un événement réal dans le monde objectivo-réal.

Par opposition, c'était en vertu d'une « réflexion transcendantale » (de premier degré) que nous avons dévoilé l'opposition principielle entre les modes de donnée de ces composantes du monde qui tombent dans le domaine de la perception véritable et autodonatrice (rétentionnelleperceptionnelle-protentionnelle) et celles qui ne peuvent être visées que par anticipation. (On peut affirmer que *le « caractère d'infinité » du monde est un caractère transcendantal*.) – Et par opposition, c'était également en vertu d'une « réflexion transcendantale » (de premier degré) que nous avons médité sur l'*effectuation constitutive qui est celle de la subjectivité transcendantale*, dont la *praxis* vitale préthéorique s'est dévoilée comme histoire de l'institution de la typique apriorique de sens déterminant le monde étant en son être.

Tandis que dans la naïveté (l'irréflexion) de la vie-plongée-à-l'intérieur-du-monde la sphère des objectités est simplement disponible comme une sphère prédonnée, tandis que dans cette attitude objectiviste, le procès d'institution de sens, de position d'être et de juridiction [*Rechtsprechung*] qui se déroule dans la subjectivité intentionnelle demeure anonyme (recouvert, latent), la réflexion transcendantale accomplit le dévoilement de ce procès intentionnel de constitution comme celui de l'« origine » et du sol de tout sens d'être, de tout caractère de droit. – Même celui qui réfléchit transcendantalement se trouve lui aussi d'avance dans des moments d'expérience prédonnés, tout simplement disponibles avec leurs structures d'unité et de totalité; mais la *typique des structures aperceptives* qui est constitutive pour leur sens d'être *renvoie à partir d'elle* (et il convient de suivre ce renvoi dans une pure méditation interne) *au procès « historique » d'institution de la subjectivité transcendantale*, de telle sorte que l'« auto-explicitation » de cette dernière est la méthode de clarification de la typique structurelle constitutive du monde étant (avec ses grandes strates fondamentales invariantes que sont la « nature matérielle », la « nature organique » et le « monde de l'esprit » dans sa bipolarité : « être personnel » – « esprit objectif »).

Cette auto-explicitation phénoménologique-transcendantale de la vie (= de la subjectivité intentionnelle dans sa pleine concrétion) n'est pas du tout quelque chose comme une « décomposition » de données toutes prêtes en parties élémentaires à partir desquelles les premières pourraient ensuite être recomposées après-coup, mais il s'agit d'une *pénétration intuitive dans l'entrelacement concret d'effectuations singulières (qui ne sont isolables que par abstraction)* formant une effectuation totale complexe, s'édifiant par degré, ou encore dans l'« histoire intentionnelle » de toutes les structures | de sens et les caractères de droit prédonnés du 270
monde expérimenté comme étant. Car, prise purement comme telle, la *vie* est « *historique* », c'est-à-dire vie à partir d'une vie déjà vécue (et dans la « *tradition* » de cette vie déjà vécue), en vue d'une vie à vivre dans l'avenir, et c'est précisément la raison pour laquelle toutes les teneurs de

« sens » et de « droit » qui proviennent de cette vie comme d'un procès intentionnel d'institution se distinguent essentiellement par le caractère de la « *descendance historique* » ; et bien entendu, cette descendance historique est comprise dans tout moment (isolable artificiellement) du procès intentionnel et dévoilable dans une réflexion transcendantale. C'est seulement parce que la vie est ainsi faite qu'il peut y avoir une conscience portant au-delà du présent qui est à chaque fois actuel, qu'il peut y avoir en général une « *induction* » de type immédiat (c'est-à-dire non pas médiatisante de façon hypothétique), transcendant le cercle de ce qui est à chaque fois actuellement présent.

L'*analyse statique*, qui, partant de la description objective de l'« *intentum* » (« *cogitatum* »), éclaire les modalités de conscience, les composantes d'effectuation singulières, multiplement entrelacées et stratifiées, qui sont constitutives pour l'ensemble de l'avoir intentionnel, – cette analyse ne fait que diriger l'*analyse génétique* qui, par un retour dans l'« *intériorité de la tradition* », dans le procès intentionnel d'institution, permet de « comprendre » pour la toute première fois en son sens véritable ce qu'est, dans son changement fluant, « l'avoir » de l'étant.

d) *L'inhibition de la thèse naïve de l'être par l'accomplissement de la réduction transcendantale*

La réflexion transcendantale qui vient d'être caractérisée implique encore une autre conséquence radicale : l'annulation de la présupposition la plus apparemment évidente, la plus triviale, la présupposition permanente de l'expérience du monde au sein de l'attitude naturelle, n'accédant jamais à la thématicité : celle selon laquelle *le monde* dont il y a sans cesse expérience *existe de façon objectivo-réale, est en soi et pour soi* (le terme de « thèse » accentue bien plus fortement cette position d'être s'accomplissant tout simplement dans le pur acte de l'expérience que ne le fait le terme de « position », alors qu'il ne s'agit en vérité que d'un « *croire* » *non-thématique* qui, en tant que sens d'appréhension universel, appartient purement comme tel à tout vécu de perception).

C'est cette position d'être naïvement objectivante que la méthode de la réduction transcendantale inhibe, et ce de telle sorte qu'elle ne la met pas en doute mais la « *neutralise* » et, précisément de cette façon, rend interrogeable son *sens immanent* (tout à fait indépendamment de son
271 résultat). Cette | mise hors-circuit (mise entre parenthèses) est motivée par l'exigence théorique fondamentale de mise à l'épreuve radicale du sens et de la légitimité de toute position d'être s'accomplissant au sein de la *praxis* vitale universelle.

Par cette réduction, l'intériorité pure de la conscience régionalement close en soi-même est ouverte en tant que sol constitutif universel et source absolue de toute juridiction, et ce de telle sorte que la structure de l'*intentionnalité* qui lui revient essentiellement et d'elle-même en propre, se dévoile à cette occasion comme la condition de possibilité du fait que l'accomplissement de la réduction transcendantale implique si peu une perte de la dimension noématico-ontique, que c'est au contraire justement par le moyen de cette opération que cette dernière devient « compréhensible » pour la première fois dans l'ordre constitutif qui est le sien.

La réduction phénoménologique conduit d'une certaine manière à la *mise en place d'une « nouvelle » vie, d'une praxis intentionnelle de deuxième degré*, dans la mesure où celui qui vit dans la position qu'il s'est acquise par elle continue certes à accomplir son agir naïf, mais de telle sorte pourtant qu'il ne co-accomplit pas une seule position objectivante mais, inhibant ces dernières, qu'il se retourne sur les intentions immanentes de ses actes de façon à en dévoiler la teneur en institution de sens et en juridiction qui les caractérise de façon immanente.

Les suspensions, les neutralisations et les biffures habituelles, de même que les dévoilements réflexifs habituels des modes subjectifs d'apparition que la vie quotidienne nous rend familiers demeurent pourtant toujours rapportés au monde universel *qua* monde objectivo-réal comme à l'étalon prédonné de leur critique partielle. Seule la réduction, accomplie avec une rectitude et une conscience méthodiques et pour autant qu'elle inhibe toute transcendance, parvient à *la présupposition absolue de toute transcendance (des transcendances idéales aussi bien que des transcendances réales), l'intériorité pure de la conscience*, dans l'histoire intentionnelle des institutions de laquelle le tout de l'étant se constitue et à partir de laquelle il est possible de l'expliciter relativement à son sens d'être.

La conscience pure, en tant que *prius* absolu *de tout être*, non touchée par la réduction universelle et radicale mais ouverte par elle en sa pureté, n'est *plus* (cela est inclus dans le sens de la méthode inhibant toute transcendance) *une conscience « humaine »*; l'« humain » (= objet de l'anthropologie), c'est-à-dire la vie de conscience concrète et individuelle, régnant dans une chair et, en tant que telle, incorporée naturellement, est lui-même une réalité objective, transcendante, tombant sous le coup de la mise hors-circuit.

272 | e) *Répétition, dans une attitude réflexive transcendantale, des analyses se rapportant à la vie de la subjectivité intentionnelle. Esquisse de la phénoménologie de la conscience interne du temps*

Il est manifeste que la tâche consiste à présent à « *convertir transcendantalement* » les analyses de la conscience d'expérience (ainsi que du monde *qua* expérimenté) tentées précédemment, et ce de telle sorte que dans l'inhibition de toute structure d'ensemble prédonnée, noétique et noématico-ontique, nous cherchions à gagner une vue évidente sur le procès de la constitution stratifiée de ces phénomènes à partir de l'archi-expérience actuellement originaire. Par conséquent, au lieu par exemple de décrire que et comment j'« ai » des composantes passées, perçues rétentionnellement aussi bien que dans le ressouvenir, il convient à présent de décrire comment ces composantes ne peuvent de toute façon se constituer, rétentionnellement aussi bien que par l'effectuation du ressouvenir, qu'à partir de l'expérience actuellement originaire.

C'est ainsi que *ce qui est passé se constitue* en tout premier lieu *au sein du processus rétrograde de l'« éveil »* des composantes vécues englouties et n'est « effectivement » donné que tel qu'il se constitue dans cette régression intentionnelle ; les éveils, les remplissements et les positions qui s'accomplissent en lui, bref : la *conscience de souvenir* est *le sol et la source de droit pour l'être de l'étant qui a le caractère de l'être-passé, de l'avoir-été*. – Eu égard à la *« puissance d'attrait » du passé* en vertu de laquelle je prends immédiatement conscience [*inne bin*] (et non par la médiation d'inférences indirectes) de ce qui est passé dans l'archi-expérience actuellement originaire (prise de conscience [*Inneseins*] sur le fondement de laquelle se déclenche cette régression intentionnelle au sein de laquelle l'être-passé se constitue) – eu égard à ce phénomène, nous pouvons parler de « *causalité perceptible* » (au lieu de causalité ouverte sur le mode de l'hypothèse).

Dans la régression en question, l'effectuation décisive est à mettre au profit de l'« *association* » (corrélativement : de la « *ressemblance* ») : le semblable « éveille » le semblable dans une régression se poursuivant incessamment et ce de telle sorte que, premièrement, cet éveil est un éveil *motivé de façon univoque* (et non, comme l'enseigne la psychologie sensualiste, conditionné par un mécanisme aveugle) et que, deuxièmement, le phénomène de la « similitude » ou de la « ressemblance » en général n'« est » *rien d'autre que le corrélat d'une effectuation associative, d'un appariement*.

Or tous ces problèmes renvoient à un problème fondamental dont il faut à présent s'occuper : celui de la *constitution de la « temporalité »* ; il est vrai qu'il en a déjà constamment été question de façon indirecte dans la mesure où une phase actuellement originaire, une phase rétentionnelle, | protentionnelle, une anticipation dans l'attente prospective et une **273** régression dans le ressouvenir… sont, « fondamentalement », autant de modifications de la « conscience interne du temps ».

Ces considérations s'inaugurent avec le phénomène de la liaison eidétique entre la *réalité « individuelle »* et la « *déterminité temporelle* » *d'un objet*; si un objet a le caractère de la réalité individuelle, c'est parce que et pour autant qu'il est un objet « durant », « *perdurant* », un objet *« toujours de nouveau identifiable » dans le flux temporel*. La phénoménologie transcendantale ne peut pas présupposer ce « temps » comme une « forme objective » « individuant » les objets de cette façon et « de » laquelle une conscience subjective serait issue comme d'une « cause ». Au lieu d'un temps prédonné d'une façon ou d'une autre (comme structure d'agencement, totalité identique), c'est le *procès purement intérieur de la constitution d'une conscience temporelle en général* qui se présente ; la question qui se pose à présent est celle de savoir de quel entrelacement d'effectuations associatives partielles résulte dans l'évidence cette effectuation totale qui nous est familière sous la forme de la « conscience interne du temps ».

Même le temps comme forme unitaire, essentiellement nécessaire, des objets réalement objectivés est un temps constitué, se laissant interroger relativement au procès intentionnel d'institution dont il est le corrélat noématico-ontique ; cela conduit alors à l'« *éveil* », déjà maintes fois indiqué, *de la vie intentionnelle antérieure dans la « régression » du ressouvenir* en tant que point-source d'où le flux temporel jaillit en tout premier lieu.

De façon encore plus intime que les objets qui sont individuels au sens de la « durée dans le temps », celles qu'on appelle les *« objectités successives »* (par exemple un « son » ou une « mélodie ») sont attachées au procès intentionnel constitutif de la conscience interne du temps (sphère des *« objets temporels immanents »*). La mélodie venant à la donnée successivement n'« est » (entendu intentionnellement) rien d'autre que la synthèse, s'accomplissant continument, au sein de laquelle les moments conservés associativement (ne cessant de sombrer) se développent avec les moments obtenus présomptivement dans l'attente prospective pour former une unité de sens se détachant du flux incessant des effectuations intentionnelles.

S'enquérir des « conditions de possibilité » du phénomène du temps ne peut donc rien vouloir dire d'autre qu'en revenir à l'intériorité transcendantale des effectuations de la conscience où se constitue en tout
274 premier lieu quelque chose | comme une « temporalité », d'en revenir au jaillissement même des *phénomènes temporels originaires que sont la « coexistence » et la « succession » conformes à la conscience*. Ce n'est qu'après avoir médité sur ce jaillissement de la temporalité dans les institutions originaires constitutives du temps qu'il y a un sens et une possibilité consistante à interroger la constitution d'un temps comme forme objective d'agencement d'un monde étant en soi (car l'être en soi de quelque chose d'étant se dévoile dans une réflexion transcendantale comme une modalité spécifique de donation de sens et de juridiction conformes à la conscience).

« *Synthèse de l'identification* » (du mouvement d'« entrer-en-recouvrement ») et « *association* » sont les *deux concepts d'effectuation décisifs* pour l'éclaircissement de la constitution de la « conscience interne du temps ». Dans les actes d'en-revenir-à (à des composantes de conscience englouties, éveillées dans le ressouvenir) et de prendre-les-devants-sur (sur des composantes de conscience à venir, anticipées dans l'attente prospective), dans la « rétention » (« avoir-encore-prise-sur ») et dans la « protention » (« avoir-déjà-prise-sur »), s'accomplit une synthèse d'identification continue, demeurant toujours dans le flux, dans laquelle l'« ancien » et le « nouveau » entrent en recouvrement, de même que le « nouveau » et l'« ancien » ; et l'effectuation de conscience (passive) qui est ici constitutive est l'« association », au sens purement phénoménologique qui a déjà été précisé précédemment (= « éveil motivé de façon univoque »).

Il s'agit ici d'une *strate intentionnelle originaire de constitution passive (anonyme)*, toujours déjà présupposée pour chaque strate d'intentionnalité supérieure, ou encore d'une institution passive d'unité, de pluralité, de regroupement, de similitude, de différence, de totalité – s'accomplissant dans un style d'une immuable fixité ; les phénomènes originaires dans ce procès sont toutefois la « coexistence » et la « succession ». Ce n'est que parce que et pour autant que, par le moyen de cette effectuation cachée dans les profondeurs de la subjectivité transcendantale, des structures noétiques et noématico-ontiques saillantes sont toujours déjà constituées et prédonnées pour toute constitution « active » (de degré supérieur) que les actes synthétiques de rang supérieur quels qu'ils soient peuvent entrer en jeu.

Les phénomènes de la « *ressemblance* », de la « *similitude* », de la « *différence* », se fondent dans une effectuation associative qui peut être ressaisie comme « *recouvrement lointain* » [*Ferndeckung*]. Cela signifie que ces phénomènes proviennent du devenir-éveillé, motivé de façon évidente, d'« anciennes » (= sur lesquelles tout d'abord il y a encore prise, puis qui sont englouties mais éveillées dans le ressouvenir) composantes de conscience (terme qui englobe aussi bien les moments noétiques que les moments noématico-ontiques) par de « nouvelles », celles-ci entrant en recouvrement avec celles-là dans une synthèse d'identification (= | *recouvrement lointain dans une orientation rétentionnelle*). Ou bien 275
ces phénomènes proviennent du devenir-éveillé (mieux, ici : du devenir-suscité), motivé de façon univoque, de « nouvelles » (= sur lesquelles il y a déjà prise, puis qui sont à venir mais anticipées dans l'attente prospective) composantes de conscience par d'« anciennes », celles-ci entrant en recouvrement avec celles-là (= *recouvrement lointain dans une orientation protentionnelle*). Il y a donc toujours, dans ce genre de cas, un « devenir-éveillé réciproque » de composantes de conscience, le « plus pur » qui soit dans le cas de la conscience de « similitude », un peu moins « pur » dans le cas de la conscience de « ressemblance », et selon une tournure « négative » dans le cas de la conscience de la « différence ». – Toute orientation active en direction de la similitude (etc.) d'objets, qu'elle soit fixée ou recherchée, s'édifie toujours déjà sur l'avoir passif de la similitude (etc.) tel qu'on vient de l'esquisser.

C'est ici qu'on peut gagner de surcroît, et de façon tout à fait universelle, la compréhension intuitive de la fondamentation [*Fundamentierung*] d'absolument toute constitution intentionnelle de type actif dans la strate originaire et toujours présupposée de la constitution passive. Même si je prends un objet singulier pour thème de prédication dans un acte d'orientation expresse vers…, il m'est déjà prédonné et doit me l'être en tant qu'objet « perdurant », « se détachant de façon unitaire » (par rapport au flux temporel des effectuations de sens associativement entrelacées), ce qui est « possible » en tout premier lieu et exclusivement sur le fondement d'une synthèse constitutive passive-anonyme.

f) *La question portant sur la constitution du temps objectif comme forme, nécessaire par essence, d'agencement d'une objectité étant en soi*

Même dans une attitude purement phénoménologique (obtenue par la réduction transcendantale), la *sphère de l'« ontique »* (en tant que sphère transcendant l'immanence du « noématique ») n'est « en validité » que de façon modifiée, c'est-à-dire en tant que et telle qu'elle se constitue dans

des donations de sens et des juridiction intentionnelles. – Il faut détacher en premier lieu la strate des composantes noématiques de conscience par rapport au flux temporel des noèses se rapportant à elles en les visant ; d'un côté, la multiplicité, changeant de façon fluante, des modifications noétiques effectuantes, de l'autre côté, les unités noématiques se détachant comme autant de corrélats de procès synthétiques de recouvrement et recevant un être propre, durant dans l'identité. *D'un côté, les*
276 *vécus intentionnels dans leur fluence temporelle* | (avec, à leur fondement, le flux originaire des archi-institutions qui sont constituantes et temporalisantes au premier chef), *de l'autre côté, les objectités intentionnelles qui s'en détachent*, premièrement comme se déployant elles-mêmes temporellement, deuxièmement comme perdurant, durant de façon identique, déterminées temporellement dans leur réalité individuelle (mais non pas temporelles en tant que telles). Dans cette sphère des composantes noético-noématiques de la conscience (c'est-à-dire, donc, de la multiplicité temporellement fluante des modalités subjectives de visée mais aussi des « objets temporels immanents »), la *formule de Berkeley « esse = percipi »* est donc tout à fait valide ; c'est-à-dire que c'est ici un fait que l'être d'un étant (par exemple d'une impression sensorielle ou d'un sentiment) est identique à son être-perçu, la déterminité temporelle du perçu identique à la temporalité du percevoir.

Pourtant, il est tout à fait indéniable que dans le *procès intentionnel comme tel, étudié de façon immanente*, émergent *des données qui se donnent comme autant d'annonces d'objets étant en soi, dont l'«* esse *» est indépendant de leur «* percipi *»*. Nous ne nous consacrons plus à ces objets comme à des objets en soi dans une naïveté dogmatique, mais, retournés transcendantalement sur l'intériorité pure de la vie de la conscience constituante, nous indiquons de façon rigoureusement immanente le fait qu'il y a des vécus intentionnels qui, d'après leur sens, sont rapportés à des objets indépendants de leur être-vécu et qui prescrivent un être-en-soi à leurs corrélats objectuels selon une juridiction d'une espèce tout à fait nouvelle et spécifique. Cette sphère de phénomènes étant en soi de façon objectivo-réale se donne et s'atteste comme *existant indépendamment non pas seulement de l'être-expérimenté (expérience actuelle), mais même en général de tout être-expérimentable (expérience potentielle)*. Je peux bien élargir le cercle de l'expérience transcendantale en « arrière » et en « avant » de la manière caractérisée précédemment, cette sphère se donne néanmoins toujours par opposition au procès intentionnel où se fait la connaissance comme « *ayant toujours déjà été* », comme « *étant indépendante de lui* »,

« *ne s'annonçant* » en lui par principe « *que partiellement* ». Or c'est à cette strate d'objectités que revient ce qu'on nomme le *« temps objectif » en tant que « forme d'agencement essentiellement nécessaire »*, si bien que le problème est à présent le suivant : *comment est-il « possible » que dans l'enchaînement de la conscience pure* (en tant que sol constitutif absolument universel), que dans le flux de la conscience interne du temps (en tant que structure fondamentale de la conscience pure), doive pouvoir se constituer *une « authentique transcendance »*, une objectité étant en soi, accompagnée de la forme d'agencement qui lui revient en propre, le « temps objectif (transcendant) » ? Comment une telle donation | de 277
sens et une telle juridiction sont-elles « transcendantalement possibles », elles qui transcendent radicalement la sphère des composantes noético-noématiques de la conscience ? Comment le comprendre du point de vue intentionnel et comment est-il possible que la temporalité de la conscience interne du temps puisse, dans son flux d'incessant changement, « entrer en recouvrement » avec le temps comme forme d'agencement objectivo-transcendante dans son homogénéité et son identité figées ?

Ce sont ici *les questions directrices de l'« esthétique transcendantale » kantienne* qui se trouvent développées sous une forme phénoménologiquement concrétisée. On peut aussi formuler toute cette problématique en séparant la question qui porte sur les « conditions de possibilité » (de l'expérience du monde) au sens ontico-objectif, comme question portant sur les structures invariantes d'agencement du monde prédonné « étant en soi », de la question qui porte sur les « conditions de possibilité » (de l'expérience du monde) au sens noético-subjectif, comme question portant sur les structures d'essence de l'« expérience de » ce monde (étant en soi), selon les modifications fondamentales du « viser subjectif » qui ne peuvent manquer d'entrer ici en jeu. – On partirait alors du « monde de la vie » (« monde ambiant ») comme monde toujours déjà ouvert dans une expérience concordante, et de telle sorte qu'on accomplirait sur le soubassement exemplaire de cette donnée une idéation objective devant conduire à la mise au jour d'une typique apriorique de structures invariantes. L'« *a priori* » pouvant être obtenu ainsi serait manifestement un *a priori* « naïf » dans la mesure où l'on aurait d'abord fait complètement abstraction de l'« origine transcendantale » de ces résultats, de leur être-fondé [*Fundiertsein*] dans un procès intentionnel de donation de sens et de juridiction qui demeure anonyme. Mais cette opération eidétique peut pourtant devenir, même sans qu'on développe la réflexion transcendantale au sens strict, le *fil conducteur d'une méditation qui découvre les structures subjectivo-noétiques corrélatives aux structures objectivo-ontiques*. Mais cela signifie également que cette voie est en fin de compte une méthode de dévoilement de la vie donatrice de sens et justificatrice qui est celle de la subjectivité intentionnelle en tant que point-source de tout sens d'être.

278 | g) *Remarques conclusives sur l'obtention des structures régionales et (corrélativement) des catégories régionales*

Si nous concrétisons et radicalisons phénoménologiquement l'idée kantienne d'une « esthétique transcendantale » en une *réflexion sur les constituants noético-noématico-ontiques du monde* qua *monde « dont il y a expérience » (de façon actuelle, potentielle, habituelle)*, la tâche consiste alors à suivre, dans les directions qui ont été indiquées, la manière dont, dans la vie de la subjectivité intentionnelle, dans des synthèses d'identification s'édifiant progressivement les unes sur les autres, se constituent les formes universelles d'appréhension qui sont en même temps les formes d'agencement « objectives » universelles du monde de l'expérience *qua* « étant en soi » : le « temps homogène un », l'« espace homogène un ». Bien sûr, précisément parce qu'elle se tient *sur le sol de l'expérience*, cette méditation conserve le *caractère d'une certaine « indéterminité »* au sens où le « style » du monde de l'expérience, analysé de façon descriptive, laisse « ouverte » la « possibilité » (le « pouvoir-être-ainsi ») d'être rempli au gré d'une expérience actualisante. Mais il n'y a pas d'autre méthode pour assurer à l'« eidétique » aspirant à une « clôture régionale » ce soubassement exemplaire de données factuelles-concrètes qui la préserve d'en venir à des généralités vides, logico-formelles (en lieu et place d'un authentique « *a priori* matériel »). – Pour la mise au jour de structures aprioriques de l'expérience du monde selon la manière qui a été indiquée (au sens noético-noématico-ontique), l'« homogénéité » de ces structures est une présupposition.

La *relation aux intentions kantiennes fondamentales* est limpide : au lieu de partir, naïvement et dogmatiquement, dans le style de l'ontologie wolffienne, de concepts généraux logico-formels, pour parvenir à des prédicats ontiques par le moyen d'une explication analytico-apriorique des conséquences impliquées dans la teneur des concepts fondamentaux (présupposés dans leur validité ontico-métaphysique), l'*ontologie critique* part de l'ontique, « en tant que quoi » et « de la manière dont » il s'atteste dans la pure conscience de l'expérience ; elle ne pose en validité aucun concept apriorique général qui n'aurait pas été tiré de l'élaboration intuitive de l'extension de cet étant dont il y a expérience ; aucune « généralité eidétique » n'est admise à opérer définitivement en elle qui n'ait pas été mise en valeur dans des actes auto-donateurs d'« intuition catégoriale ».

Et tout cela préfigure également la voie à suivre pour ce qui est du problème véritable de ces leçons, le problème qui ne cesse secrètement de les guider toujours et encore – le problème *de la « fondation » d'une « science de la nature » et d'une « science de l'esprit » : l'*a priori *catégorial | d'une science « d'» une « région ontique », tel qu'il s'inscrit* 279
*dans une méthode, prend sa source dans l'*a priori *concret [*sachlichen*] qui est constitutif de cette région.* Les difficultés méthodiques et les conflits reçoivent leur éclaircissement précisément dans la sphère où ils ont (la plupart du temps de façon cachée) leur fondement (sous la forme d'une absolutisation non critique), précisément dans la sphère de l'ontique, dont le dévoilement de la division concrète par le moyen d'une méditation sur la teneur de l'expérience préthéorique doit aussi être la tâche de la théorie de la science elle-même.

Ainsi la *méthode des sciences de la nature*, c'est-à-dire la méthode réduisant les données empiriques à des complexions d'éléments derniers réglées par des lois (moyennant l'observation jointe à une construction hypothétique d'expérimentations assurant la liaison) se révèle-t-elle le *corrélat théorique d'une strate abstractive du monde, la « pure nature »* (pures « *res extensæ* ») avec l'*a priori*, constitutive pour elle, d'un ordre « spatio-temporalo-causal ». – Ainsi une autre méthode, la *méthode « biologique »*, se révèle-t-elle *le corrélat théorique d'une strate abstractive du monde, la « nature organique »*, dont la structure concrète prescrit d'autres types de questionnements méthodiques que ceux qui sont adéquats à la « nature matérielle ». – C'est ainsi que la connaissance théorique du « *monde de l'esprit* » exige un *changement radical d'attitude*, le *passage de l'attitude « naturaliste » et de l'attitude « biologiste » à l'attitude « personnaliste »* au sein de laquelle seule l'« esprit », aussi bien comme « subjectivité personnelle » que comme « esprit objectif », devient accessible en tant que sphère des objets culturels (idéels).

Le problème philosophique central est toutefois celui la « *double signification de l'esprit* » : qu'il soit, d'un côté, en tant qu'esprit « mondainement réalisé » (en tant qu'« humain »), objet d'une science mondaine (objet de la science de l'esprit), tandis que d'un autre côté, en tant que transcendantal, en tant que « subjectivité absolue », réfléchissant sur soi-même dans la méditation philosophique, il est la sphère originaire relativement à la constitution d'un sens d'être en général.

GLOSSAIRE

abgehoben : détaché, mis en relief, saillant
Abgehobenheit : (mise en) relief (parfois : saillance)
abheben (sich) : (se) détacher, mettre en relief
Abhebung : (mise en) relief (parfois : détachement)
Ablauf : déroulement
ablaufen : se dérouler
Abstand : intervalle
Abwandlung : transformation, variation
ähnlich : semblable
Ähnlichkeit : ressemblance
Allgemeinheit : généralité
Annäherung (= Approximation) : approximation
Anschauung : intuition
Apperzeption : aperception
apriorisch : apriorique
Art : espèce
Auffassung : appréhension (parfois : conception)
Aufgabe : tâche
Aufklärung : élucidation
ausbilden : façonner
ausdrücken : exprimer
auseinanderlegen (sich) : (se) déployer
ausführen : exposer
auslaufen : découler
Auslegung : explicitation
Aussage : énoncé
aussprechen : formuler
Austeilung : distribution, partage
ausweisen (sich) : (s') attester
Ausweisung : attestation
bedeutsam : signifiant, significatif
Bedeutsamkeit : caractère significatif
Bedeutung : signification
bekunden (sich) : (s') annoncer
Berechtigung : justification (au sens de l'être-justifié)
Besinnung : méditation
beständig : constant, constamment
Bestandteil : composante
bestätigen : confirmer
Bestimmtheit : déterminité
Bestimmung : détermination

bewähren : vérifier
bleibend : permanent
Deckung : recouvrement
durchdringen : (s') entrecroiser
durchhalten : (se) maintenir
durchstreichen : biffer, supprimer

Einsicht : vision (intuitive ou évidente)
Einstellung : attitude
einzel : singulier (parfois : individuel)

endlos : indéfini
enthüllen : dévoiler
Entwicklung : évolution, développement
erfahren : faire (l') expérience (parfois : expérimenter)
Erfahrung : expérience
Erfahrungswelt : monde de l'expérience
Erinnerung : souvenir
Erkenntnis : connaissance
erkenntnismäßig : gnoséologique
Erklärung (= Explikation) : explication
Experiment : expérimentation

faktisch : factuel
Faktizität : factualité
Fluß : flux
fortdauern : perdurer
Fortpflanzung : propagation
fungieren : opérer (parfois : fonctionner)

Gebiet : domaine
Gebilde : formation, configuration
Gegebenheit : donnée
Gegebenheitsweise : mode de donnée (parfois : mode de donation)
Gegenstand : objet
gegenständlich : objectal (parfois : objectuel)
Gegenständlichkeit : objectité (parfois : objectualité)
Gehalt : teneur
Geist : esprit
geistig : spirituel
Gesetz : loi
gleich / Gleichheit : similaire / similitude
Gliederung : division, démembrement

Ich : *ego*
ichlich : égoïque
identisch / Identität : identique / identité
Ineinander : entrecroisement
Inhalt : contenu

Klarheit : clarté
Klärung : clarification
Konkretion : concrétion
kontinuierlich : continu, continument (parfois : continuel, continuellement)

Lebenswelt : monde de la vie
leisten : effectuer
Leistung : effectuation, prestation

Mannigfaltigkeit : multiplicité

Objekt : objet
objektiv : objectif
Objektivität : objectivité
Ordnung : ordre
Ordnungsform : forme d'agencement
Ort : lieu

Paarung : appariement
physikalisch : physiciste (parfois : physique)
physisch : physique
psychisch : psychique

real : réal
rechtmäßig : légitime
Rechmäßigkeit : légitimité
Rechtfertigung : justification (au sens de l'acte de (se) justifier)
Rechtgebung : donation de droit (parfois : légitimation)
Rechtsgrund : justification (au sens de ce qui justifie)

Rechtskraft : puissance de justification
Rechtsprechung : juridiction
Richtung : orientation, direction

Sachgehalt : teneur concrète
sachhaltig : à teneur réale
Sachhaltigkeit : teneur réale
Sachlage : situation
sachlich : concret
Sachlichkeit : concrétude
Sachverhalt : état de choses
Schichte : strate
Schichtung : stratification
schliessen : inférer
Schluss : inférence
Seele : âme
seelisch : psychique (parfois : animé)
selbstständig / unselbstständig : autonome / non autonome
Selbstverständlichkeit : évidence (allant de soi) (parfois : pseudo-évidence)
Soseiend : étant-tel
Sosein : être-tel
ständig (= stehend) : constant
Stelle : place
stetig : constant, constamment (parfois : continuel, continuellement)
Strecke : distance, extension
Streit : conflit, controverse
Streitfrage : question litigieuse
Streitigkeit : querelle, polémique
Strom : flux
Strömen : fluence
strömen : fluer

Tatsache : fait
Teilung / Einteilung : division

Übergang : passage
Überschau : regard surplombant
überschreiten : dépasser, outrepasser
überspringen : franchir
überwiegen : dominer, excéder
überwinden : surmonter
Umfang : étendue, extension (parfois : périmètre)
Umwelt : monde ambiant
unendlich : infini
Untergrund : soubassement
Urteil : jugement

Veränderung : changement, altération
Verdeutlichung : distinction
verflochten : intriqué (parfois : entrelacé)
vergehen : passer, disparaître
verharren / verharrend : persister / persistant
Verlauf : écoulement
verlaufen : s'écouler
Verständlichkeit : compréhensibilité
verwandt / Verwandtschaft : apparenté / apparentement
verwoben : entrelacé (parfois : intriqué)
Vollzug : accomplissement
Voraussetzung : présupposition
Vorerwartung : attente prospective
vorlaufen : anticiper
Vormeinung : visée anticipative
vorschreiben : prescrire
vorzeichnen : préfigurer

Wahrnehmung : perception
Wandlung : changement, transformation, variation
Wechsel : changement
weltlich : mondain
wesentlich : d'essence (parfois : eidétique)
Wiedererinnerung : ressouvenir
wirksam : efficient

Wirksamkeit : efficience
Wirkung : effet

zergliedern : décomposer
Zugang : accès
zugänglich : accessible
Zugänglichkeit : accessibilité
zusammengehörig : parent, apparenté
Zusammengehörigkeit : parenté
Zusammenhang : liaison, enchaînement, rapport, contexte, connexion
Zustand : état
Zuständichkeit : stase

INDEX NOMINUM

ARISTOTE, 9, 108

BACON, 190
BECHER, 96, 200
BERKELEY, 274

DESCARTES, 8, 202, 264
DILTHEY, 9, 11, 26, 109, 156
DRIESCH, 156

EUCLIDE, 38

FECHNER, 153
FINK, 27, 180, 261, 288

GALILÉE, 97, 119, 202, 204
GOETHE, 109

HERBART, 10, 153
HOBBES, 246
HUME, 170, 266

KANT, 18, 19, 22, 70, 94, 112, 117, 120-124, 126, 136, 137, 143, 145, 240, 264, 286

LEIBNIZ, 70, 136
LOCKE, 246, 247
LOTZE, 246

MILL, 109

PFEIFFER, 27, 156, 180, 265, 288
PLATON, 192

RICKERT, 9-11, 18-22, 24, 25, 94, 96, 104, 105, 110-115, 117-120, 122, 123, 125, 129, 146, 147, 150, 155, 200, 237-240, 243, 245, 247, 286

SPINOZA, 8, 244

WAITZ, 106
WINDELBAND, 8-11, 96, 104-112, 115, 118, 120, 146, 149, 150, 155, 196, 200, 229, 247, 286
WOLFF, 70, 276

TABLE DES MATIÈRES

PRÉSENTATION, par Julien FARGES 7

HUSSERL

NATURE ET ESPRIT

LEÇONS DU SEMESTRE D'HIVER 1927

INTRODUCTION : GÉNÉRALITÉS SUR LA PHILOSOPHIE ET SUR L'INSUFFISANCE DES SCIENCES NATURELLEMENT POSITIVES POUR UNE CONNAISSANCE VRAIE DU MONDE. L'IDÉAL DE L'UNIQUE SCIENCE AUTHENTIQUE 31

§ 1. Nature et esprit comme thèmes d'une philosophie rigoureusement scientifique. La relation entre philosophie et sciences singulières 31

§ 2. L'impossibilité d'une connaissance vraie du monde par le moyen des sciences spéciales, dont les théories reposent sur des concepts fondamentaux non clarifiés 36

§ 3. Recherche authentique des fondations et méthode radicale de la science. L'idéal d'une science authentique 41

PREMIÈRE PARTIE

LE PROBLÈME PHILOSOPHIQUE D'UNE CLASSIFICATION DES SCIENCES

CHAPITRE PREMIER – LE CONFLIT ENTRE SCIENCES DE LA NATURE ET SCIENCES DE L'ESPRIT ET LA CLASSIFICATION DES SCIENCES COMME RECHERCHE PHILOSOPHIQUE DES FONDEMENTS 49

§ 4. Le conflit portant sur la relation entre les sciences comme question méthodologique 49

§ 5. Les efforts philosophiques en vue d'une classification radicale des sciences et de leurs domaines. L'idée de région 53

CHAPITRE II – LES CLASSIFICATIONS DES SCIENCES DANS UNE GÉNÉRALITÉ FORMELLE 59

§ 6. L'idée formelle-générale d'une science conçue comme unité thématique et théorique d'où proviennent les points de vue qui envisagent formellement la classification principielle de toutes les sciences 59

§ 7. Les classifications des sciences selon les différences purement logiques dans les concepts et les jugements 62

1) La classification en sciences apostérioriques et aprioriques 62

2) La classification en sciences formelles vides et en sciences à teneur réale 62

3) La classification en sciences concrètes et abstraites 64

§ 8. Les connexions intimes des groupes de sciences qui ont été exclusivement séparés dans les classifications considérées jusqu'à présent. Le passage du fait à l'essence par l'opération de rationalisation 72

§ 9. La classification des sciences, considérées en tant que totalités, en sciences autonomes et non-autonomes 78

§ 10. Digression : Le domaine d'une science 82

§ 11. La totalité d'un concept de domaine en tant qu'unité de coexistence liée de façon ordonnée 84

§ 12. La domination gnoséologique d'une totalité infinie présuppose une structure formelle universelle en tant que système constructible de places 86

CHAPITRE III – LES CLASSIFICATIONS DES SCIENCES SELON LA TENEUR RÉALE 93

§ 13. Les sciences dans leur rapport au monde effectif de l'expérience et les divisions traditionnelles des sciences dans l'attitude propre aux sciences de faits 93

§ 14. La classification des sciences selon les domaines mondains, conformément au dualisme cartésien. Le problème de la distinction entre les réalités en soi et leurs phénomènes ; le problème de l'analogie du physique et du psychique 96

§ 15. La classification des sciences d'après leurs méthodes, selon Windelband et Rickert 104

a) La distinction windelbandienne entre sciences naturelles nomothétiques et sciences historiques idiographiques 104

b) La théorie transcendantale rickertienne des idées méthodiques corrélatives des sciences de la nature et des sciences de l'esprit, destinées à surmonter dans la connaissance la multiplicité infinie du monde 111

§ 16. Critique de la construction rickertienne d'exigences formelles par sa confrontation avec le procédé de Kant. La tâche nécessaire d'une étude approfondie de l'expérience et de la corrélation d'essence du monde de l'expérience et du monde scientifique de la vérité 117

DEUXIÈME PARTIE

LA FONDATION PHILOSOPHIQUE DES SCIENCES À PARTIR DU MONDE DE L'EXPÉRIENCE

CHAPITRE IV – LES DEUX VOIES D'UNE DÉDUCTION TRANSCENDANTALE DES EXIGENCES APRIORIQUES QUE LA SCIENCE ADRESSE AU MONDE DE L'EXPÉRIENCE 129
§ 17. La voie formelle, descendante, d'une déduction transcendantale à partir de la *mathesis universalis* 129
§ 18. La voie directe, ascendante, d'une déduction transcendantale à partir du monde de l'expérience 137
§ 19. Comparaison et évaluation des deux voies. Les avantages de la voie ascendante 143
CHAPITRE V – LES PRÉJUGÉS, LOURDS DE CONSÉQUENCES, DÉTERMINÉS À PARTIR DE LA SCIENCE DE LA NATURE, PAR OPPOSITION AUX PRÉCONVICTIONS, SCIENTIFIQUEMENT LÉGITIMES, FONDÉES DANS L'EXPÉRIENCE 149
§ 20. L'exemplarité problématique des sciences de la nature et la cécité à l'égard de l'intentionnalité 149
§ 21. La nécessité de préconvictions pour la science et la connaissance du monde 155
§ 22. La signification de l'anticipation pour la perception 159
CHAPITRE VI – LA FONDATION DE L'INDUCTION SCIENTIFIQUE DANS L'EXPÉRIENCE 165
§ 23. La signification de l'édification intentionnelle de l'expérience pour l'induction scientifique et sa légitimité 165
§ 24. La structure associative du présent concret du vécu 174

TEXTES COMPLÉMENTAIRES

A. APPENDICES 183
Appendice III (au § 2) – L'insuffisance des sciences positives et la nécessité de la « clarification » des concepts (ainsi que le sens de cette clarification) 183
Appendice IV (au chapitre premier) – Vue d'ensemble des divisions des sciences 196

Appendice V (aux § 4 et 14) – Le monde subjectif-relatif de la description et le monde objectif des sciences idéalisantes 198
Appendice VI (aux § 7.3 et 14) – Sciences intuitives inexactes et sciences idéelles exactes 201
Appendice VII (aux § 7.3 et 18) – Les différentes façons de décrire le monde. Le rapport entre singularités et généralités 207
Appendice VIII (aux § 7.3 et 14) – Simple expérience sensible et « expérience » de la réalité physiciste 210
Appendice XII (aux § 10-12) – Qu'est-ce qui appartient à la possibilité d'un domaine universel et à la possibilité d'une science régionale ?.. 212
Appendice XIV (au § 14) – Sciences de faits descriptives et sciences de faits explicatives. Exactitude et typique morphologique 219
Appendice XV (aux § 14 et 16) – La nature de la perception normale (des images perceptives). La nature de l'expérience intersubjective. La nature de la théorie physiciste 223
Appendice XVII (aux § 15 *sq.* et 20) – Contribution à la critique de la présupposition « évidente » qui régit l'opposition entre science des lois et science des individus. Contre Rickert-Windelband 227
Appendice XIX (au § 16) – Les manques méthodiques de la déduction rickertienne. La limitation des paradigmes dualistes et naturalistes et leur cécité quant à l'intentionnalité 234
Appendice XX (au § 16) – L'infinitisation du monde et de la subjectivité 249
AppendicevXXII (aux § 18 *sq.*) – L'*a priori* matériel du monde 250
Appendice XXVIII (au chap. VI) – L'induction lointaine et la relativité de sa puissance de justification. Le problème de la connaissance générale des faits 251
Appendice XXIX (à la conclusion) – Cours des leçons dans les dernières semaines du semestre 259

B. EXTRAITS DES NOTES D'AUDITEURS DES LEÇONS 261
Extrait I (pour la conclusion) – Partie conclusive des notes d'Eugen Fink 261
Extrait II (pour la conclusion) – Partie conclusive des notes de Johannes Pfeiffer 265

GLOSSAIRE 279

INDEX NOMINUM 283

TABLE DES MATIÈRES 285

Dépôt légal : juin 2017 - IMPRIMÉ EN FRANCE - Imprimeur n° 19657
Achevé d'imprimer le 1er juin 2017 sur les presses
de l'imprimerie *La Source d'Or* - 63039 Clermont-Ferrand

Dans le cadre de sa politique de développement durable, La Source d'Or a été référencée IMPRIM'VERT® par son organisme consulaire de tutelle. Cet ouvrage est imprimé - pour l'intérieur - sur papier offset 80 g provenant de la gestion durable des forêts.